Peter Gerlitz · Mein Totem ist zornig

Peter Gerlitz

Mein Totem ist zornig

Mensch und Natur
in archaischen Kulturen

Walter-Verlag
Olten und Freiburg im Breisgau

*Für Helmut Weiland,
meinen Freund*

Alle Rechte vorbehalten
© Walter-Verlag, Olten 1992
Satz: Utesch Satztechnik, Hamburg
Druck: Nord-West-Druck, Trimbach
Einband: Walter-Verlag, Heitersheim
Printed in Switzerland
ISBN 3-530-26606-X

Inhalt

Kapitel 5: Die Theriomorphie im Alten Ägypten als Ausdruck transzendenter Mächte

Kapitel 6: Der Glaube an den gemeinsamen Ursprung und eine theriomorphe Gottheit am Anfang

Kapitel 7: Welche Botschaft hat die «Göttin Natur» für uns?

Anhang

«Selbst schon ward ich geboren
als Knabe und Mädchen
und war schon
Pflanze und Vogel
und stummer Fisch
in den Fluten des Meeres»
(Empedokles, Fragment 117)

Vorwort

Wer heutzutage ein Buch über die «Ökologie» schreibt und glaubt, diesem brennenden Thema etwas hinzufügen zu können oder gar als erster seine Gedanken gedacht, niedergeschrieben und der Öffentlichkeit vorgestellt zu haben, dem ergeht es wie dem Hasen im Wettlauf mit dem Igel: Er muß damit rechnen, daß seine Gedanken durchaus nicht so neu und einmalig sind, wie er geglaubt, und daß vor ihm längst ein anderer Ähnliches zu Papier gebracht und mit Blick auf das Ziel und den Preis «ik bin all do» gerufen hat. Mit einer solchen Reaktion rechne ich, wenn ich hier den Versuch mache, in der Religionsgeschichte antiker Kulturen und Stammeskulturen Ansätze für ein ökologisches Bewußtsein zu entdecken, an dem die Zivilisationen der Neuzeit teilhaben, und von dem sie lernen können. Das Thema ist viel zu komplex und durch seine weltweite Verbreitung viel zu aktuell, als daß es nicht von irgendjemandem irgendwo und irgendwann bereits behandelt worden wäre. Es wäre daher vermessen von mir, zu behaupten, daß die hier geäußerten Gedanken, die aufgestellten Thesen und die latent ausgesprochenen Empfehlungen erstmalig seien.

Gerade die Erforschung der Stammeskulturen hat ein so reiches Material an umweltorientiertem Verhalten zutage gefördert, daß man sich im Grunde nur dieses Materials zu bedienen braucht, um daraus Schlüsse auf vergleichsweise ähnliche Situationen in unserer modernen Welt zu ziehen. Das ist auch immer wieder geschehen, hat aber zur Zeit im sogenannten «Ethnojournalismus» eine Ebene erreicht, auf der eine religionswissenschaftliche Diskussion nicht mehr möglich ist: Man kann eben nicht das Naturverhalten von antiken Gesellschaften oder Stammesgesellschaften auf die Zivilisationen der westlichen Welt übertragen oder es gar von diesen fordern, wenn man nicht einem Romantizismus verfallen will, der die gesellschaftlichen Probleme der Vorzeit übersieht. Gegen einen solchen unkritischen «Ethnoromantizismus» möchte ich mich in meinem Buch zur Wehr setzen. Ich möchte vielmehr aus der Fülle des vorhandenen religions- und kulturgeschichtlichen Materials exemplarisch solche Fälle herausgreifen, an denen die Interdependenz von Mensch und Natur deutlich wird; das heißt, ich möchte zeigen, wie in antiken Kulturen bzw. in Stammeskulturen das Verhältnis des Menschen zur Natur durch eine biokosmische Einheit und gegenseitige Abhängigkeit bestimmt wird, welche heilig und darum tabu ist. Die Bewahrung dieser Einheit habe ich als «unbewußtes Einhalten der Götterordnungen» bezeichnet, das auf einer mythischen Ebene der Wirklichkeit geschieht und in der Begegnung mit dem Heiligen erfahren wird. Dabei will ich hier nur auf die archaischen Religionen bzw. auf die noch zum Teil lebendigen Stammeskulturen eingehen. Das «ökologische» Verhalten in den großen Religionen (Judentum, Christentum, Islam, Hinduismus, Buddhismus) der Gegenwart soll einer späteren Arbeit vorbehalten bleiben.

Das Buch gliedert sich in drei Teile. In einem ersten Teil möchte ich den Begriff «Religionsökologie» anhand von Reflexionen beziehungsweise «Meditationen» zum Thema «Begegnung mit der Natur» verdeutlichen. Die beiden folgenden Teile dienen der Entfaltung des Themas: Der heilige Baum und das heilige Tier sind als Medium oder Inkarnation des Heiligen nicht nur Partner des Menschen, sondern haben mit dem Menschen auch ihren Ursprung gemeinsam. Die sogenannten Altvölker machen das am Totemismus und an der Theriomorphie, der Tiergestaltigkeit von Göttern und Menschen, deutlich. Sie verstehen darunter aber nicht etwa «Evolutionsmodelle», nach denen sie die Deszendenz des Menschen erklären wollen, sondern allenfalls Paradigmen, in denen immer wieder die mystische Einheit, die «Unio Mystica», in der religiösen Praxis des Ritus aktualisiert wird.

Die «Grundlagen eines ökologischen Verhaltens» sind demnach in den religiösen Strukturen antiker und tribaler Gesellschaften angelegt, das heißt, sie sind geradezu archetypisch und darum weltweit anzutreffen. Das mag bei Religionsforschern, zumal bei Religionsethnologen zu dem Eindruck führen, daß es auf diesem Gebiet nichts Neues zu entdecken gibt, es sei denn, es sind die neuen Seiten an längst bekanntem Material. Sollten die ökologisch interessierten und engagierten Leser bei dem, was hier und da religionsgeschichtlich aufgedeckt und in unser Bewußtsein gehoben wird, ein déjà-vue-Erlebnis haben und ihre Ahnungen im Verhalten archaischer und tribaler Gesellschaften bestätigt finden, so würde mich das freuen.

Peter Gerlitz

Die Natur – Göttin und Mutter aller Wesen

Zum Symbol der fruchtbaren Mutterschaft wurde diese altitalische Statue einer Muttergöttin geschaffen, die fünf Kinder als Zeichen jungen Lebens trägt.

«O Natur, du Mutter von allem! Allwirkende Göttin
Reich an Künsten, und altgeboren, und immerschaffend!
Allbezwingerin, Unbezwungene, leuchtend und leitend
Allbeherrscherin, Allgepriesene, Erste von allem!
Unvergängliche, Erstgeborene, blühend und uralt,
Unaufhaltbar im Laufe, führst die Sterne der Nächte;
Wandelst geräuschlos dahin auf der leichten Spitze der
    Fersen!
Heiliger Schmuck der Götter, du endloses Ende von allem;
Allen Wesen gemein, und unmittelbar alleine!
Selbergeborene, Vaterlose, ewige Urkraft,
Blütenerziehend, leibverflechtend, alles vermischend,
Anfang und Vollendung, das Leben erteilend und Nahrung,
allgenugsam, gerecht, und der Grazien liebliche Mutter,
herrschend im Himmel und auf der Erde, und herrschend im
    Meere!
Strenge und bitter den Bösen, Gehorchenden gnädig und
    lieblich!
Du Allweise und Gabenreiche, herrschende Göttin;
Vater bist du und Mutter von allem und Amme von allem!
Schnelle Gebärerin, samenreich und zeitenerfüllend;
Künstereiche, Gestaltenbildende, immer im Schaffen;
Ewige Immerbewegte, an Kräften reich und an Klugheit;
Schnell ihre Schritte wälzend in unaufhörlichen Kreisen;
Rundvollendete, immerströmend, Gestalten verwandelnd;
Herrlichthronende, die allein vollführt ihren Willen
Allezeit; über die Herrscher erhaben, mächtig und donnernd,
Unerschütterlich, festgegründet, flammenausatmend,
Allbezwingend, ewiges Leben, unsterbliche Weisheit!
Alles ist dein. Denn du allein bist die Schöpferin Alles.

Darum, o Göttin! fleh' ich dich an, daß du bringst mit den
  Zeiten
Frieden und Gesundheit, und allen Dingen das Wachstum.»
(aus: Karl Kerényi, Die Göttin Natur: Eranos Jahrbuch 1946,
Seite 85 f.)

In diesem orphischen Hymnus an die Natur, den Christof
Tobler übersetzt hat,[1] wird die Natur, Physis, als Ursprung
von Menschen und Göttern[2] gepriesen. Die Natur ist als
Göttin, Pantokrátora, gleichsam Matrix alles dessen, was
ist. Sie war am Anfang, als die Götter noch nicht waren, und
wird am Ende sein, wenn sich die Welt vollendet hat. Ihr
kommen alle Prädikate der Vollkommenheit zu: Sie wirkt
überall, ist ständig als Schöpferin tätig und geht den Lebewesen leitend[3] voran, sie bezwingt alles, beherrscht alles,
sie ist der Uranfang aller Dinge und Wesen und als solcher
unsterblich, todlos. Den Göttern dient sie als Schmuck;[4]
denn auch die Götter brauchen die Physis für ihr Wesen, um
sich den Menschen zu offenbaren: Auch die Götter wären
ohne die «Göttin Natur» nicht existent.

So preist der Hymnus die Physis als die schöpferische
Urkraft, ohne die nichts entstehen und nichts existieren
könnte. Um Leben hervorzubringen, bedarf die Göttin
Natur keiner Zeugung: Sie ist autopátōr, Selbergeborene[5],
und apátōr, vaterlos im Sinne der Selbstzeugung, daher
Anfang und Vollendung zugleich.

Als solche ist sie Spenderin des Lebens, die nach allen
Seiten ihre Gaben austeilt und Nahrung für alle bereithält.
Und das ist ihre *mütterliche Physis:* Als Mutter-(gottheit)
herrscht sie im Himmel, auf der Erde und im Meer. Sie ist
also «Himmelskönigin», Erdkönigin wie Hekate / Demeter
und Göttin der Meere beziehungsweise Göttin über die
Lebewesen des Meeres. Sie besitzt – gemäß dem antiken
Weltbild – eine dreifache Macht, und der antike Mensch
erkannte in einer solchen Dreifaltigkeit das Zeichen für

16

Vollkommenheit: *Die Mutter-Göttin Natur ist die trinitarisch Vollkommene.*

Während ihr im ersten Teil des Hymnus auch Eigenschaften zugesprochen werden, die eine männliche Gottheit, Zeus etwa, besitzt, wie Allmacht, Allgegenwart, Allwissenheit, Ewigkeit, – werden im zweiten Teil die weiblichen Wesensmerkmale hervorgehoben: Die Mutter Natur ist Ernährerin der Pflanzen, sie bringt wie eine schnell Gebärende immer wieder neue Frucht hervor. Aber ihr werden auch Klugheit und «unsterbliche Weisheit» zugeschrieben und dazu die Künste, die doch üblicherweise alle die Domänen des Mannes waren! Vor allem aber ist sie ständig in Bewegung, sie verströmt sich geradezu wie die Natur im griechischen Frühling. Und immer wieder nimmt sie eine neue Gestalt an, verwandelt sich selbst und alle Pflanzen und Lebewesen im Kreislauf der Jahreszeiten.

Dennoch: Was *ist* sie eigentlich, diese Göttin der Natur? «Vater bist du und Mutter von allem und Amme von allem!» Das Geschlecht der Gottheit wird auf einmal unwesentlich. Wie könnte man die Physis auch mit kreatürlichen, mit geschlechtsspezifischen Maßstäben messen! Sie liegt jenseits von Vater- oder Mutterbildern, und Zeugen und Gebären sind nur Metaphern, in denen wir Menschen denken und fühlen. Die Gottheit Natur bedarf dieser Metaphern nicht, weil sie im Grunde *hinter* dem Mechanismus von Zeugung und Geburt steht, vielmehr diesen in der Natur erst möglich macht, indem sie die Schöpfung ins Leben ruft. Aber selbst indem sie beides ist, Vater und Mutter zugleich und nährende Amme dazu, wird sie dabei doch nicht zu einem unpersönlichen Es, zu einer a-Person oder gar einer Un-Person, die man nicht mehr anreden könnte. Das Gegenteil ist der Fall: Die Natur ist der Ort, der Raum, das Haus, in dem der Fromme seine Andacht findet und betet. Und dabei spricht er die Gottheit Natur mit «Du» an. Sie ist also eine Person, der sich der Fromme im

Gebet zu nahen wagt, und die er mit «Du» anzusprechen wagt. Wer aber mit «Du» angesprochen wird, der wird zum Gegenüber, mit dem verschmilzt man nicht, in dem geht man nicht völlig auf. Die Natur, deren Teil der Mensch ist und der er wesensverwandt ist, ist nicht ein nebelhaftes Gebilde, in dem man verschwimmen muß, sondern eine Macht, an die man sich mit seinen Gebeten richtet. Und im Gebet wird die Natur wieder zur Göttin, zur Schöpferin, zur Mutter, an die sich der Beter wie ein Kind wendet: «Darum fleh' ich dich an!»

Es ist die Große Mutter, die hier angefleht wird. Von ihr erhofft sich der Mensch Frieden und Gesundheit und für die Natur und die Kreatur das Wachstum.

Der Hymnus endet nicht mit einer mystischen Identifikation, in der der Mensch in der Physis aufgeht, oder in der er nur fatalistisch mit dem Werden und Vergehen der Physis verschmilzt, sondern mit der flehentlichen Bitte, Frieden und Gesundheit auf die Erde zu senden und allen Dingen Wachstum und Gedeihen zukommen zu lassen.

Die Große Mutter ist nicht nur Gebärerin und Ernährerin, sie ist auch *Friedensstifterin*.

Es ist eigenartig, daß der Orphische Hymnus nichts über das Vergehen und Sterben der «Göttin Natur» sagt, daß er Aspekte wie Kampf, Tod, Vernichtung, die ja der Natur ebenso zu eigen sind, verdrängt, daß er die Große Mutter, die ihre Kinder verschlingt, einfach zu verschweigen scheint. Der Hymnus ist das Lob auf eine Natur, in der es keine Widersprüche gibt. Die Natur ist vollkommen; in ihr hat das Abgründige keinen Platz. *Der Tod kommt nicht vor.*

Wo liegt der Grund für eine derartig optimistische Naturfrömmigkeit? Der Hinweis, die Griechen seien «grundsätzlich» oder «von Haus aus» optimistisch und ihre Lebenseinstellung könne als «Kultur-Optimismus» bezeichnet werden, wird weder dem orphischen Hymnus noch dem Verhältnis der Griechen zur Physis gerecht.

Im Grunde genommen handelt es sich auch gar nicht um einen Optimismus im herkömmlichen Sinne, denn der Hymnus trägt alle Anzeichen eines zyklischen Welt- und Wirklichkeitsverständnisses an sich: «Unvergänglich» ist die Natur, «blühend und uralt» zugleich; denn ihre Jahreszeiten kehren immer wieder, Werden und Vergehen und Wiederwerden haben kein Ende. Sie ist das «endlose Ende», das man nur einem Kreis nachsagen kann, der «Anfang und Vollendung» zugleich ist, eine Urkraft, die sich selber zeugt und gebiert, die also keines zweiten Aspekts[6], keines anderen Geschlechts bedarf. Begriffe wie «ewig immerbewegt», «immer strömend», ja, sogar «ewiges Leben» und «Unsterblichkeit» werden in diesem Zusammenhang zu Paradigmen einer ewigen Wiederkehr des Gleichen.[7] Aber diese Paradigmen lösen bei dem griechischen Frommen keinen Weltschmerz aus, sondern ermutigen ihn zur Hoffnung auf den neuen Anfang: Immer wieder wird sich das Mysterium der Wiedergeburt in der Natur vollziehen;[8] es wird nie einen ewigen Tod geben, sondern immer nur einen zeitweiligen, reversiblen Tod, der nur dazu da ist, um dem ewigen diesseitigen Leben Platz zu machen, welches immer wiederkehrt.

Namentlich in den griechischen Zaubertexten, die Karl Preisendanz übersetzt hat,[9] und die die Volksfrömmigkeit widerspiegelt, wird die Allmutter Physis zum Inbegriff der ewigen Wiederkehr. Die Volksfrömmigkeit – und das kann man wohl verallgemeinern – entwickelt sich ja unabhängig von der theologisch-religionsphilosophischen Reflexion und orientiert sich in der Regel nicht an dieser. Sie existierte bereits, bevor es eine Theorie der Religion gab, und existiert – meistens ungebrochen – neben ihr, seitdem es eine Theorie der Religion gibt. Und vor allem: Sie behauptet sich gegen jedwede Reflexion, indem sie praktisch-religiöse Erfahrungen zu ihrem Wahrheitsbeweis macht. In diesem Sinne ist zum Beispiel das bäuerliche Leben auf dem Lande vom Zyklus der Jahreszeiten geprägt und von der religiösen

Erfahrung bestimmt, daß Leben im Werden und Vergehen und Wiederwerden besteht, und daß sich die Natur durch ihr Wachsen, Blühen, Absterben und Regenerieren in einem ewigen Prozeß befindet, der nur dem Kreislauf der Geburten vergleichbar ist, der allerdings auch ein Prozeß ist, welcher den schicksalhaften Ablauf der Natur in seiner Gesetzmäßigkeit garantiert.

So ist etwa das große «Gebet an Selene» zu verstehen, das sich zwar an die Mondgöttin richtet, aber die «Allmutter Natur» meint. Darin heißt es, – nachdem die Göttin mit allerei Beinamen genannt wurde: «... Und Physis, Allmutter: Denn du wandelst im Olympos und suchst den weiten unermeßlichen Abgrund (ábysson) auf. Anfang und Ende bist du, über alle herrschest du alleine; denn von dir ist alles, und zu dir hin (eigentlich: «in dich hinein») endigt alles»[10].

Der Kreislauf wird hier durch Anfang und Ende markiert als den beiden Polen, zwischen denen sich das Leben abspielt. Aber das Ende ist nicht der (absolute) Tod, nicht der Stillstand oder die Erstarrung, aus der die Natur nicht mehr aufwacht, sondern es ist Ziel (télos), *Voll*endung und Erfüllung zugleich: Von der Mammētōr Physis geht alles aus, und zu ihr führt alles wieder hin. Selbst der Tod kommt in ihr zur Erfüllung, ja, im Grunde gibt es gar keinen Tod, weil die Physis und alles, was aus ihr hervorgeht, wieder in sie zurückkehrt.[11] *Leben ist Emanation, Tod ist Regression.* Die Gottheit aber macht diese «Bewegungen» mit, ja, sie löst diese Prozesse aus und hält sie nie an. Auf dieser Gewißheit, daß Leben und Sterben nur Prozesse sind, die sich bis in Ewigkeit fortsetzen, beruht der griechische Naturoptimismus. Allerdings ist er in der orphischen Literatur gedämpft: Denn die Physis ist zugleich Heimarméne und Anánke, das Schicksal, dessen gesetzmäßigen Abläufen man nicht entrinnen kann.

Wenden wir uns nun dem Begriff der *Physis* selbst zu. Karl

Kerényi nennt ihn ein «Urwort».[12] Schon bei Homer[13] heißt
es, Hermes, der Götterbote und Gott der tierischen Fruchtbarkeit, hätte dem Odysseus «die Natur» einer heilsamen
Pflanze, nämlich eines Zauberkrauts, erklärt. «Ihre Wurzel
war schwarz, und milchweiß blühte die Blume», heißt es
von ihr. «Moly wird sie genannt von den Göttern. Sterbli-
chen Menschen ist es schwer, sie auszugraben; doch alles
vermögen die Götter.» Es handelt sich hier sozusagen um
das erste Vorkommen, um ein Auftauchen der Physis, ihre
Verwurzelung in der Erde, ihr Wachsen über der Erde und
das Hervorbringen der Blüte.[14] Das organische Werden und
Wachsen dient Homer offenbar als Prinzip der Welterklä-
rung. Dennoch ist die Physis auch etwas Verborgenes, denn
ihre Wurzel, ihr Urgrund befindet sich unsichtbar in der
Erde, sie möchte Geheimnis bleiben.[15] «Das ‹so ist es›, ohne
dafür einen menschliche Urheber angeben zu können, heißt
auf Griechisch ‹Physis›». Aristoteles sagt in seiner Metaphysik[16]: Es muß etwas geben, aus dem alles Übrige entsteht … und dieses ist die Physis, sei es als Urstoff (prótē
hýlē), sei es als Form (eidos), sei es als Wesen (usía), je nach
Auffassung der Philosophen. Er nennt die Physis die Ur-
Zusammensetzung, die prótē sýnthesis. Auch für Plato
gehört die Physis in den Bereich der Urdinge (tá prōta) wie
die Seele oder die Atome. Parmenides war der erste, der sie
als Sein schlechthin bezeichnete, als «Genesis im Bereich
der Urdinge», wie Plato sagte.[17] In seiner Kosmogonie
nimmt sie die Gestalt einer Göttin an und wird zum
Urgrund der Bewegung.[18] Seitdem ist die Physis eine
mythologische Gestalt und tritt unter verschiedenen
Namen auf.

Empedokles zum Beispiel erwähnt das Wirken einer
«Herrin der Mischung», der Harmonie, aus der sich «unzäh-
lige Scharen sterblicher Geschöpfe ergossen».[19] Der Philosoph nennt sie in seinem Gedicht «Philotes» das «Prinzip
Liebe», das in der griechischen Volksfrömmigkeit mit der

Göttin Aphrodite gleichgesetzt wurde und diese wiederum mit der phrygischen Großen Göttin Kybele, der «Mutter aller Götter und Menschen», wie Homer sagt[20], und – darüber hinaus – Herrin der Tiere und allen Lebens. Sie sorgt für die Fortpflanzung. Unter ihrem Einfluß vergessen selbst Raubtiere ihre Wildheit und vereinen sich in Liebe und Harmonie.[21] Der römische Epikureer Lukrez führt die mythologischen Traditionen in seinem Venushymnus fort, in welchem die Göttin als Mutter (genetrix) und Göttin Natur gepriesen wird. Hier einige Auszüge aus dem Hymnus:[22]

«Mutter der Aeneaden, du Wonne der Menschen und Götter,
Lebenspendende Venus: du waltest im Sternengeflimmer
Über das fruchtbare Land und die schiffedurchwimmelte
Meerflut,
Du befruchtest die Keime zu jedem beseelten Geschöpfe,
Daß es zum Lichte sich ringt und geboren der Sonne sich
freut...
dir bereitet die liebliche Bildnerin Erde
Duftende Blumen zum Teppich, dir lächelt entgegen die
Meerflut...
Jetzt durchstürmet das Vieh wildrasend die sprossenden
Wiesen
Und durchschwimmt den geschwollenen Strom. Ja jegliches
folgt dir
Gierig, wohin du es lenkest; dein Liebreiz bändigt sie alle;
So erweckst du im Meer und Gebirg und im reißenden
Flusse,
Wie in der Vögel belaubtem Revier und auf grünenden
Feldern
Zärtlichen Liebestrieb in dem Herzblut aller Geschöpfe,
Daß sie begierig Geschlecht um Geschlecht sich mehren
und mehren
Also lenkst du, o Göttin, allein das Steuer des Weltalls,
Ohne dich dringt kein sterblich Geschöpf zu des Lichtes
Gefilden.

Ohne dich kann nichts Frohes der Welt, nichts Lichtes entstehen ...»

Zunächst hat der Leser den Eindruck, als throne die Gottheit über der Erde («... im Sternengeflimmer») und schaue sich ihr Werk aus der Ferne an. Aber dieser Eindruck trügt: Venus steigt aus den Höhen herab und befruchtet die Keime jedes beseelten Geschöpfes (genus omne animantum); *sie* ist es, die das Leben auf Erden hervorbringt, sie ist «alma Venus». Die Geschöpfe sind ihre Kinder; denn sie haben ihr das Leben zu verdanken. Jedesmal, wenn sie auf Erden erscheint, wird sie von einem Blütenmeer empfangen, das die Erde ihr zu Ehren hervorbringt: Der Frühling mit seinem Werden und Wachsen in der Natur, seinem Zeugen und Gebären unter der Kreatur ist ihre Jahreszeit. «Vere natus mundus est», «im Frühjahr wurde die Welt geboren», heißt es bei Vergil. Und sie befruchtet nicht nur die Keime, wie es zu Anfang heißt, sie ist sogar Urheberin des Liebestriebs in den Geschöpfen. Offensichtlich sieht der Dichter in diesem Urtrieb die Ursache für die Bewegung, die im Weltall herrscht. Diese Göttin ist «die einzige, die das Weltall lenkt». Zu allererst ist es Venus, die die rerum natura steuert, genau wie es bei Parmenides oder in der griechischen Volksfrömmigkeit Aphrodite ist, die die Physis lenkt und die «alles steuert», wie es bei Parmenides heißt.[23] Venus / Aphrodite wird damit Ur-Macht und Mutter allen Lebens, ohne die kein sterbliches Geschöpf das Licht der Welt erblicken und ohne die nichts entstehen kann. Sie ist die Schöpfergöttin. – Ist sie aber auch die Herrin der Schöpfung? Oder ist sie selbst Schöpfung, in und durch sie gegenwärtig, also Schöpferin und Schöpfung zugleich? Inwieweit handelt es sich bei dem Venushymnus des Lukrez religionsgeschichtlich wirklich um einen Pantheismus und nicht vielmehr um einen Theismus, der sich in der Natur verwirk-

*licht? Aphrodite und Physis, Venus und Natura sind gleich-
wertige, austauschbare Begriffe.* Zumindest ist die Natur
bei den Griechen und Römern durchgottet und der Schau-
platz pantheistischer Lebensfülle: Die Göttin ist überall
anwesend und beseelt die Natur mit ihren Trieben. Mit
«Philotes» oder «Amabile», das «zur Liebe Reizende», wird
ihr Wesen und ihre Wirkung beschrieben.[24]

Der eingangs zitierte orphische Hymnus an die Natur ist
der Höhepunkt griechischer «natürlicher» Theologie. An
ihm läßt sich gleichsam die ganze Entwicklung ablesen, die
der Begriff «Physis» bisher genommen hat. Die Dea Natura
ist sowohl Vater wie Mutter, weil sie den Samen ausstreut
und Flora und Fauna gebiert. Sie ist aber zugleich auch das
Weltenschicksal, weil sie allein «ihren Willen vollführt»,
«unaufhaltbar im Laufe» und erhaben ist über alle anderen
Herrscher. Sie ist die Natura Gubernans, weil sie im Himmel und auf der Erde herrscht und die Geschicke der Menschen lenkt. Sie ist die Muttergöttin, weil sie die Eigenschaften von Aphrodite und Venus und den unter vielen
Namen verehrten Prototyp der Magna Mater, die phrygische Kybele, in sich vereinigt; weil alles, was ist, Emanation
ihrerselbst ist. Sie ist Inbegriff der zyklischen Weltordnung,
weil sie «unvergänglich» ist, «immer im Schaffen» begriffen, immer in Bewegung, sich immer im Wandel befindet
und sich «in unaufhörlichen Kreisen» offenbart: Die Menschen haben in ihr den Mythos von der ewigen Wiederkehr
gefunden.

Die Göttin Natur ist in der griechisch-römischen Religionsgeschichte wichtiger als alle anderen Götter, ein-
schließlich der Götter Zeus und Jupiter. Denn die personifi-
zierten Göttergestalten konnten nur einen Teil, einen Ausschnitt, ein bestimmtes Problem der Wirklichkeit repräsentieren, nie aber das Ganze. Das Ganze repräsentierte die
Göttin Natur. Und da im Ganzen die Teile eingeschlossen
sind, repräsentierte die Göttin Natur in bestimmer Weise

auch die personalen Götter Griechenlands und Roms. Irgendwie haben sie alle in der Großen Mutter ihren Ursprung und ihr Ziel.

Klassische Formen der mystischen Identifikation Martin Bubers «Ich und Du» im Umgang mit der Natur

– eine Meditation –

Auf einer etruskischen Schale befindet sich ein Mensch zwischen den Bäumen des Lebens und des Todes. Von beiden hält er einen Zweig und symbolisiert so seine Stellung zwischen ewigem Leben und Vergänglichkeit.

Am Anfang seines berühmten Jerusalemer Aufsatzes «Ich und Du» definiert der jüdische Religionsphilosoph Martin Buber das Verhältnis des Menschen zur Welt als «Beziehung«.[1] Der entscheidende Satz seiner Überlegungen lautet: «Das Grundwort Ich-Du stiftet die Welt der Beziehung». *Die Beziehung beginnt mit der Natur.* Buber nennt sie «die Beziehung im Dunkel schwingend und untersprachlich». «Die Kreaturen regen sich uns gegenüber, aber sie vermögen nicht zu uns zu kommen.»[2] Er verdeutlicht diesen Gedanken am Beispiel des Baumes: Ein Baum kann für uns ein «Es» sein. Dann nehmen wir ihn als Bild wahr oder als Bewegung, die seine Zweige und Blätter hervorrufen, oder als Gattung und Exemplar, an denen sich Bau und Lebensweise ablesen lassen, oder als Ausdruck von Gesetzen, nach denen sich die Stoffe mischen und entmischen. Bei alledem bleibt der Baum «mein Gegenstand», bleibt ein Es. «Es kann aber auch geschehen, daß ich, den Baum betrachtend, in die Beziehung zu ihm eingefaßt werde, und nun ist er kein Es mehr.»[3] Buber will sagen, daß aus der Betrachtung eines Baumes, je intensiver sie wird, Begegnung wird. Begegnung aber entsteht dort, wo das Gegenüber aus seiner Gegenständlichkeit heraustritt und zu einer lebendigen Beziehung wird, wo aus einem anonymen Es ein Du wird, gleichsam eine Person inmitten einer Welt voller unpersönlicher Gegenstände. Der Baum ist zwar nach wie vor das, was er immer war: Materie und Form, Farbe und Wuchs, etwas Alltägliches, und doch ist er zugleich Symbol des Zusammenhalts von Himmel und Erde. «Kein Eindruck ist der Baum, kein Spiel meiner Vorstellung, ein Stimmungswert, sondern er bleibt mir gegenüber und hat mit mir zu schaffen, wie ich mit ihm – nur anders ... Beziehung ist Gegenseitigkeit.»

Wenn der Philosoph die Beziehung des Menschen zu einer Pflanze so beschreibt, daß daraus eine lebendige Begegnung entsteht, ein Geben und Nehmen, ein Aufeinander-Angewiesensein, dann muß er auch die Frage nach einem möglichen Bewußtsein des Baumes stellen. Aber Buber greift die Frage nur auf; er erörtert sie nicht. «Ich erfahre es nicht», lautet sein abschließendes Urteil».[4] Er verneint diese absurd klingende Frage zumindest nicht: «... unser Du-Sagen zu den Kreaturen haftet an der Schwelle der Sprache».[5] Du sagen kann man erst, wenn unser Gegenüber unsere Sprache vernehmen und selber antworten kann. Erst die Sprache überwindet das Es und macht es zu einem Du und macht Begegnung möglich. «An der Schwelle der Sprache» entscheidet sich unsere Beziehung zu den Wesen. Darum bezeichnet Buber die Begegnung der Menschen untereinander als *zweite*, höhere *Sphäre*; denn «da ist die Beziehung offenbar und sprachgestaltig. Wir können das Du geben und empfangen».[6] Hier erst findet Buber seine Definition bestätigt: «Alles wirkliche Leben ist Begegnung.»[7]

Es gibt aber nach Buber noch eine *dritte Sphäre*. Er nennt sie «das Leben mit den geistigen Welten». Hier «vernehmen wir (zwar) kein Du und fühlen uns (dennoch) angesprochen».[8] Denn der Geist ist «zwischen Ich und Du,» er ist wie die Luft, die jeder Mensch zum Atmen braucht.[9] Buber unterscheidet demnach zwischen einer «physischen Welt», in der der Mensch der Natur begegnet, einer «psychischen Welt» in der er seinesgleichen begegnet, und einer «noetischen Welt», in der er dem Geheimnis des Geistes begegnet. Aber «in jeder Sphäre, durch jedes uns gegenwärtig Werdende blicken wir an den Saum des ewigen Du hin, aus jedem vernehmen wir ein Wehen von ihm, in jedem Du reden wir das ewige an, in jeder Sphäre nach ihrer Weise».[10] Und dennoch machen erst alle drei Sphären «die vollkommene Begegnung» möglich.»[11]

Natürlich setzt Martin Buber seinem «Pantheismus» Grenzen. Als Jude, der sich zur Absolutheit des Einen Gottes bekennt, lehnt er eine Allbeseelung der belebten Natur ab.[12] Wir sind noch weit entfernt von Baumgeistern, wie sie uns die Religionsgeschichte bietet. Dennoch scheint es Buber keine Schwierigkeiten zu bereiten, die Du-Strukturen, die er bei seiner Baum-Meditation entdeckt hat, auch auf die *Kreatur* zu übertragen. Das ist um so bemerkenswerter, weil die Übertragung von Person-Merkmalen auf die außermenschliche Kreatur für den israelitisch-jüdischen Frommen einem Sakrileg gleichkommt: Wer Tieren außer durch die in Genesis 2, 19+20 verbriefte Namensgebung eine Stellung einräumt, die nur dem Menschen zukommt, verstößt gegen die Gottebenbildlichkeit des Menschen und macht die Kreatur zum Götzen. Aber hier wird der jüdische Monotheist zum Mystiker: In seinem Essay über die *Augen der Hauskatze* zum Beispiel, der nur wenige Seiten von seiner Meditation über den Baum entfernt ist,[13] schildert er die Entdeckung einer außermenschlichen Sprache. Anders als die Verhaltensforscher, die diese «Tiersprache» an Mimik, Gestus, Aufforderungscharakter, Drohgebärden usw. studieren, sucht er im «sprechenden Blick» des Tieres «das Vermögen einer großen Sprache» zu entdecken: «Selbständig, ohne einer Mitwirkung von Lauten und Gebärden zu bedürfen, am wortmächtigsten, wenn sie (die Augen) ganz in ihrem Blick ruhen, sprechen sie das Geheimnis in seiner naturhaften Einriegelung ... aus. Diesen Stand des Geheimnisses kennt nur das Tier, nur es kann ihn uns eröffnen ... Diese Sprache ist das Stammeln der Natur unter dem ersten Griff des Geistes ... kein Reden wird je wiederholen, was das Stammeln mitzuteilen weiß».[14] Für Buber ist Sprache nicht die Artikulierung von Lauten und das Heben und Senken der Stimme, sondern das Wissen um ein Geheimnis, welches nur das Tier besitzt, um ein Geheimnis, welches das Tier dem Menschen überlegen macht. Wenn «alles wirkliche Leben Begegnung» ist, dann geschieht diese Begegnung auch «in den Augen» zwischen Mensch und Tier. Die Augen des Tieres stellen Fragen, sind von Zutrauen oder Angst erfüllt und können den fordernden Menschenblick nicht lange aushalten. Aber gerade auf diese kurze Begegnung, diesen «Blickkontakt» kommt es an. Dadurch vollzieht sich nämlich die Beziehung zwischen Mensch und Tier eine Zeit lang auf gleicher Ebene: «Eben noch hatte die Es-Welt das Tier und mich umgeben, ausgestrahlt war einen Blick lang die Duwelt aus dem Grunde, nun war sie schon in jene zurückgeloschen.» Buber bekennt, daß er an dieser winzigen Begebenheit «die Vergänglichkeit der Aktualität in allen Beziehungen zu den Wesen erkannt» habe, «die erhabne Schwermut unsres Loses, das schicksalhafte Eswerden alles geeinzelten Du».[15] Dieser letzte Satz ist für Buber von ganz besonderer Tragweite; denn Zentrum und Inhalt seines philosophischen Essays ist ja gerade die Erkenntnis, daß es «kein Ich an sich (gibt), sondern nur das Ich des Grundworts Ich-Du und das Ich des Grundworts Ich-Es»,[16] und nur «das Grundwort Ich-Du die Welt der Beziehung stiftet»,[17] das Ich also nur am und durch das Du entsteht.

Für die Begegnung mit dem Tier bedeutet das, daß es nur Augenblicke, allerdings unverwechselbare Augenblicke sind, die denen – wie Martin Buber sagt –[18] «die Bürde der Eswelt» dem Tier und dem Menschen abgenommen wird und das Du aufleuchtet, um allerdings sofort wieder unterzugehen. Denn die eigentliche Wirklichkeit des Tieres ist die Es-Welt, in der sich die Kreatur nicht ihrer selbst bewußt wird, es sei denn im Gegenüber zum Menschen. Buber beendet sein Essay im Grunde mit einem depressiven Schluß: «Ich konnte mich immerhin noch darauf besinnen (nämlich: daß das Du einen Augenblick lang in den Augen des Tieres aufleuchtete), das Tier aber war aus dem Stammeln seines Blicks in die sprachlose, fast gedächtnislose Bangigkeit zurückgesunken.»[19] Die kreatürliche Beziehung hat damit aufgehört und ist zum Seufzen der Kreatur, vielmehr zu Sprachlosigkeit erloschen.

Doch ist selbst der Mensch, dieses Ich-Du-Wesen par excellence, nicht immun gegen den Ich-Du-Verlust. Denn er, der Mensch, kann sich ebenso an sich *selbst* wie an das Es verlieren, das ihn umgibt, ihn beschlagnahmt, ihn besitzen will, um ihn zu entpersonalisieren. Der Besitzanspruch der Technik ist nur einer von vielen. Buber bedient sich, um das Verschwinden und Wiederauftauchen des Du zu beschreiben, des *Verpuppungssyndroms*: «... jedes geeinzelte Du muß sich zum Es verpuppen, um sich wieder neu zu beflügeln.»[20] Auch der Mensch befindet sich dauernd in diesem Rhythmus von Aktualität und Latenz, wobei die Latenz nur das Atemholen zu einer neuen Selbstverwirklichung ist, so wie das Stadium der Puppe nur dazu da ist, das Stadium des Falters vorzubereiten. Es ist eine ständige Metamorphose, die sich da zwischen Es-Welt und Du-Welt abspielt. Das Sein bleibt erhalten, aber das Ich und Du gehen zeitweilig im Es auf und bestätigen damit die essentielle Einheit von Mensch und Natur. Welche anthropologischen Folgerungen sich daraus für weite Bereiche der außerchristlichen Religionsgeschichte ergeben, werden wir in den nachfolgenden Kapiteln, besonders bei den Stammesreligionen, erfahren.

Doch zunächst müssen wir einer Frage nachgehen, die ich als typisch abendländisch oder europäisch bezeichnen möchte, der Frage nämlich, ob es überhaupt möglich ist, die Ich-Du-Beziehung, wie sie unter Menschen geübt wird, auch auf das Verhältnis von Mensch und Kreatur beziehungsweise gar auf das Verhältnis von Mensch und Natur zu übertragen. Im Nachwort zu seinem Aufsatz stellt sich Buber selbst diese Frage: «Wenn wir nicht bloß zu anderen Menschen, sondern auch zu Wesen und Dingen, die uns in der Natur entgegentreten, im Ich-Du-Verhältnis stehen können, was ist es, was den eigentlichen Unterschied zwischen jenen und diesen ausmacht?» Wie ist dann die Beziehung des Menschen zur Natur zu verstehen, worin besteht «der Charakter dieser Gegenseitigkeit, und was berechtigt uns, darauf diesen fundamentalen Begriff (nämlich das Ich-Du-Verhältnis) anzuwenden?»[21] Mit anderen Worten: Steht dahinter nicht doch ein total anderes Verhältnis als zwischen Mensch und Mensch? Und beruht diese «Gegenseitigkeit» von Mensch und Kreatur / Natur nicht auf ganz anderen Voraussetzungen? Ist sie nicht anders begründet, strukturiert und von einer anderen Wertigkeit? Wenn Joseph v. Eichendorff den Wald anredet: «Wer hat dich, du schöner Wald, aufgebaut so hoch da droben!» oder der Wanderer im Rauschen des Lindenbaumes den Ruf zur Umkehr vernimmt, dann ist doch damit eine andere Beziehung, eine andere «Gegenseitigkeit», ein anderes Gegenüber beschrieben als sie das Ich und Du zwischen zwei Menschen aussagt.

Natürlich ist dieser Unterschied auch dem Religionsphilosophen Buber bewußt. Und dennoch gibt er die uns überflüssig erscheinende Erklärung ab, daß «offenbar auf diese Frage keine einheitliche Antwort» zu finden ist.[22] Buber selbst findet eine eher dubiose Antwort: Er beruft sich nämlich auf den Vorgang der Domestikation von Tieren, einer Fähigkeit, die der Mensch seit Jahrtausenden besitzt und noch immer ausübt. Wie geschieht die Zähmung von Tieren? Doch so, daß der Mensch sie «in seine Atmosphäre» «zieht» und sie auf diese Weise «bewegt», «ihn, den Fremden, ... anzunehmen.» Domestikation ist also für Buber zu allererst Einbeziehung in die Atmosphäre des Menschen; denn die Atmosphäre des Menschen wirkt sich auf das Tier aus und verändert in entscheidenden Dingen sein Verhalten. Nicht, daß das Tier dadurch vermenschlicht würde, – es würde doch nur zu einer Karikatur des Menschen werden, wie die Hunde in unseren Großstädten häufig nur Karikaturen ihrer Herren und Frauen sind, – sondern indem das Tier zu einer Reaktion auf die menschliche Annäherung – Buber spricht sogar von der «aktiven Erwiderung … auf seine Anrede»[23] – veranlaßt wird. Diese Reaktion sei um so stärker, «je mehr sein (des Menschen) Verhalten ein echtes Dusagen ist».[24] Unter echtem Du-sagen versteht Buber nun ein Vertrauensverhältnis, das das Tier und seinen Herrn umfaßt und beide zu Partnern macht, die eine Gemeinschaft auf Gegenseitigkeit bilden. Diese ungewöhnliche Gemeinschaft verträgt weder Ungerechtigkeit noch Heuchelei. Nicht umsonst weiß der Volksmund von Fällen zu berichten, bei denen ein Tier sich treuer verhielt als ein Mensch. Aber solche treue Freundschaft ist nicht notwendigerweise das Ergebnis des Zähmungseffekts. Es gibt durchaus auch Kontakte zwischen Menschen und Tieren, die auf ganz anderen Voraussetzungen beruhen, zum Beispiel auf Zuneigung, Güte, Dankbarkeit oder Mitleid. Es gibt «Menschen, die eine potentielle Partnerschaft zum Tier im Grunde ihres Wesens tragen.»[25] Und es handelt sich dabei keineswegs um «animalische» Typen, sondern um Menschen, die eine «naturhaft geistige» Veranlagung haben, die also in sich ruhen, so daß sie zum Tier eine Beziehung aufnehmen können, oder deren geistige Ausstrahlung das Tier zu spüren vermag. Dieses Gespür für einen Menschen, der es gut meint, ist aber auch schon die einzige Reaktion, die Menschen an einem Tier «messen» können. Ein Tierpsychologe wird immer von ganz anderen Voraussetzungen ausgehen müssen als die Anthropologie; denn «die Zwiefalt der Grundworte Ich-Du und Ich-Es ist ihm (dem Tier) fremd»[26], zumindest verborgen oder nur in Ansätzen vorhanden, wenn wir bedenken, daß sich das Tier einem anderen Wesen zuwenden und Gegenstände betrachten kann, also eine Beziehung zu Kreaturen und Dingen aufnehmen kann. Aber zu einer Ich-Du-/Ich-Es-Beziehung kommt es dabei nicht.

Noch gravierender ist das Problem bei den Pflanzen, zur Natur insgesamt also. Bäume können auf unseren Anruf nicht reagieren, und auf unseren Ausruf schweigen sie. Sie erwidern unsere Annährung nicht, meint Buber. Aber ist nicht gerade dieser Erkenntnisstand überholt? Pflanzen lassen sich von uns nicht akzeptieren, sagt Buber. Aber erleben wir nicht gerade, wie stark der Wunsch nach Akzeptanz in der Natur ist? Pflanzen können ihre Beziehung zu uns Menschen weder bejahen noch verneinen, sie sind passiv, hört man. Aber spüren wir nicht aus ihren stummen Äußerungen zuweilen, wie sehr sie uns Menschen ablehnen? Buber konnte noch davon ausgehen, daß eine Reziprozität des Wesens Baum zum Menschen hin nicht entsteht, allenfalls eine Reziprozität des Seins der Natur angenommen werden könne, von dem «her etwas uns entgegen aufleuchtet».[27] Aber offenbar ist hier ein völliges Umdenken notwendig geworden. Seit geraumer Zeit scheint die «unbeseelte Natur» durchaus auf menschliches Verhalten zu reagieren, und zwar der Baum als Einzelwesen ebenso wie die Natur in ihrer Gesamtheit. Werner Trautmann[28], Peter Tompkins, Christopher Bird[29] u. a. haben sich neuerdings dieses Phänomens in besonderer Weise angenommen und sind dabei auf dem Umweg über die Quantenphysik zu geradzu spektakulären Ergebnissen gekommen: Pflanzen, so stellen sie fest, sind in der Lage, mit ihrem Besitzer zu kommunizieren. Der amerikanische Naturwissenschaftler Cleve Backster behauptet gar, daß er mit Hilfe eines Galvanometers, eines sogenannten «Polygraphen», Erregungszustände an einem Drachenbaum registrieren konnte, als er dessen Blätter ansengen wollte, und andererseits so etwas wie Freudensignale bemerkte, als er ihn gießen wollte. Unwohlsein wie Wohlergehen einer Pflanze ließen sich danach durchaus wahrnehmen.[30] Allerdings müssen derartig spektakuläre Vorgänge, wie sie der sogenannte «Backster-Effekt» sichtbar machen möchte, kritisch und mit großer Zurückhaltung aufgenommen werden. Mit den philosophischen Überlegungen Martin Bubers treffen sie sich insofern, als es auch hier um den Vorgang einer Begegnung auf nicht-verbaler Ebene geht. In beiden Fällen, im Falle der philosophischen Subjekt-Objekt-Beziehung als auch im Falle der mechanischen Messung von emotionalen Vorgängen in der belebten Natur geht es um eine Ich-Du- bzw. Ich-Es-Beziehung, die von den Kommunizierenden als «Begegnung» erkannt wird und dadurch ein Du freisetzt. Gewiß sind in beiden Fällen das Ich-Du und das Ich-Es nur latent erfahrbar; aber wir bekommen heute mehr und mehr zu spüren, daß diese Latenz durchaus Aktualität gewinnen kann, wenn die Beziehung zwischen Mensch und Natur gefährdet ist, oder – um das andere Bild Bubers zu gebrauchen – wenn die Natur aus ihrem schweigenden Verpuppungszustand heraustritt und hörbar reagiert. Es gibt – wie wir heute aus der Ökologie wissen – durchaus nicht nur ein freundliches Akzeptieren und Betrachten der Natur, sondern auch eine schlechte Behandlung, eine Verachtung und Beleidigung der Natur, auf die diese empfindlich reagiert. Die Beziehung zwischen Mensch und Baum, zwischen Mensch und Natur beruht dann auf einer Störung der Gegenseitigkeit, auf einer Ausbeutung, ja, einer Pervertierung der Ich-Es-Struktur, einer Zerstörung des Verhältnisses von Mensch und Natur, aus der sich schließlich eine Ich-Du-Beziehung nicht mehr gewinnen läßt, weil die latente Ich-Es-Beziehung nicht mehr aufzubrechen ist. In ihrer Latenz aber versinkt die Natur in Agonie, und Leben ist dann nicht mehr Begegnung, sondern Beherrschung, Unterjochung, Ausbeutung. Aus der

Agonie erwachen kann die Natur erst dann, wenn sich der Mensch auf seine schöpfungsmäßige Beziehung zu ihr besinnt und die verloren gegangene Ich-Du-Struktur wieder aufbaut.

Was Martin Buber in seiner religionsphilosophischen Analyse völlig außer acht läßt, ist die substantielle Beziehung zwischen Menschen, Tieren und Pflanzen. Als Jude, der sich bewußt zum Alten Testament bekennt, nimmt er die Gottebenbildlichkeit für den *Menschen* in Anspruch, und nur für den Menschen. Nur der Mensch ist in der Lage, «Du» zu Gott zu sagen, Gott und die Gottferne zu kennen, und von Gott sein Ich zu erhalten.[31] Nur der Mensch ist verantwortlich vor Gott, vor seinesgleichen und vor der Natur, indem er sie beherrschen und bewahren soll (Gen 1,28; 2,15). Daß es eine substantielle, freilich hierarchisch begründete Einheit *alles* Seienden geben könnte, beschäftigt Buber nicht. Daß sich die Imago «nach unten hin» fortsetzen und die belebte Natur mit einschließen könnte, sie gleichsam als Abbild des Urbildes Gott umfassen könnte, würde er als pantheistische Häresie bezeichnen. Denn in der biblischen Anthropologie geht es vordringlich um das Verhältnis von Mensch und Gott, nicht oder kaum um das Verhältnis von Mensch und Natur. Buber argumentiert hier wie die christliche Theologie.

Eines der wichtigsten Themen der außerbiblischen Religionsgeschichte ist aber gerade das Thema Gott und Natur beziehungsweise Mensch und Natur, das in den biblischen Theologien vernachlässigt worden ist. Dabei werden natürliche Abstufungen vorgenommen und Prioritäten gesetzt, aber letztlich beruht in der Religionsgeschichte die Beziehung der Geschöpfe zueinander auf einer substantiellen Einheit. Der Mystiker Buber ahnt diese substantiellen Zusammenhänge und versucht, sie seinem System der Beziehung einzufügen, indem er die Ich-Du-Struktur auf das Verhältnis Mensch und Natur überträgt; aber der Theologe Martin Buber kann sich auf Grund der Lehre von der Gottebenbildlichkeit, die nur dem Menschen zukommt, nicht zu einer substantiellen Einheit in der Natur verstehen.

Kapitel 3

Der heilige Baum –
Mittler des Irrationalen

Nur die Gerechten leben und gedeihen wie der biblische Palmbaum, um die Früchte des Lebens zu genießen (mittelalterliche Miniatur)

Bäume als empfindende Wesen

Inmitten der verschwenderischen Fülle der «Göttin Natur» genießen einige Pflanzen besondere Verehrung. Zu ihnen gehört der Baum. Wie die Natur in ihrer Gesamtheit, so veranschaulicht der Baum als «Solitärpflanze» oder als Wald das Geheimnis des Werdens und Vergehens, des Lebens und des Sterbens. «Der Baumgarten» ist ein «göttliches Urbild für menschlichen Lebensraum».[1] Die ethnologische, religionsgeschichtliche, psychologische und symbolwissenschaftliche Literatur zu diesem Thema ist uferlos[2]; denn der «Baumkult» ist in allen Kulturen verbreitet: Bäume werden als Wohnsitze der Geister und Ahnen oder gar als lebendige Gottheiten verehrt. Ihnen opfert man, und man behängt sie mit Weihegaben. In der Regel sind es besondere Bäume, die man verehrt, alte Bäume, an die sich Mythen knüpfen, Bäume, unten denen man Versammlungen (Things) abhält, Bäume, die einer bestimmten Species angehören, wie Eiche, Buche, Linde und Pinie in indogermanischen Kulturen, und Dattel- oder Kokospalme, Nyarodhabaum (=ficus indica) und Ašvattha, der berühmte ficus religiosa, unter dem der Buddha seine Erleuchtung erfuhr, im Orient. Die religionsgeschichtliche Bedeutung dieser Bäume ist vielfältig, wie wir sehen werden. Gemeinsam ist aber allen heiligen Bäumen, daß sie in ihrer Besonderheit und Auserwähltheit das Ganze der Natur repräsentieren, also pars pro toto sind[3], gleichgültig, ob es sich dabei um den ökonomischen Nutzen oder den symbolischen Wert handelt. Ein treffendes Beispiel dafür, daß beides oft nicht voneinander zu trennen ist, bietet eine Hymne an den Baum, die im Kult der Ojibwa eine Rolle spielt:

«Ein Baum ist ein Abbild des Lebens.
Er wächst.
Unwohl, heilt er sich selbst.
Erschöpft, stirbt er.

Ein Baum spiegelt das Sein.
Er wandelt sich.
Verändert, stellt er sich selbst wieder her
Und bleibt immer der gleiche.

Ein Baum gibt Leben.
Er ist beständig.
Er gewährt Leben,
Aber sein eigenes bleibt unvermindert.

Bäume geben mir alles,
Alles, was ich brauche.
Ich habe dem Baum nichts zu geben
Als meinen Lobgesang.

Schaue ich einen Baum an,
So denke ich daran, daß
Der Apfelbaum meinen Hunger stillen kann,
Der Ahorn meinen Durst löschen kann,
Die Fichte meine Wunden und Schnitte heilen kann,
Die Rinde der Birke mein Heim bilden kann,
Mein Kanu und meine Gefäße formen kann.
Der Hickory biegt sich zu meinem Bogen,
Und das Holz des Kirschbaums wird zum Schaft des Pfeils.»[4]

Zunächst sieht es so aus, als preise der Ojibwa mit diesem Gesang nur den Nutzen der Bäume, ihr Holz, ihre Rinde, und unterscheide sich damit nicht im geringsten von der wirtschaftlichen Ausbeutung des Waldes durch den Weißen Mann. Aber dadurch, daß der Baum gleich in der ersten Strophe als «Abbild des Lebens», also als Paradigma menschlichen Verhaltens gepriesen wird, erhält das Lied eine andere Bedeutung: Der Baum – und zunächst gilt das von jedem Baum – ist «Abbild des Lebens» und «spiegelt das Dasein» wider. Sein Wachsen und seine Krankheiten haben die gleichen Ursachen wie sie menschliches Leben und menschliche Krankheiten haben. Die Beschaffenheit eines Baumes verändert sich nicht. Auch ein Baum besitzt so etwas wie eine angeborene Wesensstruktur, einen Grundcharakter, der unveränderlich ist. Und zugleich ist er mit einer «Seele» begabt, die dem physischen Teil der Pflanze die Möglichkeit gibt, zu wachsen und sich selbst zu heilen.[5] Nur die Erscheinungsweise verändert sich, wenn der Baum den Jahreszeiten ausgesetzt ist und diese sein Aussehen verändern. Das macht aber zugleich die Ähnlichkeit mit den Menschen aus, die auch den «Umwelteinflüssen» beziehungsweise den «gesellschaftlichen Veränderungen» in ihrem Leben ausgesetzt sind.

Andere indianische Stämme, wie zum Beispiel die Hopi, stellen in ihren Zeichnungen Bäume geradezu als Menschen dar: Ihre Äste bilden die Arme, die zum Himmel weisen, auf ihnen können sich die Wolken ausruhen[6]. Hier verschmelzen Mensch und Pflanze zu einer Einheit, und diese Menschen-Pflanze bildet das Medium, über das der Himmel mit der Erde kommuniziert und umgekehrt.

Das ist auch der Grund dafür, warum der Baum zum Lebensspender wird. Offenbar ist der Vorrat an Leben in ihm unerschöpflich; denn «sein eigenes bleibt unvermindert»: Er bezieht aus dem Himmel und von der Erde immer wieder neues Leben, das er nur weiterzugeben braucht an Menschen und Tiere.

Die Macht eines solchen «Lebensbaumes», wie ihn die Ojibwa verehren, liegt in seiner Geist-Seele, die ihm der

Schöpfer Kitche Manitu mitgegeben hat[7]. Der Baum ist also belebt, mehr noch: Er ist in der Lage, selber Leben zu vermitteln, ohne, daß er dabei Schaden nimmt. Das vermag nur ein göttliches Wesen. Der Baum, wie er hier von den Ojibwa gespriesen wird, ist von einem göttlichen Geist beseelt und darum heilig. Die Menschen leben von solchen heiligen Bäumen, sie bekommen alles von ihnen umsonst, und sie können ihnen nichts abgelten oder wiedervergelten. Sie können sie nur mit ihrem Lobgesang preisen. Sollten die Ojibwa jedoch gezwungen sein, einmal einen Baum zu fällen, dann vernimmt der Schamane das Klagen des Baumes, der unter den Axthieben leidet; er nimmt gleichsam die Schmerzen an seinem eigenen Leib wahr; er überträgt auf sich die Schmerzen des Baumes und bittet den Baum im Namen seines Stammes, seines Klans, um Verzeihung[8].

Ein interkulturelles und interreligiöses Phänomen

Die Heiligkeit des Baumes ist ein religionsgeschichtlicher Archetypus, dessen Symbolkraft sich in allen Kulturen findet. Die phänomenologische Arbeitsweise hat hier ihre Berechtigung. «Bäume ... repräsentieren Leben und die heilige Kontinuität der spirituellen, kosmischen und physischen Welten ... Die verschiedenen Arten des Glaubens, die einen Baum betreffen, können sowohl den ganzen oder einen Teil des Baumes als heilig ansehen; zum Beispiel den Stamm, die Zweige, die Blätter, die Blüten, das Mark oder die Wurzeln.»[9]

Jakob Grimm[10] hat zum Beispiel bei seiner Untersuchung des germanischen Wortes für «Tempel» eindeutige Zusammenhänge zwischen dem Wald und dem germanischen Heiligtum festgestellt. Überall gab es heilige Haine, von denen der Hain in Uppsala mit seinem immergrünen Riesenbaum in der Mitte einer der berühmtesten gewesen sein muß: Hier galt jeder Baum als heilig, weil er «Teil des Ganzen» war für das Numen, das Göttliche und Irrationale, das in dem Hain anwesend war und verehrt wurde, und das in dem Riesenbaum seine Wohnung hatte.

Der indogermanische Eichenkult

Im germanischen, ja, im gesamten indogermanischen Kulturkreis war es die *Eiche* (quercus robor und quercus sessiliflora), die eine besondere Verehrung genoß und offenbar allen anderen Bäumen – zum Beispiel auch der mächtigen Buche – an Heiligkeit überlegen war. So wurde Zeus in der berühmten orakelverkündenden Eiche von Dodona verehrt und sprach aus dem Rauschen ihrer Blätter[11]. Seine heilige Hochzeit mit der Eichengöttin Hera wurde in Boeotien als die religiöse Besiegelung der Staatenkonföderation gefeiert[12]. Der mächtige germanische Donnergott Donar/Thunar inkarnierte sich in der heiligen Eiche von Geismar in Hessen, einer Eiche, die bekanntlich im 8. Jahrhundert von Bonifatius gefällt wurde, – zum Entsetzen der Gläubigen, wie wir von dem Bonifatius-Biographen Willibald hören[13].

Was der Eiche diesen numinosen Charakter verlieh, wissen wir nicht. J. G. Frazer vermutet[14], daß entweder ein Donner-, Sturm- oder Regen- und Fruchtbarkeitsgott den Baum zu einem Attribut seiner Kraft gemacht habe oder, daß – umgekehrt – ein «Gott der Eiche» sich nach und nach die Eigenschaft eines solchen Pantokrators (über Donner, Sturm, Regen, Fruchtbarkeit) angeeignet habe; aber Frazer ist sich offenbar seiner Hypothese nicht sicher, denn er stellt die Frage[15], wie «die Brücke» zwischen der erdgebundenen Eiche und dem vom Himmel kommenden Donner und Regen zustande kommen konnte. Er findet schließlich die Erklärung im Blitzschlag, dem die Eiche bei weitem mehr als andere Bäume ausgesetzt ist[16]. Aber er bringt zu rasch Donner, Regen, Fruchtbarkeit und Eichbaum zusammen und konstruiert daraus einen Hochgott, der das Pantheon im indogermanischen Raum regiert. Und hier ist die Frage erlaubt, ob es im indogermanischen Raum überall wirklich Eichen gegeben hat; denn offenbar ist die These von der Indogermanizität die Voraussetzng für die bisherige «Eichenforschung» von Wagler bis Frazer. Wir wissen jedoch, daß auch außerhalb des indogermanischen Kulturkreises die Eiche verehrt wird. So spielt zum Beispiel die u dieng sning genannte «Khasi-Eiche» (bot. castanopsis) bis heute im Leben der Bergstämme in den Khasi Hills (Unionsstaat Meghalaya/Nordost-Indien) eine bedeutende Rolle: Sowohl der Stamm der Eiche wie ihre Blätter und Zweige werden für kultische Zwecke verwandt, und in unmittelbarer Umgebung der Khasi-Dörfer finden wir heilige Eichenhaine, deren Bäume tabu (sang) sind und nur zum Zweck von Totenverbrennungen geschlagen werden dürfen. Sowohl der lebende Eichbaum wie sein Holz genießen bei den Khasi kultisch-rituelle Verehrung[17]. Diese verhindert den Raubbau an der Khasi-Eiche und schützt sie zugleich in heiligen Hainen.

Das «Handwörterbuch des Deutschen Aberglaubens» bezeichnet die Eiche zunächst als «Nahrungsbaum»[18], vermag allerdings daraus nicht den numinosen Charakter des Baumes abzuleiten. Dafür ist der germanische Gott Donar zuständig, dessen Blitze häufig die Eichen treffen und sie darum zu Manifestationen seiner Majestät machen[19]. Selbst das Holz oder die Rinde, die von einer vom Blitz getroffenen Eiche stammen, sind noch vom Numen affiziert: Bei den Slaven, Litauern und Römern verwandte man dieses Holz ausschließlich für das heilige Feuer, das dauernd brennen mußte und, wenn es erlosch, durch das Aneinanderreiben zweier Eichenscheite neu entfacht wurde[20]. In der Volksmedizin hat die Eiche die dämonischen beziehungsweise apotropäischen, nämlich Dämonen vertreibenden Eigenschaften, beibehalten, wie wir noch an zahlreichen Beispielen aus christlicher Zeit erkennen können: Sie ist ein Teufelsbaum, aber zugleich auch ein Schutz gegen die Zaubereien des Teufels und seiner Hexen[21]. Vor allem aber gewinnt die Eiche in der sogenannten «sympathetischen Magie» Bedeutung: Man läßt Kranke durch gespaltene Eichbäume hindurchkriechen, damit sie ihre Krankheit loswerden und sie dem Baum anhängen[22]. Natürlich kannte man die desinfizierende und heilende Wirkung, die der Gerbstoff der Eiche und ihrer Früchte und Blätter besitzt; aber im Zusammenhang mit der numinosen Bedeutung des Baumes wurden derartige empirische Erfahrungen ritualisiert und sakralisiert[23]. Der Baum, vielmehr das ihm innewohnende Göttliche, teilt sich den Gläubigen mit und ist in zahlreichen alltäglichen Handlungen gegenwärtig.

Diese Omnipräsenz ändert sich auch nicht mit der Einführung des Christentums. Zwar wurden die heiligen Haine gefällt oder entweiht und die heiligen Eichen umgehauen; aber das Numen selber war damit nicht ausgerottet. Im Gegenteil: Die christliche Heiligenlegende übertrug die germanische Verehrung bestimmter Eichen auf Maria und weiß zu erzählen, daß ein Hirte oder Bauer das Bildnis der Gottesmutter im Stamm gefunden habe oder dieselbe ihm im Wipfel erschienen sei[24]. Namen wie «Marien-Eichen» oder «Maria-Eich» sind ebenso häufig wie «Maria-Buch» oder «Maria-Linden». Dabei spielte offenbar das Genus der Gottheit, die in «heidnischer» Zeit den Baum besetzt hielt, keine Rolle: Aus dem Eichen- und Wettergott konnte also eine milde barmherzige «Göttin» werden. Wichtig war nur, daß der Standort beziehungsweise der Wohnort seine Heiligkeit nicht verlor, sondern sofort nach Einführung der neuen Religion von einem Numen dieser neuen Religion besetzt wurde.

Die heiligen Bäume der Kelten

Vor allem aus der keltischen Religion sind uns viele Zeugnisse von heiligen Bäumen überliefert. Das keltische Lehnwort «nimidas» beziehungsweise «nemus» bedeutet «heilige Stätte» und bezieht sich wahrscheinlich auf die Verbindung zwischen dem Himmel (keltisch: nem) und dem darunter liegenden Ort, der dadurch geheiligt wurde und vielleicht aus einer offenen, grasbewachsenen Stelle im Walde bestand, einer Lichtung also, auf der man sich versammelte, um die Gottheit zu verehren[25]. Strabo berichtet, daß die drei Stämme der keltischen Galater in Kleinasien in einem gemeinsamen Heiligtum zusammenkamen, das Drynémeton hieß, heiliger Eichenhain[26]. Aus Gallien sind zahlreiche numinose Wälder beziehungsweise Waldlichtungen bekannt, wie etwa der Wald von Finistère, der natürlich schon durch seine Lage – finis terrae=Ende der Erde – einen besonders numinosen Charakter besaß. Berühmte keltische Gottheiten wie die Dea Ardwinna, die Göttin der Ardennen, und die Dea Abnoba, die Göttin des Schwarzwaldes, sind Baumgottheiten gewesen.

Für die Kelten bedeutete der Blattaustrieb, aber auch der Blattverlust der Bäume und der Wiederaustrieb die unverwüstliche Lebenskraft der Natur. Wunderbar erschienen ihnen auch Bäume wie Fichte, Tanne und Eibe, weil sie immergrün bleiben und selbst im Winter den Beweis dafür liefern, daß das Wachstum der Natur unbesiegbar ist. Häufig deuten Weiheinschriften auf den Baumkult hin, wie die an Fagus, an die Buche, die uns aus den Pyrenäen bekannt ist[27]. Besondere Verehrung genossen im keltischen Kulturkreis – vor allem in Island – die Eibe (taxus baccata), die Eberesche, der Hollunder und die Haselnuß[28]. Die (giftige) Eibe zum Beispiel lieferte Früchte, die gegen besondere Krankheiten als Heilmittel dienten. Die Lebensdauer dieses Baumes galt als schier unendlich, nämlich 19 683 Jahre; sie ist «das älteste Lebewesen der Erde», erzählt eine kymrische Überlieferung[29]. Sowohl im keltischen wie im germanischen Gebiet spielte die Eibe im Totenkult eine besondere Rolle[30], wie wir noch heute an der Häufigkeit ihrer Anpflanzung auf Friedhöfen erkennen können. Andererseits dienten Eibenzweige als Dämonen vertreibendes, apotropäisches Mittel[31] oder auch als «Blitzableiter»[32]. Haine mit einer Ansammlung heiliger Bäume findet man häufig im keltischen Kulturkreis. Die christlichen Missionare hatten alle Mühe, diesen Baumkult auszurotten. Paulinus erzählt in seinem «Leben des Heiligen Martin»[33], daß «die Heiden» die Zerstörung ihrer Tempel ruhig hinnahmen, sich aber heftig dagegen wehrten, als Martin eine heilige Pinie fällen wollte. Sie verkörperte nämlich für die Kelten die axis mundi, den Weltenbaum, der die Verbindung zwischen Himmel und Erde symbolisiert. Noch am Ende des 5. Jahrhunderts war also der Baumkult in Gallien durchaus lebendig.

Orakel der Griechen und Römer

Die griechischen Heiligtümer waren stets mit heiligen Bäumen oder Hainen verbunden. Nach minoisch-mykenischer Überlieferung war der schattenspende Baum Sinnbild der Schönheit, Ruhe und Dauer[34]. Er war – wie die Kultdarstellungen zeigen – von einer Mauer eingefaßt, also von der profanen Umwelt abgegrenzt, heilig, ein *témenos*. Feigen-, Olivenbäume und Palmen sind darauf abgebildet. Tänzer und Tänzerinnen bewegen sich in ekstatischen Gebärden vor dem heiligen Baum, erheben die Hände oder berühren ihn. Derartige Bäume waren nicht bei Höhenheiligtümern und vor Palästen zu finden, sondern man darf vermuten, «daß sich ein wichtiger Teil des religiösen Lebens im Draußen abspielte, fern vom Alltag der Wohnstätten; dorthin führten die Prozessionen, dort konnte im Tanz unter dem Baum die Gottheit erscheinen»[35]. Von diesen Bäumen des heiligen Tanzes unterschieden sich die heiligen Bäume, die zum Tempel gehörten. Die meisten griechischen Tempel hatten ihren speziellen heiligen Baum. So stand auf der Akropolis in Athen mitten im Heiligtum der Göttin Pandrosos ein Ölbaum, dem man eine besondere Pflege angedeihen ließ. Als die Perser im Jahre 480 den Tempel zerstörten und mit ihm den heiligen Ölbaum, schien das ein schlimmes Omen für die Stadt zu sein; doch bald zeigten sich neue Triebe, die aus dem verbrannten Stumpf hervorkamen, – ein Zeichen für die ungebrochene Lebenskraft Athens und die Hoffnung der Hellenen (Herodot 8,55).[36] Auf Samos wurde der Weidenbaum in den großen Altar der Hera einbezogen. Die Göttin bewohnte den heiligen Baum ebenso wie sie auf dem Altar Platz nahm und die Opfergaben empfing. In Didyma stand der Lorbeerbaum des Gottes Apoll, in Olympia wiederum der Ölbaum, in Dodona war es eine Eiche, phegós, deren Rauschen Götterorakel hervorbrachte[37]. Der Baum und die Göttin *im* Baum waren ein beliebtes Thema der griechischen Kunst: Athenagoras (17,4) berichtet uns von dem berühmten Bild der Athene, das aus Ölbaumholz geschnitzt war, Pausanias (2,17,5) von einem Bild der Hera aus Birnbaumholz. Inwieweit freilich der Baumkult Griechenlands die Vorstufe zur Verehrung weiblicher Gottheiten ist, läßt sich schwer sagen; denn neben dem Kultobjekt der Bäume gab es andere Objekte, die ebenfalls mit weiblichen Gottheiten in Verbindung gebracht wurden. Dazu gehörten die klaren, durch nichts zu verunreinigenden Quellen der Demeter[38], die eine ähnliche Funktion hatten wie die Bäume, nämlich pars pro toto der «Göttin Natur» zu sein und auf kleinstem, vom Profanen abgegrenztem Raume ein Stück Kosmos abzubilden, in welchem das Numen waltete. Von diesem «Stück Kosmos» konnte der Gläubige auf den Kosmos insgesamt schließen und erkennen, daß alles in der Welt von Göttern bewohnt und numinos «besetzt» war. Verschwanden aber die Götter, dann welkten auch ihre Wohnstätten, die heiligen Bäume dahin, und kündigten eine Katastrophe an. Der Feigenbaum des Romulus, der auf dem Forum Romanum stand, galt zum Beispiel als ein solches Barometer: Verdorrte ein Ast, gab es in der ganzen Stadt Aufregung[39]. Plutarch berichtet nicht ohne Spott[40] von einem Kornellbaum, der am Fuße des Palatins stand und als eines der größten Heiligtümer Roms galt. Ständig blieben die Leute vor dem Baum stehen und beteten die Gottheit an, die er beherbergte. Hatte jemand den Eindruck, daß seine Blätter welkten, erhob man ein lautes Geschrei, das sich unter den Passanten fortsetzte. Und sofort wurden Eimer mit Wasser herbeigeschleppt, und der Baum wurde gegossen. Die Menge war so aufgeregt, daß es aussah, als wollte sie einen Brand löschen: Der welkende Baum war zum Sinnbild von Leiden (Pest), Sterben und Untergang gworden. Das Unheil konnte von der Stadt nur abgewendet werden, wenn man den Baum rettete und damit den Wohnort der Gottheit bewahrte.

Nistplätze der Götter

Die enge Verbindung von Tempel und heiligem Baum finden wir auch im *Hinduismus*. Das alte aus dem Rig Veda (3,8,11)[41] stammende, einem Gebet ähnelnde Wort «O Baum, sprosse mit hundert Zweigen – mit tausend Zweigen möchten auch wir sprossen!» ist gleichsam zum Prototyp des indischen Baumkults geworden; denn der Baum ist in Indien immer in Verbindung mit dem Gebet um Nachkommenschaft verehrt worden. Und der Wunsch, möglichst viele Kinder zu haben, ist in Indien so alt wie der Glaube an Götter, die sie schenken. Müßig ist dabei die Frage, wer oder was zuerst gewesen war: Die Götter oder der Kinderwunsch. Überall in den Tempelhöfen, ja, sogar im Tempel der Kinder fressenden Göttin Kāli in Kalkutta steht ein solcher Wunderbaum, an den die jungen Ehepaare ihre Gebetszettel hängen und vor dem sie ihre Opfergaben niederlegen. Häufig sieht man, wie sich Paare unter dem Baum zur Inkubation ausstrecken und den Besuch der Gottheit im Traum erwarten.[42] Unfruchtbarkeit, dieses Stigma der indischen Frau, versucht man im Konkandistrikt (Westindien) dadurch zu heilen, daß man einen Baum für die Geister pflanzt, die die Empfängnis verhüten. Man hofft so, der böse Geist werde den Leib der Frau verlassen und in dem neu gepflanzten Baum Wohnung nehmen[43]. Vielleicht sind die heiligen Bäume einst selber Götter gewesen, bevor sie zu bloßen «Nistplätzen» der zahllosen Gandharven[44] und Apsaras[45] herabsanken; denn im Rig Veda (5,41,11) werden sie angerufen und um Hilfe gebeten: «Die Gewässer und die Berge sollen uns gnädig sein, der Himmel, die Bäume und Berge, die als Haar die Bäume tragen», Oder (RV 5,42,16): «Dies Lob (an alle Götter) soll zur Erde, zum Luftreich, zu Bäumen und Pflanzen gelangen, mir zum Reichtum» (vgl. RV 8,27,2). Wenn man einen Baum fällen oder einen Ast abschlagen muß, um aus ihm einen Opferpfosten anzufertigen, dann betet man darum, daß er keinen Schaden nehme und bittet ihn, er möge dem Opferer Kinder und Reichtum schenken[46].

Die Bäume, besonders in baumarmen Gegenden Indiens, sind alle beseelt. Die mächtigen Nyagrodha, Udumbara, Plaksa und Ašvattha – sämtlich zur species ficus gehörend – beherbergen oft ganze Gruppen von Gandharven und Apsaras. Wenn ein Hochzeitszug vorbeikommt, so betet man, die Gottheiten möchten der Braut gnädig sein, sie fruchtbar sein und sie viele Kinder gebären lassen.

Dämonen und Engel in den Bäumen Vietnams

Auch in Südostasien, wo der Baumkult weit verbeitet ist, scheinen es vornehmlich weibliche Geister zu sein, die die heiligen Bäume bewohnen[47]. In Vietnam zum Beispiel gibt es kaum ein Dorf, in dem nicht einer der drei heiligen Ficus-Bäume, ficus religiosa, ficus bengalis oder ficus indica, steht und von den Bewohnern verehrt wird. Eine besondere Rolle spielt dabei der Wuchs des Baumes, sein merkwürdiges Aussehen und sein Alter. Die sie bewohnenden Geister heißen con tinh und verhalten sich wie Dämonen, die sich Frauen und Mädchen als Opfer aussuchen. J. Przyluski[48] vermutet, daß es sich bei den con tinh um die Seelen «junger Frauen in der Blüte der Jahre» handelt, die vor ihrer Ehe gestorben sind und sich durch Opfer an ihresgleichen «Befriedigungen verschaffen, die sie während ihres irdischen Lebens nicht genossen hatten». Sie bemächtigen sich nun lediger junger Leute, die sie mit Krankheit heimsuchen. Um dem zuvorzukommen, legt man Opfergaben am Fuße des heiligen Baumes nieder, die die Geister versöhnen und sie gleichzeitig an ihren Wohnort, den Baum, binden sollen, damit sie nicht etwa – wie die ma – zu umherirrenden Seelen werden. Die Spenden bestehen nicht nur aus Nahrungsmitteln oder dem berühmten Libationsopfer Reisschnaps, sondern darunter sind auch Votivgaben, Girlanden, Schuhe und Hüte, die man zu Ehren der Baumgöttin an die Äste des Baumes hängt[49]. Alleinstehende heilige Bäume werden auch in Vietnam von der profanen Umwelt abgegrenzt, durch eine Mauer umfriedet oder gar mit einem Altar versehen, auf dem man die Opfergaben darbringt. Alle Veränderungen, die sich an einem solchen Baum zeigen – Ausschlagen von Seitentrieben, Absterben von Ästen oder gar der Verlust der Blätter und Entlaubung (ein für den Vietnamkrieg geradezu symptomatischer Vorgang) –, sind Faktoren, die mit dem Glauben der Bewohner in Beziehung stehen: Sie zeigen nicht nur an, wie es dem Baumgeist ergeht, sondern sind zugleich auch eine Art Barometer für das Wohlbefinden des Dorfes, über das der Geist wacht. Zugleich sind sie Haruspizium und Omen für künftige Ereignisse. So besteht zwischen Baum und Mensch eine Verbindung, die einer Interdependenz gleichkommt, wie sie deutlicher nicht zum Ausdruck gebracht werden kann.

Versöhnung mit den Geistern der Natur am Beispiel Südostasiens und Afrikas

Die südostasiatischen, polynesischen und australischen Stammesreligionen bieten uns eine Fülle an Zeugnissen über Baumkulte und dendrische Numina. Hier – wie übrigens auch bei afrikanischen Stämmen – sind besonders herausragende Bäume, aber auch Baumgruppen und Haine Wohnsitz der vergöttlichten Ahnen.

So gilt es bei bestimmten philippinischen Stämmen als heilige Pflicht, besondere Bäume zu schonen, weil sie die Wohnsitze der Vorfahren sind. Das Rauschen der Blätter gebietet den Lebenden Ehrfurcht und veranlaßt sie zur Entschuldigung, weil sie die Ruhe der Geister gestört haben. Wenn die Ilokanen auf Luzon in einem unberührten Walde Bäume fällen, reden sie die Bäume wie ihresgleichen an: «Beunruhige dich nicht, mein Freund, wenn wir auch fällen, was uns zu fällen befohlen ist.»[50] Offenbar hat der Priester diesen Befehl ausgesprochen[51] oder aber es gebietet die Notwendigkeit des Hausbaus, einen Baum zu fällen[52]. Die Tubungku auf Sulawesi/Celebes errichten winzige Geisterhäuschen, die sie mit Speise und Kleidungsstücken ausstatten, bevor sie den Wald abholzen. Die Geister des Waldes werden dann gebeten, die Bäume zu verlassen und in die Häuschen umzuziehen. Erst dann ist das Land zur Abholzung freigegeben, «enttabuisiert», könnte man sagen. Die

Tomori, ebenfalls auf Sulawesi, haben die Gewohnheit, eine Prise Betel am Fuße des Baumes niederzulegen, den sie fällen wollen. Dann stellen sie eine Leiter an den Stamm, damit der Geist sicher und bequem herabsteigen und sich eine andere Wohnung suchen kann[53].

Derartige Versöhnungsriten beziehen sich nicht nur auf lebende Bäume, sondern selbst auf schon zu Holz und Brettern verarbeitete Bäume. Der Geist des Baumes könnte nach wie vor im Holz stecken und die, die es gebrauchen, heimsuchen. Aus diesem Grunde opfern die Toraja auf Sulawesi nach dem Hausbau eine Ziege, ein Schwein oder einen Büffel und bestreichen das Holz mit Blut[54]. Ähnlich verhalten sich die Trobriander, denen B. Malinowski zahlreiche Feldforschungen gewidmet hat. Benötigt der Trobriander ein Kanu und muß dazu einen Baum fällen, so hat er zunächst ein Ritual durchzuführen, das ihn mit dem Geist oder den Geistern des betreffenden Baumes versöhnt: Er macht einen Einschnitt in den Baumstamm und legt etwas Nahrung in die Öffnung hinein, – zum Zeichen der Versöhnung mit dem Geist tokway, um ihn zum Auszug aus dem Baum zu veranlassen. Erst dann kann die Arbeit beginnen und der Baum in ein Kanu verwandelt werden[55]. Das Ritual hat apotropäische Wirkung: Der Geist verläßt den Baum und gibt ihn für die Bearbeitung frei. Indem er versöhnt ist, hat der Besitzer des Kanus nichts mehr zu befürchten; er bleibt unbehelligt und hat Erfolg beim Fischfang.

In *westafrikanischen Kulturen* genießen besonders die alle anderen Waldbäume überragenden Kapokbäume (Wollbäume) besondere Verehrung: Sie sind der Aufenthaltsort der Gottheiten huntin (Ewe)[56] und das Medium der Beziehungen zwischen lebenden Stammesangehörigen und Ahnen beziehungsweise dem Hochgott und den Ahnen (bei den Ngombe)[57]. Um den numinosen Ort kenntlich und wohl auch auf die Gefahren aufmerksam zu machen, wird ein Gürtel aus Palmenblättern um den Baum gelegt und ein geopfertes Huhn an seinem Stamm befestigt. Das Ritual soll bedeuten: Dieser Baum darf nicht gefällt oder beschädigt werden. Sollten dennoch Wollbäume zum Fällen freigegeben werden, sind vorher Geflügel- oder Palmölopfer zum Zeichen der Purifikation darzubringen, um sich auf diese Weise von dem Frevel zu reinigen und sich mit dem Geist des Baumes zu versöhnen. In manchen Stämmen Westafrikas kommt es sogar zu einer Blutsbrüderschaft zwischen Mensch und Baum: Der Holzfäller schlägt mit dem ersten Axthieb eine Kerbe in den Stamm und nimmt etwas von dem Saft des Baumes in sich auf. Die Blutsbrüderschaft erlaubt ihm dann den «Baumbruder» zu fällen[58]. Schon wenn man im Kameruner Waldland von einem Baum, den ein Ahnengeist in Besitz genommen hat, Rinde abschälen will, um daraus Amulette herzustellen, muß man ein Ingwer- und ein Huhn-Opfer bringen und den Baum im Gebet um Verzeihung bitten, daß man ihm Leid zufügen mußte; denn der Baum ist – wie auch das Tier – ein Wesen, an dem man schuldig werden kann. Offenbar haben wir hier – wie E. Dammann[59] und B. Gutmann[60] vermuten – einen sogenannten «Pflanzentotemismus» vor uns, weil der Ahnherr beziehungsweise die Ahnfrau sich in dem Baum verkörpert haben und von den Nachfahren mit diesem indentifiziert werden. Dem entsprechen die Beobachtungen, die E. E. Evans-Pritchard bei den Nuer gemacht hat: Einer ihrer bedeutendsten Klane, der Gaanwar-Klan, der den Tamarindenbaum verehrt, und der Jingop und Keunyang-Klan, die die Sykomore verehren, sagen von ihrem Ahnherrn, er sei zum «Geist unseres Baumes», kwoth myoto oder kwoth kota, geworden[61]. Die Herkunft der Klane wird also von einem Baumgeist abgeleitet. Die Ehrfurcht vor dem Geist des Baumes ist aber auch darum besonders groß, weil er das Medium zwischen den Mitgliedern des Klans oder Stammes und den Göttern der oberen Welt und daher Mittler zwischen Menschen und Göttern ist[62].

Die Kami in den Sakaki-Bäumen
der Shintō-Schreine

Wer nach Isē kommt, dem Zentralheiligtum des Shintō, wo der heilige Spiegel, das Symbol der Sonnengöttin und kaiserlichen Ahnfrau Ama-terasu-ō-mikami aufbewahrt wird, der begegnet dort auf Schritt und Tritt dem Numen des japanischen Reiches: Alles ist heilig und alles von göttlichen Kami bewohnt, von den Fischen im heiligen Fluß bis zu den heiligen Steinen. Vor allem die hohen immergrünen Sakaki-Bäume (cleyera ochnacca), die um den Schrein stehen, werden als Wohnsitze der Geister verehrt. Die Baumstämme sind bis zur Mannshöhe durch Bambusmatten vor Verletzungen geschützt. Wächter, die im heiligen Hain allgegenwärtig sind, achten darauf, daß niemand die Rinde beschädigt oder etwa als Reliquien abschält. Den oberen Teil der Stämme umgeben Strohseile (shimenawa), die mit herabhängenden Papierstreifen versehen sind. Sie markieren den heiligen Bezirk beziehungsweise den Aufgang über die Steintreppen bis zum Torii, dem Eingangsportal, der zum Äußeren Schrein führt – ebenfalls aus dem Holz eines heiligen Baumes, dem Hinoki, errichtet. Auch der Schrein und die Nebengebäude bestehen aus Hinoki-Holz. Alle zwanzig Jahre werden die Gebäude von Grund auf erneuert und mit neuem Reisstroh gedeckt. Auch das stammt aus dem heiligen Bezirk, genau wie der Reis, der auf den Reisfeldern von Isē geerntet und im Schrein den Kami als Opfer dargebracht wird.

Der Baumkult ist auch in der Gegenwart in Japan beliebt. Er hat weder unter der Technisierung noch unter der Säkularisierung des Landes gelitten: Denn Japaner sein heißt: Am Tage wie ein Europäer zu leben und zu arbeiten; aber am Abend sich dieses Europäerseins zu entledigen und sich der alten Traditionen bewußt zu werden. Zu den alten japanischen Traditionen gehört der Shintō, die Natur-Religion Japans *und* die Ethik Japans oder – besser – die Natur-Ethik Japans. Jeder Japaner wird in den Shintō, den «Weg der Götter» hineingeboren und geht ihn auch, mag er «Shinto-ist», Buddhist, Christ oder Atheist sein.

Zum «Weg der Götter» gehört der Glaube an die Kami, die die Natur bevölkern, sowohl die organische wie die anorganische Welt. «Wir sind säkulare Menschen», hört man die Japaner oft sagen, «wir glauben nicht mehr an Gott; aber wir glauben, daß die Natur belebt ist, und jeder Baum von seinem besonderen Geist bewohnt ist»[63]. Ob ein Schrein in der Stille eines Haines liegt oder auf einer Geschäftsstraße mitten im brodelnden Verkehr, – immer wird der Fromme Bäume finden, die, von Geistern bewohnt, ihm den Weg zu dem Genius Loci weisen. «Die Nähe des Kami» wird dem Besucher bewußt, wenn er auf ein bewaldetes Gebiet schaut, in das ein «Schrein eingebettet liegt», schreibt der bekannte Tokyoer Shintōprofessor Sokyo Ono in seinem Buch «Shintō, The Kami Way», das bereits in der 17. Auflage erschienen ist[64]. Das alt-japanische Wort für «Wald», mōri, bezeichnet ursprünglich einen Schrein, und der Begriff «Schutz durch einen kami», kannabi, galt ursprünglich für den gesamten den Schrein umgebenden Wald[65]. In ihm fühlt sich der Shintō-Fromme geborgen; hier findet er Stille und Asyl vor dem ihn fordernden und überfordernden Stress seiner technischen Arbeitswelt. Der herrliche Tsubaki-Schrein bei Gifu ist ein besonders gutes Beispiel für die Kombination von Meditation und Ästhetik, die der gehetzte Japaner in seiner Freizeit sucht.

Innerhalb des heiligen Bezirks wird häufig *ein* Baum besonders gekennzeichnet: Er ist entweder von einer schützenden Einfassung umgeben oder sein Stamm ist mit dem shimenawa umwunden. Das bedeutet: Hier ist die Wohnstätte eines Kami. Ono verweist darauf, daß die Alten durch solchermaßen markierte und auserwählte Bäume den Geist des betreffenden Kami verstanden haben, «aber heute ist der Baum lediglich Ausdruck eines Bewußtseins von Gott»[66].

Daneben gibt es Bäume, denen auf Grund ihrer einzigartigen Gestalt besondere Qualitäten zugeschrieben werden, welche natürlich mit dem betreffenden Baum-Kami in Zusammenhang stehen. Oft befinden sich kleine Torii und andere Shintō-Symbole am Fuße des heiligen Baumes, und in abgelegenen Gegenden begegnet man Schreinen, die aus einer kleinen «Kapelle» bestehen, welche zu Ehren eines einzelnen Baumes, Haines oder Waldes errichtet wurde, und diesen Baum, Hain oder Wald zum Objekt der Anbetung werden ließ. Ein gutes Beispiel für eine solche für Sokyo Ono archaisch anmutende Baumverehrung bietet etwa der Ten' itsu Jinja in Sakurai in der Präfektur Nara.

Daß der heilige Sakaki-Baum geschützt ist, versteht sich von selbst. Er darf nur zu kultischen Zwecken geschlagen werden: Sein Holz dient der Ausstattung des Schreins oder zur Herstellung kultischer Gegenstände, seine Zweige werden im apotropäischen Sinne benutzt und dienen den Gläubigen als Schutz vor Dämonen beziehungsweise als Heilmittel gegen bestimmte Krankheiten.

Die Einbeziehung der Natur in die Gottesverehrung wurde von den Japanern immer als Ausdruck einer besonderen Harmonie verstanden: Keines ist ohne das andere denkbar. Schrein und Natur sind eins. Wenn die den Schrein umgebende Natur Schaden nimmt, wenn die Bäume des heiligen Bezirks absterben, dann leidet auch der im Schrein verehrte Gott, und der Gottesdienst verkümmert. Diese Interdependenz zwischen Gottheit und Mensch und Mensch und Natur bestimmt die Shintō-Frömmigkeit bis zum heutigen Tage. Sie verhindert die Selbstüberschätzung des Menschen auf der einen Seite und die Abstraktion der Gottheit auf der anderen.

Der Baum als Ahnherr, Schöpfer, Mutter

Bäume können das Wesen eines Totems annehmen und für den Uranfang des Klans stehen. Es sind also nicht nur Totem-Tiere, die die Ahnenreihe eröffnen und den lebenden Generationen heilig sind, sondern auch Bäume beziehungsweise besondere Pflanzen.

Die Warramunga im nördlichen Australien glauben, daß der Embryo im Mutterleib seine Seele von bestimmten Bäumen erhält, deren Geister durch den Nabel in den Leib der Mutter eingehen und sich mit dem werdenden Leben verbinden. Man nimmt also außer der physischen Zeugung noch eine geistige Zeugung an, durch die offenbar erst das eigentliche Wesen des Menschen begründet wird. Die Lakota am Oberen Missouri kennen einen Mythos, nach dem zwei Bäume die Ureltern der Menschheit gewesen seien,[67] und die Edda deutet an, daß die Menschen ihr Leben der Weltesche Yggdrasil zu verdanken haben[68]. Allerdings sind solche Mythen in der Kulturgeschichte selten. Häufiger begegnet man dem Mythos der Vermählung von Bäumen und der Übertragung auf die Eheschließung der Menschen. So werden zum Beispiel bei den Newari in Nepal die kleinen Mädchen rituell mit Bäumen vermählt, und in Indien kommt verschiedentlich die symbolische Hochzeit zwischen zwei Bäumen vor, wenn ein Ehepaar lange Zeit kinderlos geblieben ist: Die beiden nebeneinander gepflanzten «Ehebäume» symbolisieren in einem solchen Falle Einheit und Fruchtbarkeit und sollen sie auch auf das Ehepaar übertragen[69].

Eine besonders ausgeprägte Form von «sympathetischer Magie» scheint bei der künstlichen Befruchtung der Dattelpalmen vorzuliegen, einer Zeremonie die im vorislamischen Arabien (Harran) jeweils im Frühling, im sogenannten «Dattelmonat», stattfand. Dies war auch die Zeit, in der man die Hochzeit der Götter feierte[70]. Die Vermählung von

Obstbäumen kannte man auch lange noch in Deutschland: Am Heiligen Abend gingen die Bauern in den Garten und banden die Bäume mit Strohseilen zusammen, damit sie sich in einer Art Heiligen Hochzeit paaren und gute Früchte bringen sollten[71]. Ein Hieros Gamos, eine Heilige Hochzeit, scheint auch bei der Behandlung der Gewürznelkenbäume auf den Molukken vorzuliegen, die man während der Blüte wie Schwangere behandelt: Man vermeidet jedes Geräusch in ihrer Nähe, macht kein Feuer an, nimmt den Hut vor ihnen ab; denn die Bäume dürfen weder beleidigt noch erschreckt werden, damit sie ihre Frucht nicht verlieren wie eine Frau, die eine Fehlgeburt hat[72].

Im indogermanischen Kulturkreis scheint es, als seien es hauptsächlich männliche Geister, die die heiligen Bäume bewohnen, während die orientalischen Fruchtbäume offenbar auch weibliche Numina beherbergen oder gar diese verkörpern.

In diesem Sinne spielen die *Kokospalme* und die *Sykomore* eine beispielhafte Rolle. Für die Wanika in Ostafrika ist «die Vernichtung einer Kokospalme gleichbedeutend mit Muttermord, weil dieser Baum ihnen Leben und Nahrung gibt, wie eine Mutter ihrem Kinde», schrieb J. L. Krapf in seinen «Travels, Researches, and Missionary Labours during an Eighteen Years Residence in Eastern Africa»[73]. Die Mütterlichkeit eines Baumes wird von den Ndembu auf den mudyi, den sogenannten «Milch-Baum», übertragen. Dieser Baum ist geradezu ein unverwechselbares Kennzeichen dieser afrikanischen Kultur: Der weiße Latex-Saft des Baumes repräsentiert Muttermilch und Samen zugleich; diese wiederum verweisen auf die Schöpfung des Lebens und die Nahrungsstillung. In den Ndembu-Ritualen nimmt der Milch-Baum auch einen wichtigen Platz bei der Bannung der bösen Geister ein. Außerdem verkörpert er die Ahnengeister müttlicherseits und übernimmt auf diese Weise eine bedeutende soziale

Funktion in der matrilinearen Deszendenz dieses Stammes[74].

Die Vorstellung vom «säugenden Baum» geht wahrscheinlich auf alte *ägyptische Vorbilder* zurück und hat sich möglicherweise von Ägypten aus nach Ost- und Zentralafrika ausgebreitet. In seiner schönen Magisterarbeit «Lebensbaumsymbolik im Alten Ägypten»[75] ist Edmund Hermsen diesem Phänomen nachgegangen und hat festgestellt, daß Hathor, die zu den ältesten Gottheiten Ägyptens zählt und als «Himmelskuh» bezeichnet wird[76], seit der 4. Dynastie mit dem Epitheton «Herrin der Sykomore» (nbt nht) ausgezeichnet wird. Wahrscheinlich stand im Pyramidenbezirk von Giza (Gizeh), dort, wo später die Sphinx errichtet wurde, eine uralte Sykomore, die zum Ort der Manifestation Hathors wurde[77]. Hathor besaß als Baumgöttin die Gabe der Erneuerung und Verjüngung: Sie speist aus dem Baum heraus die Toten, wie eindrucksvolle Sargtexte seit der 18. Dynastie zeigen[78]. Die älteste Darstellung scheint die aus dem Grabe Thutmosis III. zu sein. Hier[79] sieht man, wie eine Baumgöttin, die als «Isis» bezeichnet wird, aus einer Sykomore heraus ihrem Sohn Horus die Brust reicht. Der Text lautet: «Der König Thutmosis III., er saugt an seiner Mutter Isis.»[80] Besonders in den thebanischen Privatgräbern aus der Zeit des Neuen Reiches ist die im Baum verkörperte Muttergöttin bezeugt. Wie Marie-Louise Buhl[81] nachweist, treten gerade in der 19. Dynastie zusammen mit den Szenen vom Jenseitsgericht mit Osiris als Richter Darstellungen der Göttin der Sykomore auf, welche die Toten ernährt. Die Speisung sichert den Toten Fortdauer des Lebens[82]. Auf den Abbildungen erkennt man, wie die einzelnen Teile des Baumes mit menschlichen Körperteilen identifiziert werden: Die Göttin ragt aus dem Baum heraus, verschmilzt aber andererseits auch mit diesem, wird mit ihm «ein Leib». Zuweilen ist der Leib der Göttin gar nicht mehr vom Baum zu unterscheiden, wie die

Abbildung von der spendenden Dattelpalme zeigt, auf der man nur die Arme der Göttin erkennt, die ein Tablett mit Speisen beziehungsweise einen Wasserkrug[83] halten. Oder aber die Göttin wächst aus dem Stamm des Baumes heraus, und die Früchte, die sie darreicht, könnten auch die Früchte des Baumes selber sein[84]. Während ihr Körper im Baum verharrt oder über den Baum hinausragt, geht der Stamm in Füße über und zeigt an, daß die Göttin beweglich ist und zu den Toten hingehen kann[85]. Und während die Göttin Hathor, aber auch Isis und Nut, mit ihrem Baum verschmelzen, wohnen die männlichen Gottheiten meist auf oder unter dem Baum[86].

Damit wird deutlich: *Der heilige ägyptische Baum*, die Sykomore oder Dattelpalme, *ist ein Lebensbaum: In* ihm wohnt die Muttergöttin nicht nur, sondern *aus* ihm spendet sie Leben, das über den Tod hinausreicht. So heißt es in einer Rede der Sykomorengöttin Nut: «... ich lasse dich saugen von meiner Milch, damit du lebst und am Leben erhalten wirst, von meinen Brüsten, in denen Freude und Gesundheit ist. Sie treten in dich ein mit Leben und Kraft, wie ich es meinem großen Sohn (Osiris) tat ...»[87]. Ja, die Sykomorengöttin ernährte den Toten schon, als er noch ein Embryo war: «(Es spricht die Herrin) der Sykomore: Ich bin deine Mutter, aus der du hervorgegangen bist. Empfange dir Brot und Wasser, genieße davon!» – Die Göttin ist die Spenderin des Lebens, ihr Baum ist ihre Manifestation. Ohne ihn wäre kein Leben möglich, ohne ihn gäbe es kein Fortleben nach dem Tode[88].

Der Leben spendende und Leben verbreitende mütterliche Baum ist auch *im indischen Kulturkreis* eine bekannte Erscheinung. Hier ist es der *Banyan*baum, der bengalische Feigenbaum (ficus bengalis), den man an Tempel pflanzt oder der schon da ist, wenn man Tempel baut. Er steht auf zahlreichen Wurzelpostamenten, den sogenannten Adventivwurzeln, die sich durch herabhängende Luftäste gebildet haben. Ein einziger Baum wirkt dabei wie ein ganzer Hain, der durch lauter Gitterstäbe gekennzeichnet ist. In seinem Schatten ruht sich der wandernde Hindu aus, meditiert oder führt Gespräche mit seinesgleichen über die Upanishaden.

Die Sauras verehren den Banyan und nennen ihn «unsere Mutter»[89]. Der Mythos erzählt, wie der heilige Baum einst zwei unter ihm ausgesetzte Kinder beschützte und mit seinem Saft nährte, bis sie sich selber ernähren konnten[90]. Auch hier finden wir wieder das Motiv der Mütterlichkeit, das den Baum als Teil der «Mutter Natur» kennzeichnet und ihn damit zu einem wesentlichen Bestandteil des menschlichen Lebens macht. Diese Beispiele, namentlich das aus dem Alten Ägypten, zeigen, wie der Mensch auf die «Dea Natura», die sich ihm im lebenspendenden Baum dargestellt, angewiesen ist, und wie er ohne sie verhungern und verdursten würde.

Symbole der Fruchtbarkeit

Damit ist der Baum als solcher und in besonderem Maße der heilige Baum zum Inbegriff der Fruchtbarkeit und des Wachstums geworden. Zahlreich sind auch hier die Belege der Religionsgeschichte, die uns zeigen, wie man sich in vorchristlichen und außerchristlichen Kulturen sehr wohl der Abhängigkeit von der Natur bewußt war und um – zeitgemäß gesprochen – das «ökologische Gleichgewicht» besorgt war: Die Geister der Bäume senden Regen und lassen die Ernte wachsen. Darum müssen sie auch von den Bauern wie ihresgleichen behandelt werden. In Bulgarien[91] schwingt der Bauer am Heiligen Abend seine Axt gegen einen unfruchtbaren Obstbaum, während ein neben dem Baum stehender Mann für den Baum Fürsprache einlegt und sozusagen an dessen Stelle spricht: «Haue ihn (mich?) nicht ab! Er wird (ich werde?) bald Frucht tragen!» Die Axt wird insgesamt dreimal geschwungen und dreimal auf Bitten des Fürsprechers aufgehalten.

Bei einer guten Ernte erweist man den Baumgottheiten besondere Verehrung; denn sie haben Regen und Fruchtbarkeit geschickt[91]. Der Erntekranz ist ein Zeichen dieses Dankes an die Baumgottheiten, die die Ernte segneten. Von der Fruchtbarkeit des Feldes ist es nur ein kleiner Schritt hin zur Fruchtbarkeit von Menschen und Tieren. W. Foy berichtet[92], daß die Maori bestimmten Bäumen die Fähigkeit zuschreiben, auch die Frauen fruchtbar zu machen. Eine bisher unfruchtbare Frau muß einen solchen Baum umarmen. Ähnliche Rituale sind uns von den Karra-Kirgisen und aus Schweden überliefert[93]. Wir sehen, wie eng und intensiv die pflanzliche Fruchtbarkeit mit der Fruchtbarkeit der Lebewesen in Beziehung gesetzt wird. Der Mythos wird gleichsam interdependent, und der Ritus folgt ihm darin.

Erasmus Stella schreibt in seinen «Altertümern Preußens»[94]: «Es gab besonders hervorragende Bäume wie die Eiche, die Steineiche, von denen sie (die Pruzzen) sagten, daß sie Götter bewohnten, aus welchen, wie sie angaben, Antworten herausgehört wurden, weshalb sie daher wohl derartige Bäume nicht abschlugen, sondern ehrfürchtig als Wohnungen von Numina verehrten (religiose ut numinum domos colebant)»[95].

Aufschlußreich dazu ist ein Bericht, den uns Enea Silvio de' Piccolomini, der spätere Papst Pius II. (1458–1464) von seinem Besuch bei Hieronymus von Prag gibt, und der die Bekehrung der litauischen Zemaiten behandelt[96]. Darin heißt es: «Es waren in jener Gegend viele Wälder, die alle der Religion heilig waren, und welche damals Hieronymus fortfuhr abzuschlagen. Da kam eine große Anzahl von Frauen weinend und wehklagend (plorans atque eiulans) zu Vithold (dem litauischen Fürsten), beklagte den abgehauenen heiligen Hain (sacrum lucum succisum queritur) und die geraubte Wohnung ihres Gottes, in welcher sie die göttliche Kraft zu suchen pflegten, woher sie – wie sie sagten – Regengüsse und Sonnenschein zu erlangen pflegten (inde pluvias inde soles obtinuisse). Und sie klagten darüber, daß sie (jetzt) nicht mehr wüßten, an welchem Ort Gott (zu finden) sei, dessen Wohnstätte sie (die christlichen Missionare nämlich) ihnen gewaltsam entrissen hätten und, daß noch andere kleine Haine da seien, in welchen sie die Götter zu verehren pflegten und daß Hieronymus auch sie zerstören wolle»; denn er rotte mit der Einführung seines neuen Kultes die heimatlichen Sitten aus. Die Frauen baten also und beschworen den Fürsten Vithold, er möge die Plätze und Zeremonien ihrer Religion erhalten. Weiter heißt es: «Es folgten den Frauen auch Männer, die den neuen Kult ablehnten und sagten, daß sie lieber das Land verlassen würden als die überlieferten Schutzgötter (patrios lares) und die angestammte Religion aufzugeben. Bewegt von dieser Angelegenheit und aufrichtig wollte Vithold den Tumult der Leute lieber um Christi willen als um des Vorteils der Menge beendet sehen. In wiederholten Verlautbarungen erklärte er den Statthaltern der Provinzen den Sachverhalt und befahl ihnen, dem Hieronymus zu gehorchen ...»: «Dies bestätigte uns (so Enea Silvio) Hieronymus mit festem Willen und entschlossen und hielt dem die Würde des Glaubens und das Gewicht der Rede wie der Lehre und eines Mannes in der Religion entgegen.»

Offenbar hatte Fürst Vithold nicht mehr die Kraft, den missionarischen Eiferer von seinem Vorhaben abzubringen; denn der Bericht schildert ihn als einen Mann, der Hieronymus von Prag hörig zu sein schien und die Vernichtung der heiligen Haine, in denen die alten Baumgeister wohnten, ohne Widerspruch duldete. Er, der selber eben erst zum Christentum übergetreten war, überhörte die flehentlichen Bitten seiner «heidnischen» Untertanen und wollte offenbar ihre Klage nicht mehr verstehen, daß Hieronymus mit der «Wohnstätte Gottes» (Domum Dei) ja auch die Quelle der Fruchtbarkeit für Natur und Mensch zerstörte; denn die heiligen Haine galten den alten Litauern als diejenigen numinosen Orte, von denen Regen und Sonnenschein ausgingen. Sie waren für sie Zentren ihres Lebens und stellten – pars pro toto – für sie einen Biokosmos dar.

Dieser Bericht ist ein außerordentlich wichtiger und aufschlußreicher Beleg für unser Thema; denn er zeigt, wie wenig die christlichen Missionare offenbar die klimatologischen Erfahrungen der «Heiden» ernst nahmen, und wie bedenkenlos sie an die Stelle «heidnischer Naturverbundenheit» das Dogma der neuen Religion setzten, in dem nur ein Monotheismus vorkam und die Natur entgöttert und verdinglicht wurde! Die biblische Forderung nach Beherrschung der Erde sollte hier im wahrsten Sinne des Textes konsequent durchgesetzt werden, ohne Rücksicht auf die (ebenfalls biblische) Erfahrung, daß die Erde in jedem Falle zu bewahren sei, eine Erfahrung, um die die litauischen Frauen instinktiv wußten, und zwar längst bevor das Christentum in ihrem Lande Eingang fand.

Das Symbol des Weltenbaumes

In vielen Kulturen stellt man sich das Universum als ein vielschichtiges Gebilde vor, wobei die einzelnen Schichten zwar voneinander unterschieden und getrennt sind, aber durch einen Baum(stamm), der durch das Zentrum der Welt läuft, zusammengehalten werden. Der Baum steht fest auf der Erde, seine Wurzeln reichen bis in die Unterwelt, sein Wipfel ragt in den Himmel und hat Verbindung mit dem Himmelsgott. Er umspannt die Lebensrhythmen der Menschen ebenso wie Zeit und Raum[97]. In diesem Sinne stellen sich zum Beispiel die Salishan-Indianer Nordamerikas[98] die Erschaffung der Welt vor: Ihre Schöpfergottheit schuf drei Welten: Die Welt des Himmels, der Erde und die Unterwelt.

Alle drei sind miteinander durch den Weltenbaum verbunden[99], der gleichsam wie durch das Zentrum von drei Tellern hindurchstößt und somit eine Achse, die axis mundi, bildet. Die vier klassischen Elemente Erde, Wasser, Luft und Feuer umgeben den Baum, und der Baum umgibt sie. Er hält sie zusammen und wird damit zur mediatrix zwischen Oben und Unten, Heiligem und Profanem. Kosmologisch gesehen steht der Weltenbaum im Zentrum der Welt beziehungsweise im Nabel der Erde[100]. Als Weltenachse stützt den Himmel, der in Gefahr ist, auf die Erde herabzustürzen. Er ist also das Zentrum des Kosmos und das Zentrum des Seins und als solches das Numinose schlechthin. Zum Zeichen, daß der Mensch teilhat an diesem Zentrum von Kosmos und Leben, erklettert *der sibirische Schamane* die rituelle Birke vor seiner Jurte und deutet damit an, daß er «in Wirklichkeit» zum Wipfel des Weltenbaumes emporsteigt, um den himmlischen Geistern nahe zu sein und sich ihre Weisungen geben zu lassen. Auch die Kultgegenstände des Schamanen weisen auf diese Symbolik hin: Aus dem Holz der heiligen Birke fertigt er die Schamanentrommel, auf ihre Haut zeichnet er den Baum, in seiner Jurte finden sich Abbilder der axis mundi. Der kosmische Baum ist allgegenwärtig[101]. Der sogenannte «Pfeilerbaum», den die Tataren als rituellen Weltenbaum benutzen, ist ein weiteres Beispiel für diese mikro-makrokosmische Realisation[102]: Der Baumstamm enthält neun Einkerbungen als Stufen, und der Schamane benutzt ihn als Leiter zwischen Himmel und Erde: Wenn er die neun Stufen hinaufsteigt, dann erklimmt er symbolisch die neun Ebenen des Himmels. Auf jeder dieser neun Stufen hält er inne und beschreibt seiner Gemeinde, was er schaut. Auf der sechsten Stufe (im sechsten Himmel) bringt er dem Mond seine Verehrung dar, auf der siebten der Sonne, bis er schließlich auf der neunten Stufe, im neunten Himmel, angelangt ist und der höchsten Gottheit, Bai Ülgän, gegenübertritt. Die Gemeinde kann das alles verfolgen und nimmt an dem Aufstieg zum Himmel, der ascensio ad coelum, unmittelbaren Anteil. Denn der symbolische Aufstieg besagt, daß er *tatsächlich* stattfindet, und die Mitteilung des Schamanen, daß er auf der neunten Stufe seiner Leiter der Gottheit Bai Ülgän begegnet, besagt, daß diese Begegnung *tatsächlich* erfolgt; denn – und hier bestätigt sich einmal mehr die Richtigkeit neuerer Definitionen des Symbolbegriffs[103] – der symbolische Aufstieg in die neun Himmel ist der wahre Aufstieg, insofern das Symbol Wahrheit in einem alternativen, unser Wirklichkeitsverständnis nicht aus-, sondern einschließenden Sinne ist.

Der kosmische Baum gehört auch zu den *Mythen südostasiatischer Völker*. Die Semang in Malaysia berufen sich in ihrem Schöpfungsmythos auf den riesigen Felsen Batu-Ribu, der sich im Zentrum der Welt erhebt. Unter dem Felsen befindet sich der Eingang in die Unterwelt. Der Mythos geht davon aus, daß einst ein gewaltiger Baumriese auf dem Batu-Ribu gestanden habe, der bis zum Himmel reichte. Die Semang stellen sich ihren kosmischen Baum als eine Achse vor, an der sich die drei kosmischen Bereiche ausrichten: Die Unterwelt, die Erde beziehungsweise ihr Mittelpunkt und das Tor des Himmels[104].

Die Batak in Nord-Sumatra entwickelten am Symbol des Weltenbaumes nicht nur ihre Kosmologie, sondern auch ihre Anthropologie: Wie bei den meisten malaiischen Altvölkern, so ist auch in der Batak-Mythologie der Kosmos dreigeteilt in Ober-, Mittel- und Unterwelt: Die Oberwelt ist Aufenthaltsort des Schöpfergottes Mula jadi na Bolon und der anderen Götter. Sie ist vor allem Anfang da; die Mittelwelt ist der Lebensraum der Menschen und der Tiere; die Unterwelt wird von den Dämonen bevölkert[105]. Die dreigeteilte Welt erhält ihre Symbolgestalt im Waringin-Baum, der noch heute in der Mitte jedes traditionellen Batak-Dorfes (besonders auf der Insel Samosir im Toba-See) zu finden ist. Wird ein Dorf gegründet, so pflanzt man als erstes den Götterbaum. Seine Wurzeln werden zum Abbild der Unterwelt und sollen die Dämonen bannen, sein Stamm markiert die Welt des Dorfes mit seinen Freuden und Leiden; seine Äste und seine Krone aber deuten daraufhin, daß das Batak-Dorf durch die Rituale und vor allem durch die Sippenordnung der Adat stets mit dem Götterhimmel verbunden ist und von dort seine Weisungen erhält.[106]

In der Batak-Mythologie haben auch die Blätter des mythischen Weltenbaumes eine besondere Bedeutung: Sie enthalten nämlich die tondi, die Lebensschicksale der Menschen: Jedes Blatt entspricht einer tondi. Die tondi sind in der Welt des Schöpfergottes beheimatet, bevor sie einem menschlichen Embryo in der Mittelwelt eingepflanzt werden. J. Warneck schildert diesen Vorgang der «Schicksalsverteilung» in seiner Batak-Monographie[107]: In die Blätter des mythischen Baumes sind zum Beispiel Kinderreichtum, Wohlstand, Ansehen, Kinderlosigkeit, Armut, Verachtung eingezeichnet. Die tondi erbitten sich von Mula jadi na Bolon je eines der Schicksalsblätter, tragen es in die Mittelwelt und verbinden es in einer Art Einpfropfung mit einem neu entstehenden Menschen. Damit ist sein Schicksal «besiegelt». Nach dem Tode verläßt die tondi den Menschen wieder und kehrt in die Oberwelt zurück, um aus der Hand des Schöpfergottes ein neues Blatt zu empfangen, das heißt zugleich einen neuen Menschen zu beseelen und damit wieder dessen Schicksal zu bestimmen. Die tondi-Vorstellung beruht also auf der Reinkarnationstheorie, die auf die hinduistische Periode Sumatras zurückgeht und bei den autochtonen Batak eine zyklische Anthropologie hinterließ.

Ein eigenartiges Märchen wird in den *Khasi Hills* im ehemaligen Assam erzählt. Es berichtet die Geschichte des mythischen Baumes diengiei, einer Rieseneiche, die der Schöpfergott U Blei Nongthaw auf dem Berg u lum diengiei pflanzte und den ersten Menschen als eine Art Bundeszeichen übergab[108]. Die Menschen hatten dadurch Gelegenheit, den Baum als Leiter zwischen Himmel und Erde zu benutzen und jederzeit in der Nähe der höchsten Gottheit zu sein, wenn sie es wünschten. Aber ein Versucher in Gestalt eines Seeungeheuers[109] verzauberte den diengiei aus Neid über das gute Verhältnis zwischen Menschen und Göttern in ein ständig wucherndes Baummonster, das alles Licht und Leben erstickte. Schließlich verfinsterten seine Zweige gar den Himmel und Sonne, Mond und Sterne, so daß die Erde in Dunkelheit erstarrte und der Unterwelt glich. Die Menschen beschlossen nun, den Baum zu fällen, doch ihre Anstrengungen waren umsonst: Jede Nacht erschien der unheimliche Tiger u khla (= der die Kraft von zwölf Tigern besitzt), ein Tierdämon also, der mit dem wuchernden Ungeheuer von Baum und dem Seeungeheuer gemeinsame Sache machte. Er leckte die Wunden, die die Äxte der Menschen in den Baum geschlagen hatten, trank den Saft des Baumes, und verhinderte sein Absterben. Auf diese Weise wurde die Finsternis immer unheimlicher, und u khla konnte sich seine Beute unter Menschen und Tieren verschaffen. Schließlich kam die Rettung in Gestalt eines kleinen Vogels ka phreid, der den Menschen riet, ihre Äxe so zusammenzubinden, daß ihre Schneiden eine Reihe von scharfen Messern ergaben. Der Tiger biß nun in die Messer, zerschnitt sich die Zunge und rannte brüllend davon. So konnte schließlich der diengiei gefällt und die Welt von der Finsternis erlöst werden. Das Licht der Himmelskörper kehrte wieder zurück, und das Land wurde fruchtbar wie ehedem.

Das Khasi-Märchen hat den Mythos vom Weltenbaum, der die Funktion einer Leiter besitzt, auf der Menschen und Götter miteinander kommunizieren, negativ umgestaltet, vielleicht, um damit die Bedrohlichkeit des Dschungels zum Ausdruck zu bringen[110]. Aber die Grundstruktur ist noch deutlich erkennbar. Möglicherweise ist das missing link noch in einer mythischen Säule zu finden, die aus einem riesigen Eichenpfosten besteht und den Namen u rishot blei, «Säule Gottes» trägt. Sie steht in der Mitte der Palasthalle von Smit, in der die Königsmutter des Nongkrem-Reiches, Syiem Sad, residiert und trägt offenbar das Dach der Halle. Alljährlich werden hier während der Nongkrem-Pūja Ziegenopfer zu Ehren des Blei Shillong, des mythischen Gründers des Reiches, der Göttin Long Syiem, der ersten Ahnfrau des Königsklan, und des ersten matrilinearen Onkels dargebracht. Während der Pūja findet vor der mythischen Säule auch ein sakraler Tanz statt, der von den Frauen der Königsfamilie unter Führung der Königsmutter aufgeführt wird[111]. Für die Wartung des rishot blei und die Erneuerung im Falle eines Brandes ist der Diengdoh Klan verantwortlich: Nur Mitglieder dieses Klans, sozusagen die Leviten des Khasistammes, haben das Recht, die dafür vorgesehenen heiligen Eichen zu fällen. Es lassen sich daraus gewisse Anzeichen für einen Pflanzentotemismus ableiten, wie schon Frazer vermutet hat[112]: Die Urahnin des Diengdoh-Klan habe eine Schweineherde in einem Trog aus dem Dieng-Holz gefüttert (mit Eicheln?); daher ist nur ihren Nachkommen das Schlagen und Verarbeiten der heiligen Eiche zur heiligen Säule gestattet. Der Salesianerpater Carl Becker, der lange Jahre als Missionar in den Khasi Hills gearbeitet hat, hat beobachtet, wie das Abhacken des heiligen Baumes im heiligen Hain gefeiert wird[113]: Man singt und tanzt um den Baumstamm herum, und man bewacht ihn Tag und Nacht, damit keine Tabus verletzt werden, denn der dieng-Baum (bot. castanopsis chrysophylla, volkstümlich: «Khasi-Eiche») ist bereits numinos besetzt, bevor er zum rishot blei geweiht wird. Die ihm innewohnende Sakralität ist gleichsam die materialisierte Kontinuität, die den mythischen Zusammenhang zwischen kosmischem Urbild und irdischem Abbild, also zwischen Makrokosmos und Mikrokosmos garantiert und damit den Mythos konstituiert.

Eine Kulturvariante dieses Weltenbaummythos, die fast eine Kulturparallelität darstellt, findet sich übrigens im *finnisch-ugrischen Nationalepos Kalevala*. Rune 2[114] enthält die Beschreibung einer Eiche, die von dem Helden Väinämoinen gepflanzt wurde. Der Baum wuchs enorm und nahm schließlich so gewaltige Ausmaße an, daß seine Zweige über die höchsten Wolken hinausragten und Sonne, Mond und Sterne vedunkelten. Väinämoinen beklagte sich bei seiner Mutter, einer jungfräulichen Gottheit der Lüfte, daß sich die Welt in ständiger Dunkelheit befand, und diese schickte ihm ein kleines Wasserwesen, das zu einem Riesen wurde und das Baumungeheuer mit drei Axthieben umlegte. Der gefällte Baum fiel in alle Himmelsrichtungen: Der Stamm nach Osten, die Krone nach Westen, die Zweige nach Norden, die Blätter nach Süden. Wo immer die Teile des Kalevala-Baumes hinfielen, dort vermittelten sie den Menschen Zauberkräfte und Unsterblichkeit.

Der Unterschied zwischen dem finnisch-ugrischen Paradigma und dem diengiei der tibetobirmanischen Khasi besteht offensichtlich darin, daß der Kalevala-Baum von Anfang an als ein ambivalentes kosmisches Symbol angesehen wurde: Es bezeichnet einerseits die gefährlichen Kräfte, die den Menschen wie eine geballte Ladung aus dem Kosmos bedrohen[115], und andererseits die Verteilung dieser Kräfte, die, ihrer Bedrohlichkeit entkleidet, Gutes wirken. Es ist wie mit einem Pflanzengift, das in konzentrierter Form tödlich, dosiert aber belebend und heilend wirkt.

Das tertium comparationis ist also die Gefährlichkeit der kosmischen Zauberkräfte beziehungsweise die Heilsamkeit dieser Kräfte. Das Ausufern des Wachstums mit seiner Bedrohlichkeit für das Leben auf Erden ist nicht etwa die Folge menschlicher Schuld und menschlicher Vergehen, sondern bedeutet allenfalls, daß die Natur, sich verselbständigend, bedrohliche Formen annimmt, unter denen menschliches und tierisches Leben ersticken muß. Kontrolliert aber, von den himmlichen Wesen und den Göttern begrenzt, wirkt sie belebend, heilend und harmonisierend.

Der Khasi-Mythos setzt so etwas wie *Götterneid* voraus, durch den das Verhältnis zwischen den Göttern und den Menschen empfindlich gestört wird: Der Baum wächst ins Unermeßliche, damit die Kommunikation zwischen Himmel und Erde unterbrochen wird, und der Baum fällt, damit der Himmel wieder offen und frei wird für diese Kommunikation. Ökonomisch gesprochen: Durch die kontrollierte Brandrodung des Dschungels hat sich der Mensch die Möglichkeit erworben, wieder mit einem «offenen Himmel» zu verkehren.

In der *indischen Mythologie* gibt es mehrere Traditionen, die den Mythos vom Weltenbaum überliefern. In allen – oder in fast allen – ist es der Aśvattha, ein gigantischer ficus religiosa (Pipal-Baum), der das Universum repräsentiert, es trägt und hält. Er erhebt sich aus dem Nabel des vedischen Gottes Varuṇa oder wird als Manifestation der höchsten Gottheit Brahmā verehrt[116]. Er war bereits da, bevor der Kosmos lebte, früher als der Himmel und die Erde, früher als alle Götter; er war vor aller Zeit, als alle Dinge sich im Keim befanden und noch nicht entfaltet waren. Aber dem Weltenbaum eignet hier eine Besonderheit: Seine Wurzeln ragen in den Himmel und sind dort fest verankert, und seine Zweige berühren die Erde. Der arbor mundi ist ein arbor inversa, denn er ist «wurzelaufwärts-zweigabwärts» (ūrdhvamūlo avākśākhaḥ) gestaltet. «Im bodenlosen Raume», heißt es Rig Veda 1,24,7,[117] «hält König Varuṇa von lauterer Willenskraft die Krone des Baumes oben fest. Nach unten senken sie (die Zweige) sich, oben ist ihre Wurzel. In uns mögen die Strahlen befestigt sein»[118]. In der Kāṭhaka-Upanishad 6,1 hören wir Näheres: «Dieser ewige Aśvattha, dessen Wurzeln sich hoch erheben, und dessen Zweige nach unten wachsen, ist das Reine (śukram), ist das Brahman, ist, was wir den Nicht-Tod (die Todlosigkeit) nennen. Alle Welten ruhen in ihm». Der kosmische Aśvattha ist die Manifestation des Brahman, des absoluten Seins, «die Totalität von göttlicher und menschlicher Wirklichkeit»[119]. Die Bhagavādgītā widmet ein ganzes Kapitel (XV) diesem kosmischen Baum, indem sie sich dabei auf die Veden beruft: «Der Erhabene sagte: Man spricht von dem unvergänglichen Aśvattha, der seine Wurzeln oben und seine Zweige unten hat. Seine Blätter sind die Veden, und wer dies weiß, ist ein Kenner der Veden (yas tam veda sa vedavit). Seine von den Erscheinungsweisen genährten Äste erstrecken sich nach unten und nach oben und haben die Sinnesobjekte als Zweige; und unten, in der Menschenwelt, breiten sich die Wurzeln aus, die zu Handlungen führen»[120]. Hier symbolisiert der Weltenbaum den Geburtenkreislauf, samsāra, der durch die Taten beziehungsweise den die Taten bedingenden Tatstoff, das karma, in Bewegung gehalten wird wie ein «Räderwerk, das beim Ablaufen sich selbst wieder aufzieht»[121]. Und so ist es auch ein Aśvattha-Baum, unter dem Buddha Śakyamuni im Zustand der Samādhī die Erleuchtung gewinnt und Einsicht in das Gesetz vom Entstehen in Abhängigkeit und daraus die Lehre vom Leiden und seiner Überwindung ableitet. Hier wird der Weltenbaum zum Baum der Erkenntnis des Guten und Bösen und damit zu einem ontologischen Symbol, das – wie das kosmologische – alle kosmischen Abläufe in sich vereint und zudem die Erkenntnis darüber vermittelt, «was die Welt im Innersten zusammenhält».

Eine klassische Weltenbaum-Variante, welche zugleich eine eschatologische Dimension enthält, findet sich schließlich in der *skandinavisch-germanischen Religionsgeschichte*, wie sie uns die *Edda* überliefert hat: Die Seherin, Volva, versetzt sich in die Urzeit und entsinnt sich der uralten Riesengestalten, die sie einst aufgezogen haben, entsinnt sich der Zeit, «da Ymir hauste»: «Urzeit war es» und nur leerer Raum oder – wie Rig Veda X,129,1 sagen würde – als «tiefer Abgrund» war: «Nicht waren Sand noch See noch Salzwogen, / nicht Erde unten noch oben Himmel, / Gähnung grundlos, doch Gras nirgend»[122]. Zuvor jedoch schildert die Seherin in ihrer ekstatischen Vision den Anfang von Zeit und Raum und sieht viele sich aneinander reihende Welten, neun Stufen, neun Reiche, die da bestanden, als der Weltenbaum noch ein Sämling war[123]. Doch schon als Sämling wird er zum Maß der verschiedenen Weltzeitalter und zum Inbegriff des Kosmos: Alles, was einmal sein und kommen würde, ist in ihm bereits keimhaft angelegt. Die Entelechie ist im Samen des Weltenbaumes vollkommen. Und dann wird in der Sprache der ekstatischen Seherin der Name des Baumes genannt:

> «Eine Esche weiß ich, sie heißt *Yggdrasil*
>   (von Yggs = Odins Pferd[124]),
> die hohe, umhüllt von hellem Nebel;
> von dort kommt der Tau, der in die Täler fällt,
> immergrün steht sie am Urdbrunnen...»

Der heilige Baum symbolisiert den gesamten Kosmos. Seine Wurzeln strecken sich aus nach Niflheimr, ja, bis nach Hel, in «das Verborgene», in den Aufenthaltsort der Toten, eine reicht bis zum Aufenthaltsort der Riesen und zur heiligen Quelle des Mimir, und die dritte reicht bis in die Sphäre der Götter jenseits der Quelle von Urd.[125] Sein Stamm, eingewickelt in die Meeresschlange, steht in Midgardr, dem Reich der Menschen, seine Zweige aber bedecken die ganze Welt und reichen sogar bis Aśgardr, der Heimat der Götter.[126]

Hier wird ein weit verbreitetes Motiv sichtbar, das immer mit dem kosmischen Baum verbunden ist: Es ist die Vorstellung, daß der Baum als «Bindeglied zwischen den kosmischen Zonen dient» beziehungsweise den Eintritt von einem Bereich in den anderen ermöglicht. Der germanisch-skandinavische Weltenbaum Yggdrasil ist aber auch als Mikrokosmos zu verstehen. Seine Bewohner verkörpern alle kosmische Funktionen beziehungsweise natürliche Phänomene: Die Hirsche repräsentieren die vier Winde, der Adler und der Falke die Luft beziehungsweise den Äther; sie überblicken die Zusammenhänge der Welt; der Drache Nid-högg / Nidhug, der Odins Sohn, den Wächter der Welt, tötet, verkörpert die vulkanischen Mächte, welche die Erde erschüttern; und das Eichhörnchen stellt den Hagel und die Atmosphäre dar[127]. Bezeichnenderweise steht die Yggdrasil an der Urdr-Quelle und wird von dieser gespeist. Urdr ist das Schicksal: Mit dem Wasser des Schicksals nimmt der Weltenbaum auch die Fäden des Schicksals in sich auf, die die Nornen Urd, Werdandi und Skuld spinnen. Sie steigen aus der Quelle am Baum und künden den Menschen ihr Schicksal: Yggdrasil verkörpert das Werden und Vergehen der Welt; denn das Schicksal des gesamten Kosmos spiegelt sich in ihrem Leben wider[128]:

«Die Esche Yggdrasil muß Unbill leiden
mehr als man meint:
Der Hirsch äst den Wipfel, die Wurzeln nagt Nidhögg ab,
an den Flanken Fäulnis frißt»[129].

Zwar tragen die Götter Sorge um den Baum, aber der Drache Nidhögg / Nidhug und die Schlangen Goinn und Moinn, Grabak und Grafwöllud, Ofnir und Safnir nagen ständig an seinen Wurzeln und bedrohen den Bestand der Welt. Die Weltesche zittert und welkt. Schon macht sich Fäulnis breit (Grimnirlied, Str. 28) und deutet ihre Zerstörung an. Die Welt und ihre Bewohner sind von den Mächten des Bösen bedroht: Überall lauert der Tod: Yggdrasil wird zusammen mit der Brücke der Asen ein Opfer der Flammen (Grimnirlied, Str. 29.) Auch hier wird die Weltesche zum Mikrokosmos: Ihr Schicksal reflektiert das der Menschen und der Götter»[130].

«In ihrer Gesamtheit symbolisiert Yggdrasil daher, was wirklich ist: den Kosmos sowie den menschlichen und den göttlichen Zustand», schreibt Stephen Reno[131]. Damit wird der mythische Weltenbaum auch zum Urbild des germanischen *Thing-Baumes*, der heiligen Esche, unter der Gericht gehalten wurde: So wie die Asen unter der Yggdrasil ihr Göttergericht abhalten, so tun es ihnen die Menschen gleich. Wenn sie dazu die Esche auswählen, den Baum der Bäume, in dem die Götter anwesend sind, dann bedeutet das für die Menschen die Verpflichtung, ein gerechtes Urteil zu finden wie die Götter auch: Der heilige Baum verpflichtet die Menschen zu Recht und Gerechtigkeit; denn er hat Teil am Reiche der Götter und ist gar ihre Wohnung.

Die eschatologische Bedeutung des nordischen Weltenbaumes ist evident, *der Mythos enthält die Wirklichkeit: In ihm wird der gesamte Kosmos in seinem Werden und Vergehen transparent, von ihm hängt die menschliche und die göttliche Seinsordnung ab*, an ihm entscheidet sich das Leben und der Tod; auf die Sprache der Gegenwart bezogen: *das Überleben und die kosmische Katastrophe*. Doch Eschatologie muß nicht das endgültige Ende in der Verdammnis bedeuten: Obwohl Yggdrasil so sehr bedroht ist und vom Schicksal dazu bestimmt ist, einen Teil ihrer Blätter und Zweige abzuwerfen, vermögen sie die Mächte des Bösen nicht zu vernichten; denn es gibt für den Weltenbaum eine Wiedergeburt. An ihm vollzieht sich das, was sich in jedem Jahr in der Natur vollzieht: Nach der Winterstarre kehrt im Frühling das Leben zurück und erfüllt Pflanzen, Tiere und Menschen mit neuer Hoffnung. Der Mythos von der ewigen Wiederkehr, den tausendfach die Natur reproduziert, erreicht in der Weltesche Yggdrasil seine kosmische Vollendung: Er markiert den Beginn eines neuen

Weltzeitalters, einer neuen Erde, und in seinem Holz enthält der Weltenbaum gar den Ursprung für eine zukünftige und neue Menschheit[132].

Das Baumsymbol als absolute Realität

«Der Baum repräsentiert – sei es rituell und konkret oder in Mythologie und Kosmologie oder einfach nur symbolisch – den lebendigen Kosmos, ohne Ende sich selbst erneuernd. Weil das unerschöpfliche Leben (inexhaustible life) Äquivalent der Unsterblichkeit (immortality) ist, darum kann der Baum-Kosmos – auf einem anderen Niveau – zum Baum des unvergänglichen Lebens (life-undying) werden.» Und so wie dieses unerschöpfliche Leben in der primitiven Ontologie ein Ausdruck für den Begriff «absolute Realität» ist, «so wird der Baum für sie zu einem Symbol dieser Realität». Diese Definition von Baumsymbolik und Baummythologie, wie sie Mircea Eliade verwendet[133], bringt das ungeheure Material, das uns im Vorangegangenen zur Verfügung stand, auf eine universale Formel, die aus der Gleichung «Unerschöpflichkeit + Unvergänglichkeit = absolute Realität» besteht. Es ist bezeichnend, daß für Eliade das Baumsymbol damit zum Symbol des Lebens schlechthin wird. Wie wir im Kapitel über die Dea Natura gesehen haben, zeigt sich die Universalität des Lebens ja gerade in der immerwährenden Geburt, die zugleich Unvergänglichkeit impliziert. Das Symbol spricht gleichsam von Ressourcen, die kein Ende nehmen können, weil es kein Ende gibt beziehungsweise weil eine fortwährende Regeneration des Lebens einsetzt, so daß der Tod bedeutungslos wird. «Der Mythos der ewigen Wiederkehr», von dem Eliade an anderer Stelle handelt[134], gewinnt Gestalt im Symbol des Baumes.

Was aber bedeutet «absolute Realität»? Eliade hat im Zusammenhang mit seinen methodologischen Bemerkungen zum Studium des religiösen Symbolismus gesagt[135], das Symbol des kosmischen Baumes offenbare sich selbst als eine «Chiffre der Welt, begriffen als eine lebendige Realität (a living reality), heilig und unerschöpflich». Damit meint er offenbar die Realität schlechthin, das Leben schlechthin, das Leben als Geheimnis, das in seiner Heiligkeit Gott gleicht und darum ohne Ende ist und sich immer wieder erneuert. Die absolute Realität als die lebendige Realität ist also die Quelle allen Lebens auf der Erde, ja, im Kosmos. Und wenn das Symbol des kosmischen Baumes von Eliade gar «Chiffre der Welt» genannt wird, dann macht er damit den kosmischen Baum zu einem Schlüssel für die Erklärung der «Welträtsel». Das Symbol ist dann für ihn ein Schlüssel-Begriff, der die lebendige Realität des Baumes erst versteh-bar macht. Die «absolute Realität» ist also die «lebendige Realität», weil sie Leben schlechthin beinhaltet und zugleich an die Welt weitergibt, damit auch in ihr das Leben unerschöpflich und unsterblich sei.

Dem kosmischen Symbol Baum und seiner absoluten Realität entspricht demnach also die irdische Natur der Bäume insgesamt als lebendige Wesen und ihre alljährlich wiederkehrende Lebenserneuerung. In diesem Sinne kann Eliade sagen: «Der kosmische Baum symbolisiert das Geheimnis einer Welt, die sich in fortwährender Erneue-rung befindet.»[136] Er kann zur gleichen Zeit oder nacheinan-der die Weltensäule und die Wiege der menschlichen Rasse sein, ebenso wie die kosmische Erneuerung und der immer wiederkehrende, gesetzmäßig feststehende Rhythmus der Gestirne, der Mittelpunkt der Welt und zugleich der Pfad, auf dem man von der Erde zum Himmel schreiten kann. Der kosmische Baum vereint also diese Gegensätze in sich und harmonisiert sie; denn er ist die «absolute Realität», in der eine coincidentia oppositorum, ein Zusammenfallen der Gegensätze, geschieht.

Eliade und die von ihm untersuchten Gesellschaften hatten sich noch nicht die Frage vorgelegt, was denn geschehen würde, wenn die irdische Natur der Bäume insgesamt Schaden nehmen oder die kontinuierliche Lebenserneuerung in Mitleidenschaft gezogen würde; sie haben sich noch nicht die Frage vorgelegt, ob dann auch die absolute Realität leiden und das Symbol des Weltenbaumes womöglich aufhören würde, ein Symbol für die Völker zu sein.

Vom Weltenbaum zum Baum des Lebens

Die Grenzen zwischen den Bedeutungsinhalten der Baumsymbolik sind fließend. «Weltenbaum» und «Baum des Lebens» sind komplementäre Seiten ein und desselben Phänomens oder werden gar synonym gebraucht. Der Baum des Lebens ist im Weltenbaum enthalten, und meistens ist es nur eine Frage der Auslegung, welcher Aspekt deutlicher hervortritt: Ohne den Weltenbaum ist kein Leben im Kosmos möglich, und andererseits ist das Leben die tragende Kraft des Baumes.

In zwei Kulturen kommt diese Komplementarität beziehungsweise Synonymität besonders deutlich zum Ausdruck: In der *indischen* und in der *vorderorientalischen Kultur:*

Das Śatapatha-Brahmana VI, 6,3 erzählt die Geschichte des Udumbara-Feigenbaumes und seiner Segnungen[137]: «Die (guten) Götter und die (dämonischen) Asura stritten um die Herrschaft. Da gingen alle die Bäume des Waldes zu den Asura über; nur der Feigenbaum verließ die Götter nicht. Als die Götter die Asura besiegt hatten, entzogen sie ihnen die Bäume wieder. Sie sprachen: «Wohlan! Die Nahrung, welche sich in diesen Bäumen befindet, ihren Saft, lasset uns in den Feigenbaum (udumbara) legen! Sollten sie wieder von uns gehen, so mögen sie uns erschöpft verlassen, wie eine leergemolkene Kuh, wie ein Stier, welcher gezogen hat». – So legten sie die Nahrung, welche sich in den Bäumen befand, ihren Saft, in den Feigenbaum. Infolge dieser Stärke reift er, wenn jeder andere Baum es auch tut; deshalb ist er immer saftreich, immer voll Milchsaft. Daher vereinigt der Feigenbaum in sich alle Nahrung».

Der Feigenbaum wird hier zu *dem* Baum gemacht, der das Lebenselixier in sich birgt. Als der Prototyp des Lebens vereinigt er in sich alle Säfte, die Leben hervorbringen und lebendig erhalten. Er vereinigt in sich die Summe aller Potenzen und wird auf diese Weise zum Spender des Lebens. Daß ihn die Götter für diesen Auftrag ausersehen, bestätigt seine Heiligkeit; denn sie ist die Voraussetzung für den Götterauftrag, nicht etwa die Folge: Der Feigenbaum hat sich durch seine Treue zu den Göttern und seinen Mut, den Dämonen Widerstand zu leisten, bereits als Götterbaum bewährt. Die Auszeichnung, als Lebensbaum zu wirken, ist der Lohn seiner Treue und Standhaftigkeit. Der Feigenbaum mit dem lebenspendenden Saft trägt zwar nicht die Welt, aber er spendet das Leben und erhält dadurch die Welt. Rig Veda X, 97[138], wo die Kräuter als «Mütter» und «Göttinnen» angesprochen werden (Vers 3 u. 4), werden auch noch andere Ficusbäume, der Aśvattha und der Parnabaum, genannt. Von ihnen heißt es, daß sie Sitz dieser Göttinnen, ihre Nester seien (V.5). Dann (V.6) ist davon die Rede, daß sich «die Kräuter versammelt haben wie die Könige in der Ratsversammlung». Der aber, bei dem sie sich versammeln, heißt «Brahmane, Arzt, Unholdtöter, Krankheitsbanner».

Offenbar ist die Ansicht von Rig Veda X, 97, die, daß die «Kräutergöttinnen» ihre Schützlinge unter den Ficusbäumen, auf denen sie wohnen, versammeln, um sich dort den anwesenden (und meditierenden?) Brahmanen und Ärzten zur Verfügung zu stellen. Die Ficusbäume sind also als Lebensbäume die Spender von Heilkräften: Leben ist Heilung von Krankheit und Tod, von dämonischen Mächten also, die man sich nur personifiziert vorstellen kann. Der

84

heilige Baum enthält demnach nicht nur die Kräfte des Lebens, sondern auch die Kräfte zur Überwindung von Leid und Tod bringenden Substanzen. *Der heilige Baum wird hier zum heilenden Baum.*

Eine Reihe von Untersuchungen haben sich ausgiebig mit dem *Lebensbaummotiv im Alten Orient* beschäftigt[139]. Hier, in den Wüstenreligionen, ist es der *Fruchtbarkeitsmythos*, der sich mit dem heiligen Baum verbindet. Im Zusammenhang mit der ägyptischen Göttin Hathor und ihrer Sykomore haben wir dieses Motiv bereits kennengelernt, allerdings nur verkürzt; denn der Baum ist dort die Inkarnation der Gottheit. In ihm wohnt sie, aus ihm spricht sie und spendet sie Leben, wie die Abbildungen zeigen. In Mesopotamien ist der heilige Baum als solcher Symbol der Fruchtbarkeit und damit des Lebens schlechthin, wie ein Beispiel aus Eridu zeigt. Hier nämlich wuchs im Tempel Enkis der heilige kiškanū-Baum, «der Baum des Tors zum Himmel»[140]. Er war «gepflanzt über Apsū», dem Süßwasserozean, heißt es. Nach G. Widengren besaß jeder Tempel einen heiligen Hain oder Garten, in dem sich – wie in Genesis 3 – ein Lebensbaum befand. Er unterstand der Aufsicht des Königs, der symbolisch die Arbeit des Gärtners tat, den Baum wässerte und pflegte und auf diese Weise das Leben im Land erhielt. Es wird zwar nirgends der Ausdruck «Lebensbaum» erwähnt, aber es gibt bildliche Darstellungen, die einen König zeigen, wie er Riten an einem stilisierten Baum, der einer mit metallenen Bändern geschmückten Säule gleicht, ausführt. Wahrscheinlich haben wir es hier mit Befruchtungsriten zu tun[141], wie sie an Dattelpalmen allgemein üblich waren. Der König handelte dabei stellvertretend für sein Volk, vielleicht eröffnete er mit diesem kultischen Symbol auch den Befruchtungsvorgang, wie er zur Blütezeit der Palmen allgemein vorsichging. Außerdem wird von diesem «Lebensbaum» gesagt, daß er am Zusammenfluß der zwei Flüsse wuchs, wo sich nach sumerischer

Anschauung das Paradies befand[142]. Es ist jener Ort, wo Gilgamesch die geheimnisvolle Pflanze des Lebens erhielt. Das kultische Baumsymbol stand an einem großen Wasserbecken, das den Süßwasserozean Apsū symbolisierte. Das Heiligtum von Eridu besaß demnach *die beiden kultischen Symbole Lebensbaum und Lebenswasser.* Beide haben den gleichen symbolischen Wert[143]. Allerdings wissen wir über die Bedeutung der beiden mesopotamischen Symbole nur wenig, weil trotz der eben geäußerten Vermutungen die Zusammenhänge von Mythos und Ritus unklar bleiben[144].

Der Pessimismus der Endzeit

Schon am Mythos von der Weltesche Yggdrasil ist uns die «eschatologische Dimension», die dem heiligen Baum innewohnt, deutlich geworden. Doch die Gefahren, die die Yggdrasil von der Wurzel her bedrohen, sind noch reversibel, das Unglück ist noch abzuwenden: Ein neues Weltzeitalter bringt alles wieder ins Lot. Aber schon am Beispiel vom Fällen der Donareichen und dem Abholzen der heiligen Haine durch christliche Missionare wird deutlich, wie tiefgreifend und endgültig solche Eingriffe in die Natur empfunden wurden, und wie die Bevölkerung intuitiv fühlte, daß mit dem Ende ihrer Religion auch das Ende der Natur eingeleitet wird. Beide befinden sich in einem untrennbaren Seinszusammenhang, in welchem eines nicht ohne das andere sein kann: Weil die Religion Teil der Natur ist und die Natur Teil der Religion, bedeutet die Herauslösung des einen Elements aus diesem Seinszusammenhang automatich die Bedrohung oder gar die Zerstörung des anderen.

a) Bezeichnend für diese «eschatologische Interdependenz» ist eine Reihe von *indianischen Prophezeiungen*, von denen die Vision der mexikanischen und guatemaltekischen Lakandonen vielleicht die eindrucksvollste ist. Für die Lakandonen ist nämlich Wald (k'ax) gleichbedeutend mit «Welt». Die Selva Lacandona im mexikanischen Bundesstaat Chiapas, dieser noch unberührte Regenwald mit seiner verschwenderischen Fülle an Arten, ist eine «Welt» für sich. Schon ein einziger Baumriese beherbergt einen Biokosmos: Lianen hängen von den Ästen herab, Moose, Flechten, Bromelien, Orchideen und andere Epiphyten besiedeln die Rinde des Baumes, Affen und Schlangen wohnen im Wipfel und ernähren sich von seinen Früchten und Kleintieren, Vögel haben dort ihre Nester, bunte Schmetterlinge umflattern die Zweige, und unter der Rinde des Stammes leben Insekten, Würmer und Käfer[145]. Fällt ein solcher Urwaldbaum, geht ein kleines Öko-System zugrunde, und eine Schneise entsteht im Wald; aber binnen kurzem wächst sie zu, und der Kreislauf ist wieder geschlossen, die ökologische Ordnung wiederhergestellt.

Wir wissen nicht, wer den Anstoß zu den Endzeitmythen der Lakandonen gegeben haben mag, – ob es tatsächlich die überlieferten Prophezeiungen der Ahnen sind, wie die Stammesangehörigen sagen, oder ob es erst der Bau von Straßen durch den Regenwald gewesen ist[146], der die Vision vom Ende der Welt hervorbrachte –, jedenfalls begründen die Lakandonen mit dem Fällen der Urwaldbäume und dem Roden des Waldes ihre Endzeiterwartung. Bezeichnend ist auch hier, daß es nicht das Fällen der Bäume an sich, nicht das Roden des Waldes an sich ist, nicht der Kahlschlag der Natur also, der nach Meinung der Lakandonen den Lebensraum zerstört, – das wäre eine Begründung, die bereits in die moderne Ökologie gehört –, sondern *die Seelen der Bäume* sind es, die Schaden leiden. Auch nach der Tradition der Lakandonen besitzt jeder Baum die ihm eigene Seele. Und da ein Baum mit der Gestalt eines Menschen verglichen werden kann, befindet sich diese Baumseele im Kopf, in der Krone des Baumes. Wird ein Baum gefällt, dann verliert die Seele ihren Kopf und steigt blutend in den Himmel auf. Darum sind die Lakandonen bemüht, mit den Seelen, die sich in ihrem Walde verbergen und in den Bäumen verkörpert sind, im Frieden zu leben, sie nicht zu verletzen, sie nicht zu stören oder gar zu zerstören. Jede Vernichtung eines Baumes hat die Vernichtung einer Seele zur Folge.

Der Dorfälteste eines der letzten Lakandonendörfer in der Provinz Chiapas, Chan K'in Ma'ax[147], beschreibt diesen Welt- und Walduntergang in der ihm eigenen Sprache eines Visionärs: «Es wird das Ende der Welt kommen. So erzählte man, so sagt man. Es wird unser Ende kommen, wenn es keine Bäume mehr gibt, dann, wenn sie alle gefällt sind, wenn es überall Menschen gibt, wenn es keinen Wald mehr gibt. So heißt es, so sagt man, so erzählten es die Habo' (= Vorfahren). So sagten sie: ... so heißt es: Wenn der ganze Wald voller Menschen ist, wenn der ganze Wald voller Kah (= Menschen, die eng zusammenwohnen) ist und alle Bäume gefällt sind, wenn es keine Mahagoni-Bäume mehr gibt, wenn alle Bäume dahin sind und nur noch die Berge (kahl) daliegen, – dann kommt das Ende der Welt. Jetzt noch nicht, aber bald ist es soweit. So sagt man. Dann kommt das Ende für uns. Nichts wird da bleiben von uns ... Man sagt es, aber man weiß es nicht genau, ob es einen Sturm gibt oder nicht, ob uns die Sonne versengen wird...; denn schnell wird das Ende uns erreichen... Eine Stunde; und wir sind nicht mehr... Vielleicht wird es auch eine große Kälte geben oder etwas anderes. Aber Unser Wahrer Herr Hachäkyum wird sich unser Blut holen ... Es wird nichts übrigbleiben, keine Tiere, nichts ... Nichts wird da mehr sein, die Erde bleibt leer ... Dann, wenn das Ende des Sprechens(!) (= menschlicher Kommunikation), das Ende der Welt kommt, meine lieben Kinder, ... nichts wird da mehr sein ... Nichts wird von uns bleiben. Wir werden in den Himmel der Wandernden Götter gehen. Dort gehen unsere Seelen hin, wenn alles zu Ende ist...»

Chan K'in Ma'ax beruft sich – nach eigenen Angaben – auf die Prophezeiungen der Ahnen und identifiziert sich mit den religiösen Traditionen der Vorzeit; das heißt, er schaut sie so, als wären sie ihm selbst offenbart worden: Wie ein Ekstatiker erlebt er das Ende der Welt als eine gewaltige Naturkatastrophe.

Die Vision gliedert sich in mehrere Abschnitte. Nach dem ersten Abschnitt scheint es festzustehen, daß es die Menschen sind, die in ungeheurer Zahl in den Urwald eindringen und die Bäume fällen werden, bis nur noch baumlose Berge übrig bleiben, – für die Lakandonen offenbar nicht nur ein sichtbarer Ausdruck der Leere und Trostlosigkeit, sondern auch das Zeichen für die religiöse Heimatlosigkeit und Gotteslosigkeit: Denn mit dem Fällen der Bäume werden die Geister und Seelen, die sie bewohnten, heimatlos, irren umher – wie es nachher in der Vision heißt – und verschwinden schließlich vom Erdboden oder überlassen ihn den Dämonen. Die Naturkatastrophe hat eine «Götterdämmerung» oder «Seelendämmerung» zur Folge. *Das Ende der Natur ist auch das Ende der Götter, ist Atheismus.*

Chan K'in Ma'ax sagt nichts darüber aus, aus welchem Grunde die Menschen in so großer Zahl in den Wald strömen werden, und was sie bewegt, den Wald abzuholzen, ob es Siedlungsprobleme sind oder reine Habgier und Wirtschaftsinteressen; er sagt auch nichts darüber aus, welche innere Einstellung sie gegenüber der Natur haben, wie sie empfinden, wenn sie den Regenwald betreten, gar, welche Religion sie bekennen[148]. Er setzt also offenbar bei den Eindringlingen nicht einmal eine antispirituelle oder gar atheistische Grundhaltung voraus; er sieht beziehungsweise schaut nur, wie die fremden Menschen in großer Zahl in den

Regenwald eindringen und diesen Kosmos, den sie dort vorfinden, mit ihren Straßen und anderen «zivilisatorischen» Einrichtungen zerstören, die natürliche Harmonie in Disharmonie verwandeln und sie schließlich in ein Chaos stürzen, das dem Nichts am Anfang der Schöpfung gleicht. Aber soviel scheint die Prophezeiung auszusgen, *daß die Naturkatastrophe mit dem naturwidrigen Verhalten der Menschen in Zusammenhang stehen* wird, daß der Mensch das Chaos auslösen und die Verantwortung für das «Ende der Welt» tragen wird.

Die anderen beiden Abschnitte sprechen von einem kosmischen Holocheimōn, einem Holokaust oder einer Holopsyxis – einem katastrophalen Sturm, einem alles vernichtenden Waldbrand oder einer alles erstarrenden Kältewelle; aber es bleibt offen, wer diese Katastrophen verursacht, ob es der blutdürstige Gott Hachäkyum oder ein anonymes Schicksal sein wird, das automatisch vollstreckt, was menschliche Schuld einmal verursacht hat. Die Folgen sind jedenfalls die gleichen: Wenn die Bäume gefällt und der Wald gerodet sein wird, dann wird nichts mehr übrig bleiben, kein Tier und keine Pflanze wird es dann mehr geben. Chan K'in bezeichnet diesen eschatologischen Zustand als «das Ende des Sprechens», worunter wir nicht nur das Ende der menschlichen Sprache und das Ende der tierischen Laute zu verstehen haben werden, sondern mehr noch das Ende des Verstehens von Mensch zu Mensch und zwischen Menschen und Tier: *Das Ende der Natur bedeutet vor allem das Ende jeglichen Verstehens.* Damit hört die Gemeinschaft auf, die bei den Menschen in der Großfamilie und Sippe und im Tierreich innerhalb der Arten besteht. Die Gemeinschaft zerbricht, und es kommt zur Vereinzelung und Vereinsamung der Wesen. Die Menschen erleiden sie dadurch, daß ihre Seelen in den «Himmel der Wandernden Götter» einziehen, also zur Ruhelosigkeit und Friedlosigkeit verdammt werden.

Das Ende des Regenwaldes bringt für die Lakandonen also nicht nur eine Naturkatastrophe, sondern bedeutet auch eine Katastrophe in den Beziehungen der Lebewesen untereinander. Die trostlose Leere, die nach dem Abholzen des Waldes, dem kosmischen Sturm, dem kosmischen Feuer, der kosmischen Kälte zurückbleiben wird, ist vor allem eine Leere des menschlichen Herzens, das keine Hoffnung und kein Vertrauen mehr hat. So erhält die physische Endzeit eine psychisch-spirituelle Dimension, und beide sind nicht mehr voneinander zu trennen.

Diese «eschatologische Interdependenz» ist das besondere Merkmal aller Kulturen, in deren Traditionen das spirituelle Ende die Folge des physischen Endes ist, nicht umgekehrt. Allerdings berichten alle diese Traditionen davon, daß das physische Ende seine Ursache in der menschlichen Schuld hat beziehungsweise durch menschliche Schuld ausgelöst werden wird: Menschliche Schuld ist es, welche die Ordnung der Natur zunichte macht.

b) Das Phänomen einer eschatologischen Interdependenz läßt sich auch noch an einem anderen Zusammenhang deutlich machen, nämlich an den sogenannten «*Verwandlungsmythen*», die im Märchen eine Rolle spielen.

Um nur ein Beispiel zu nennen: In der japanisch-shintōistischen Märchenliteratur gibt es eine Reihe von Mythen, die die Verwandlung von bestimmten Baumgottheiten in Menschen erzählen. In einer dieser Mythen wird die Gechichte eines jungen Mädchens überliefert, dessen Seele mit dem Geist einer alten Weide identisch ist[149]. Die Weide steht in der Nähe eines Shintō-Schreins[150]. Der Mythos erzählt, wie die Dorfbewohner eines Tages beschließen, eine Brücke zu bauen und für die Konstruktion das Holz der Weide verwenden wollen. Die Weide soll also gefällt werden. Im letzten Augenblick verhindert ein junger Mann diesen Plan. Er macht den Dorfbewohnern klar, daß es ein

Frevel sei, diesen ehrwürdigen und heiligen Baum, den schon seine Ahnen verehrten, und den er besonders liebt, abzuhauen. Er bietet dafür als Ersatz Bauholz an, das auf seinem eigenen Grund und Boden geschlagen werden kann. Die Dorfbewohner akzeptieren dieses Angebot: Die Brücke wird gebaut, und die alte Weide ist gerettet. Als der Mann eines Tages von seiner Feldarbeit heimkehrt, trifft er ein schönes junges Mädchen unter dem Weidenbaum, in das er sich verliebt. Der junge Mann heiratet das Mädchen; aber er muß ihm versprechen, niemals nach seiner Herkunft zu fragen noch sich nach seinen Eltern zu erkundigen. Der Mann verspricht es und hält Wort. Es vergehen Jahre. Eines Tages verfügt der Kaiser, daß im Dorf ein Tempel gebaut werden solle. Die Dorfbewohner wünschen nichts sehnlicher, als daß die alte Weide dabei als Baumaterial dienen könnte; denn sie erhoffen sich von dem Holz dieses heiligen Baumes Glück und Segen[151]. Der Beschluß des Kaisers hat Vorrang, und eines Morgens, während das junge Paar noch schläft, wird der Baum gefällt. In diesem Augenblick erwacht die Ehefrau und erzählt ihrem Mann, daß sie selber der Geist der Weide sei und, daß sie ihn, ihren Mann, nur geheiratet habe, um ihn glücklich zu machen, aus Dankbarkeit dafür, daß er ihr vor vielen Jahren das Leben gerettet habe, weil er den Baum bewahrte. Nun aber müsse sie zu der Weide zurückkehren, um mit ihr zu sterben; denn sie sei ein Teil dieses Baumes.

Diese Romanze, die nur einem Europäer rührselig erscheinen mag, enthält eine für den japanischen Shintō charakteristische Wahrheit: Die Natur[152] und die Menschen[153] sind einander wesensverwandt. Die Menschen (und die Tiere) sind Teil der Natur und werden durch die gleiche Ordnung (griechisch: «Kosmos») zusammengehalten und vor dem Chaos bewahrt. Die kosmische Ordnung unterliegt dabei keinem Ordnungsprinzip im formalistischen Sinne, sondern bildet zusammen mit den Göttern, den Kami, den Gottwesen, und den anderen Numina, eine Harmonie. Wird die kosmische Ordnung gestört, leidet die Harmonie und gefährdet die Natur ebenso wie die Menschen und alle Lebewesen und selbst die Götter. Als Shintō, «Weg der Götter», kann man darum alles *das* bezeichnen, was der kosmischen Ordnung dient und die Harmonie «stabilisiert».

Am Märchen vom Weidenbaum wird deutlich, daß die kosmische Ordnung durchbrochen wird, wenn die Seele des Weidenbaums verletzt beziehungsweise zerstört wird und die Harmonie zwischen Mensch und Natur, Mensch und Baum dadurch Schaden leiden muß, «destabilisiert» wird: Der Tod des Baumes zieht den Tod eines Menschen nach sich. Was sie beide verbindet, ist eine gemeinsame Geist-Seele. Ihr Wohnsitz ist im Baum, zugleich aber auch in jener jungen Frau. Offenbar kehrt die Geist-Seele des Nachts in den Baum zurück, während die körperliche Hülle der Frau schläft, um dann am Tage wieder in der tätig belebten Frau zu wohnen. Die Dorfbewohner fällen die Weide am frühen Morgen, zu einem Zeitpunkt, da sich die Geist-Seele im Weidenbaum aufhält und die Frau «ohne Seele» ist. Indem sie den Weidenbaum fällen, töten sie die Geist-Seele[154] des Baumes und verhindern zugleich ein Weiterleben der Frau. Mensch und Baum werden voneinander getrennt, ihre Einheit wird aufgehoben, und aufgehoben wird damit die Harmonie zwischen Mensch und Natur, zwischen *dem* Baum und den Bäumen, innerhalb derer der heilige Baum Priorität besaß, und zwischen den Menschen, deren eheliche Harmonie durch den Tod aufgelöst worden ist.

Daß der Tod des Baumes den Tod des oder der Menschen nach sich zieht, mag im Mythos eines Märchens nichts Ungewöhnliches sein. Die Interdependenz von Baum und Mensch ist aber ein eschatologisches Phänomen und wird im shintōistischen Japan auch als ein solches verstanden. Die ökologischen Anstrengungen, die das moderne Japan zur Rettung und Bewahrung der Natur unternimmt, beziehen sich letztlich auf den shintōistischen Glaubenssatz von der «stabilisierten Harmonie» alles Seienden, in welchem der Mensch zwar nur ein Teil des Ganzen ist, aber eben als Teil des Ganzen in der Lage ist, die Ordnung der Natur bis «hinauf» zu den Göttern zu gefährden. Und im Grunde bezieht jeder aufgeklärte ökologisch bewußte Japaner, auch wenn er sich dem Shintō als dem «Weg der Götter» nicht anschließt und den Buddhismus als seine Religion ablehnt, seine Verantwortung gegenüber der Natur aus dem Gesetz der eschatologischen Interdependenz, welches besagt: So wie das Fällen eines einzigen heiligen Baumes die Zerstörung eines Biokosmos bedeutet, so bedeutet die rücksichtslose Ausbeutung der heiligen Natur die vitale Gefährdung aller Lebewesen; denn: *Wer einen Teil der Ordnung zerstört, der zerstört die Harmonie; wer aber die Harmonie zerstört, der nimmt sich selbst das Lebensrecht.*

Das, was «eschatologische Interdependenz» meint, wird am japanisch-shintōistischen Naturpantheismus in besonderer Weise deutlich. Vielleicht liegen hier Ansätze für ein ökologisches Bewußtsein, das sich aus frühen religiösen Traditionen begründen läßt.

c) Das dritte Beispiel entnehme ich den Überlieferungen der australischen Aborigines. Für die *Altvölker des Australischen Kontinents* haben die Bäume wie alle anderen Pflanzen Seelen. Einige von ihnen gelten als heilige Wesen, die empfinden und verstehen könnnen. Die Stammesangehörigen sind überzeugt, daß die Geister der Verstorbenen innerhalb der Stammesgrenzen ihre Wohnung nehmen, und daß ein Baum, ein Strauch, ein bestimmter Felsen oder Berg sichtbare Inkarnationen dieser Geister sind. Als solche besitzen sie eine hohe kultische und soziale Relevanz für die Stämme.

Die Ahnen sterben nicht, weder Zeit noch Vergehen können ihnen etwas anhaben. «Ihre lebenspendende Existenz kann nicht verschwinden und untergehen.»[155] Sie wechseln nur ihre Gestalt, wenn die Zeit ihrer sichtbaren Existenz zu Ende ist, sie machen nur eine Transmutation durch und gehen in Daseinsformen ein, die die Zeit überdauern. Darin bewahren und speichern sie ihre außergewöhnlichen Kräfte: Sie werden zu Felsen, Bäumen und vor allem zu Tjurunga, jenen «Seelenhölzern», in denen sich die Lebenskraft der Ahnengeister auf Dauer erhält und vergegenwärtigen läßt, in denen sich die Taten der Urzeitwesen nachvollziehen lassen[156]. Felsen, Bäume und Tjurunga sind für die Aranda der Northern Territories Australiens keine entleerten Symbole und erst recht keine Denkmäler, denen sie ihre Ehrerbietung erweisen. «Sie enthalten die ganze Lebenskraft der mythischen Urzeitwesen, und noch heute geht von ihnen alles Leben aus.»[157] Es sind numinose Objekte, *unter* oder *in* die die Ahnen der Aranda eingegangen sind. T. G. H. Strehlow, einer der kompetentesten Aranda-Forscher, weist in seinem Buch «Aranda Traditions»[158] ausdrücklich darauf hin, daß der Stammesangehörige «auf die Felsen und Bäume ... wie auf die wirklichen Körper seiner Ahnen blickt».

Wie aber kommt es für den Aranda zu jener lebendigen Identifikation von Ahnen und heiligen Gegenständen, von Ahnen und Bäumen, von Ahnen und Felsen, Ahnen und Tjurunga?

Das Wort *tjurunga* scheint so etwas wie ein Schlüsselbegriff für die Aranda zu sein. Nach Carl Strehlow[159] heißt tju «versteckt», «verborgen», «geheim», und runga heißt «der eigene», «mein eigener». Die Hölzer und Steine, aber auch bestimmte Bäume, die zu Tjurunga erwählt werden, sind also geheime an eine bestimmte Person gebundene und mit ihr verbundene Numina. Als der Demiurg, der Weltschöpfer, oder der «Totemgott», aus dem Tiere und Menschen hervorgegangen sind, die Menschen schuf, gab er jedem

Menschen eine Tjurunga und bezeichnete sie als den Leib des mit ihr verbundenen Menschen. Er gab zum Beispiel einem Känguruh-Mann eine Tjurunga und sprach zu ihm: «Das ist der Leib eines Känguruhs; aus dieser Tjurunga bist du entstanden.» Die Tjurunga ist also der gemeinsame Leib des Menschen und seines Totem-Vorfahren. Sie bietet dem Menschen Schutz; wer sie aber verliert oder sich von ihr trennt, der wird vom Unglück heimgesucht.

Über seinen Totem-Vorfahren ist der «Besitzer» der Tjurunga direkt mit seinem Totem verbunden; das heißt, er kann sein Totemtier oder seine Totempflanze vermehren, in besonderer Weise hegen und pflegen und bei gewissen Gelegenheiten, nämlich bei der «Kommunion», sogar verzehren. So haben es die Totem-Götter einst getan. So sollen es die Stammesangehörigen auch tun[160]. Sowohl Carl Strehlow[161] als auch sein Sohn Theodor Georg Heinrich Strehlow[162] haben beobachtet, wie es noch um die Jahrhundertwende zu einer völligen Identifikation zwischen dem Stammesangehörigen und seiner Tjurunga kommen konnte: Der Großvater führte den herangewachsenen Enkelsohn zum Heiligtum der Familie (arknanaua), in dem die Tjurunga aufbewahrt wird und zeigte sie ihm mit den Worten: ... «Dies ist dein Körper, dies ist dein zweites Ich (iningukua). Wenn du diese Tjurunga an einen anderen Ort nimmst, wirst du Schmerzen empfinden!» Verliert man seine Tjurunga oder entweiht man sie, indem man zum Beispiel den Baum, in dem sie als Seelenholz hängt, abhackt, oder den Felsen, unter dem sie verborgen ist, wegschleppt und zerschlägt, oder ihren Namen vor den Frauen erwähnt, so kann das schlimme Folgen für den Eigner der Tjurunga haben. Noch schlimmer ergeht es jemandem, der sich seine Tjurunga stehlen läßt: Das bewirkt Krankheit oder sogar den Tod[163]. Damit ist natürlich auch die gewaltsame Entwendung der Tjurunga und die Zerstörung der Heiligtümer gemeint, wie sie heutzutage durch die Strukturveränderungen, technisch-wirtschaftliche Umgestaltungen der Landschaft und Maßnahmen zur Urbarmachung des Bodens[164] gang und gäbe sind. Die Gefährdung der Tjurunga wirkt sich bis in die sozialen Strukturen des Stammes aus. *Die Vernichtung der traditionellen Stammesheiligtümer z. B., von denen die Heimat der Aranda voll ist, hat in der Neuzeit den Untergang dieses Volkes herbeigeführt; denn Heimat ist für die Aranda und die anderen australischen Aborigines nur dort, wo auch die Ahnen und ihre Lebenskräfte in den Tjurunga gegenwärtig sind.*

Die Tjurunga und die heiligen Stätten, an denen sie aufbewahrt werden, repräsentieren also das Leben und garantieren zugleich die Lebenskontinuität: «Der Stammvater betrachtet die Tjurunga, die er besitzt, als einen Teil seines Selbst, und er ist sehr darauf bedacht, daß kein Fremder kommt und ihm diese Symbole – und damit die Essenz seines Lebens – raubt», schreibt T. G. H. Strehlow[165]. Das betrifft aber nicht nur die Vorfahren, sondern auch die heutigen Generationen. Mit anderen Worten, nicht nur die Vorfahren kannten eine solche Identifikation mit ihrer Tjurunga, vielmehr werden auch heute noch die jungen Männer von den Vätern in das Wesen dieses ihr eigentliches Ich verkörpernden heiligen Gegenstandes eingeführt. Um das zu verdeutlichen schildert T. G. H. Strehlow einen Initiationsritus[166], der gerade diesen Identifikationsmythos deutlich macht. In diesem Falle ist die Tjurunga ein kleiner glatter Stein: Der Vater legt dem Initianden den Stein in die Hände und sagt: «Das ist dein eigener Körper, aus welchem du wiedergeboren bist. Es ist der wahre Körper des großen Tjenterama, des Häuptlings der Ilbalintja-Schatzkammer (Vorratshauses). Die Steine, welche ihn bedecken, sind die Leiber der Bandicoot-Männer, die vor Zeiten in der Ilbalintja-Wassergrube lebten. Du (aber) bist der große Tjenterama selbst».

Bereits das Vorzeigen der Tjurunga, das Schauen und das

In-die-Hand-Nehmen sind mythische Vorgänge, die dem Initianden die Lebenswichtigkeit seines Totememblems klarmachen sollen, so daß er es verinnerlichen und – auf diese Weise verwandelt – sich schließlich mit ihm identifizieren kann: «Das ist der Leib des großen Tjenterama. Du selbst *bist* der große Tjenterama.»[167] In der Initiation gelangt der Initiand zu einer Unio Mystica mit seiner Tjurunga, und über seine Tjurunga mit seinen Vorfahren, die immer zugleich auch die Vorfahren seines Totems sind (vgl. unten Seite 192 ff., 199 ff.). In einer anderen Initiationsanweisung, die ebenfalls Th. G. H. Strehlow wiedergibt, wird sogar der Prozeß angesprochen, der zwischen dem Vorfahren und dem Initianden abläuft. Es ist ein Transmigrationsprozeß, eine *Seelenwanderung*, die sich seit der Vorzeit vollzieht, wobei die Seele in der Reinkarnation die Kontinuität zwischen den Ahnen und der jeweils lebenden Generation wahrt. Die Anweisung hierzu lautet: «Junger Mann, sieh diesen Gegenstand! Dies ist dein eigener Körper. Dies ist der tjilpa-Ahne, der du warst, als du in deiner vorhergehenden Existenz umhergewandert bist. Dann bist du herabgekommen, um in der heiligen Grotte hier zu verweilen. Dies ist deine eigene Tjurunga. Halte dich an sie! Paß auf sie auf!»[168]

An diesem Text wird zudem etwas von der Entstehung menschlichen Lebens oder seiner geistigen Zeugung gesagt: Das menschliche Leben beginnt mit dem Zeitpunkt und an dem Ort, an welchem die Mutter die ersten Anzeichen ihrer Schwangerschaft in sich verspürt. Dies ist das Zeichen dafür, daß ein Lebenskeim (a spirit part)[169] in sie eingedrungen ist. Er stammt von jenem Totem-Vorfahren, der in der Nähe sein Heiligtum, seinen Baum, seinen Stein, sein Tier, seinen Berg, seine Tjurunga besitzt: Im Augenblick des Vorübergehens der Frau verwandelt sich der Totem-Vorfahre in einen Foetalgeist und nimmt Kontakt mit dem werdenden Leben im Mutterleib auf. Dabei vermittelt er ihm sein

Totem: jenen Baum, jenen Stein, jenes Tier, jenen Berg, jene Tjurunga. Die Totem-Vorfahren sind zwar in die Tiefen der Erde eingegangen, aber ihre Geister haben die Fähigkeit, die Erde wieder zu verlassen und Bäume, Sträucher, Steine und Berge zu ihrem Aufenthaltsort zu machen, welche über ihrem chthonischen Wohnsitz stehen. Die Vorfahren können sich also in Erdgeister und zum Beispiel Baum- oder Steingeister «teilen» und neben den chthonischen Wohnsitzen zugleich auch überirdische einnehmen, die jeweils den Eingang in die Erdwohnungen markieren. Ein solcher Baum oder Stein heißt bei den Aranda «nanja»: Der Baum oder Stein ist die nanja des Vorfahren Soundso und zugleich der Lebenskeim, den die Mutter in sich gewahr wird, wenn sie an einem der überirdischen Wohnsitze der Vorfahren vorübergeht. Die nanja ist sozusagen das geistige Sperma, das den Schöpfungsvorgang des neuen Lebens in der Mutter auslöst. Ronald M. Behrendt beschreibt die für die Einnistung des Embryos erforderliche Tjurunga: «An der einen Seite dieses Steines ist ein Loch, welches die ‹Geist-Kinder› (spirit children) verlaßen, um in die Frauen einzugehen. Über das Loch ist eine schwarze Linie gemalt ... Eine ähnliche Linie wird über die Augen des neugeborenen Kindes gezeichnet. Man glaubt dadurch die Krankheit von ihm fernzuhalten.»[170] Und mehr noch: Die nanja ist auch der «Seelenfunke», der bei der Reinkarnation – ähnlich wie das Karma in den indischen Religionen – als Vehikel dient, indem er das unverwechselbare Leben von einer Existenz zur nächsten trägt. Die Zeugung menschlichen Lebens kann also nur dort geschehen, wo der Geist des Totem-Vorfahren anwesend ist[171]. Sein Wohnsitz oder Emblem ist maßgeblich an der Entstehung neuen Lebens beteiligt. *Kein neues Leben ohne die unmittelbare Gegenwart des Totem!* Das ist eines der entscheidenden und – wie wir gleich sehen werden – weitreichenden Naturgesetze bei den Aranda und anderen australischen Stämmen.

Aber dieses «Naturgesetz» umfaßt nicht nur den Beginn eines menschlichen Lebens, sondern auch seinen Fortgang. Den Initianden werden die Tjurunga ausdrücklich gezeigt, und sie werden ermahnt, sich zeitlebens an sie zu halten, sie zu achten und zu schützen, damit auch *sie* geschützt werden. Der Tjurunga-Glaube und die mit ihm zusammenhängenden vitalen Probleme haben weitreichende soziale Folgen für die Aborigines der Northern Territories wie der Altvölker Australiens insgesamt.

Der Exkurs hat gezeigt, daß eine Großfamilie, Sippe oder zusammengehörige Gruppe nie nur aus den (menschlichen) Mitgliedern besteht, sondern immer auch die Geister beziehungsweise Seelen der Pflanzen und Bäume, der Tiere, Felsen, Berge usw. einschließt. Menschen bilden zusammen mit der belebten Natur – und für die australischen Altvölker gelten auch Steine und Berge als belebt und beseelt – eine unauflösbare Einheit. Die Geister oder Seelen sind ebenso Teil der Stammesgemeinschaft wie die Menschen: Sie leben, jagen, essen, trinken zusammen mit diesen, und sie sind bei allen Festen und vor allem bei jeder wichtigen Entscheidung anwesend. «Wenn aber ein Aborigin sein angestammtes Gebiet verläßt, läßt er damit einen vitalen Teil seinerselbst zurück», schreiben Pamela R. Frese und S. J. M. Gray[172]. Diese Tatsache verweist zugleich auf eine der wichtigsten Voraussetzungen für das ökologische Verhalten der Menschen in frühen Kulturen.

Der Lebensraum der Aborigines ist ein Biokosmos für sich. Die belebte und die (für uns) «unbelebte» Natur sind in ihm enthalten. Alles, was der Biokosmos in sich trägt, ist aufeinander angewiesen, und eins kann nicht ohne das andere sein. An diesem für Stammeskulturen so typischen Beispiel wird uns die Interdependenz alles Seienden deutlich. Der Mensch ist in diesem Komos nur ein Teil unter vielen Teilen. Er nimmt keine Sonderstellung ein, sondern ist eingebettet in das Ganze der Natur. Er gebraucht zwar die Natur für seine Bedürfnisse, und die Natur besitzt gegenüber dem Menschen auch eine «gebende Funktion»; aber der Mensch ist gehalten, seine Vernunft und Stärke nicht zu mißbrauchen, weil alle Objekte der Natur nicht nur beseelt sind im Sinne von empfindenden Wesen, sondern weil diese Beseelung im Zusammenhang mit der Ehrfurcht vor den Ahnen des Stammes steht. Denn die Ahnen sind es, die sich in den Objekten der Natur, den Tjurunga, inkarniert oder von ihnen Besitz ergriffen haben, die die Objekte bewohnen und sich mit ihnen identifizieren. Auch die Ahnen gehören zum Kosmos des Seienden: Sie haben ihn nicht etwa verlassen, sondern sind jedem Stammesangehörigen in der Tjurunga unmittelbar gegenwärtig. Das heißt, daß mit den Ahnen die Vergangenheit vergegenwärtigt wird und – wenn man noch einen Schritt weitergeht und die ungeborenen Seelen in diesen Kosmos einbezieht – sogar die Zukunft als vorweggenommene Gegenwart verstanden wird.

Man kann daran ermessen, was *Heimat* und angestammtes Siedlungsgebiet für die Altvölker Australiens, aber auch Nordamerikas bedeuten muß: Nämlich *die Einheit alles Seienden*, die Harmonie von Natur und Mensch, Mensch und Pflanze, Mensch und Tier, Mensch und anorganischem Objekt, von Lebenden und Toten, Vergangenheit und Zukunft in der Gegenwart. Wird diese Ordnung gestört, dann leidet der gesamte Kosmos, und die Interdependenz funktioniert nicht mehr. Das unbedachte und mit den Geistern nicht abgesprochene Fällen eines Baumes, das willkürliche und vorher nicht kultisch und rituell begründete Jagen des Wildes, das unverantwortliche und mit dem Sippenrat nicht diskutierte Abbrennen des Graslandes, ja, das wilde, ungezügelte von den Schamanen nicht erlaubte Ausbeuten der Erde, die rücksichtslose Entnahme von Wasser und ein das Gleichgewicht der Wassertiere verletzendes Abfischen der Flüsse, das ehrfurchtslose, von den Göttern verbotene Besteigen von Bergen und Felsen und schließlich das Übertreten der Tabus, die Verweigerung der Unio Mystica, wie sie im Tjurunga-Glauben möglich war, – das alles stört die Harmonie der Natur und damit die Harmonie des Kosmos. Der Mensch, obwohl selbst nur ein Teil der Natur und Rädchen innerhalb der natürlichen Interdependenz, kann diese Harmonie bewahren oder sie auflösen.

Vertreibung aus der Heimat und Umsiedlung müssen von daher tödlich wirken für die Aborigines Australiens, Nordamerikas und alle anderen Altvölker der Erde. Landflucht – sei sie freiwillig oder zwangsweise – und die Urbanisierung ganzer Landstriche, in denen die Aborigines bisher heimisch waren und ihren Kosmos hatten, haben sich, wie gerade wieder die Veröffentlichungen zur 200-Jahrfeier der Besiedelung Australiens zeigen, als verhängnisvoll erwiesen; denn mit der Natur zerstörte man das Stammesgebiet der Altvölker und machte diese heimatlos: Sie mußten ihre Bäume und ihre Tiere, ihre Erde, ihre Flüsse und ihre Berge verlassen, die keine leblosen Objekte für sie bedeuteten, wie für die «zivilisierten» Stadtmenschen, sondern beseelt waren von den Geistern ihrer Ahnen. Das heißt, *sie mußten ihre Ahnen zurücklassen, also einen wesentlichen Teil ihres Stammes aufgeben,* wenn sie freiwillig oder gezwungenermaßen in die Slums der Städte umsiedelten. Sie brachten nur sich selbst in die neue Umgebung ein und ließen ihre Seelen in den Bäumen, Tieren und Felsen zurück. Die Folgen für die heimatlos gewordenen Stammesangehörigen, für die Aranda und Walbiri in den Steppen der Northern Territories und die Koko und Warungu im fruchtbaren Queensland oder die Ojibwa und Irokesen an den großen kanadischen Seen und die Pueblo in Arizona, waren und sind bekanntlich katastrophal[173]: Der körperliche und seelische Verfall der Stammesmitglieder war so rapide, und die Auflösung der traditionellen Moralvorstellungen, die einmal das Zentrum von Glauben und Handeln gewesen waren, geschah so offensichtlich, daß man die Integration der Altvölker in die australische oder amerikanische Nation nur mit einer Tragödie vergleichen kann, in der die Helden langsam dahinsiechen: Auch hier läßt sich eine Interdependenz im Geschehen feststellen, die der Lakandone Chan K'in Ma'ax richtig vorausgesehen hat: Mit dem Wald sterben die Geister, die ihn beseelten, mit den Geistern gehen Menschen und Tiere zugrunde, verliert der Stamm seine Stammesidentität.

Aber auch in den nun verwaisten und oftmals nur unzureichend von den Neusiedlern genutzten Landstrichen wird die «eschatologische Interdependenz» deutlich: An die Stelle der Wälder, deren Bäume einst Geister bewohnten und beschützten, und an die Stelle der Tiere, die durch ihr Totem mit den Stämmen der Altvölker verwandt waren, sind heute riesige Monokulturen getreten oder breiten sich urbane Siedlungen aus, in denen kein Platz mehr ist für Götter und Geister, und in denen die «Göttin Natur» keine Beter mehr findet.

Mit dem Ende der heiligen Bäume endet auch die Ehrfurcht vor dem Leben. Sowohl das von den «Natur-Völkern» verwaist zurückgelassene Land wie auch ihr tragisches Schicksal in den großen Städten trägt gleichermaßen das Stigma der Heimatlosigkeit, der Unbehaustheit des modernen Menschen, der den lebendigen Kosmos seiner Väter und Mütter verläßt.

Die Visionen vom Ende, die Mythen vom Untergang, beginnen dort, wo sich der Mensch seiner Einheit mit der Natur bewußt wird und gleichzeitig eine Ahnung davon erhält, wie zerbrechlich diese Einheit ist.

Kapitel 4

Das heilige Tier – Verkörperung des Irrationalen

In Altmexiko galt die Jaguargottheit als der
Erschaffer der vierten Sonne des letzten Zeit-
alters.

Lied an den Jaguar

«Oh, mein Jüngerer Bruder,
Oh, mein Jüngerer Bruder,
Wohl hörst du, daß ich komme.
Dort verläuft mein Weg,
Dort verfolgst du meinen Weg,
Mein Jüngerer Bruder,
        Du raschelst,
        Du kommst,
        Du scharrst,
        Du kommst . . .
Du weißt es wohl nicht,
Daß ich dein Lied singe
(Für unseren Herrn Ah Yum Känan Säbäk).
Ich habe alles gesungen,
Ich habe dein ganzes Lied gesungen,
Mein Jüngerer Bruder.
. . . komm herein und lege dich zu mir,
Dort, wo ich schlafe,
Dann zieh vorbei,
Ich sehe da nichts von dir . . .»

Menschen und Tiere
als friedliche Geschwister

Dieses Lied, das Christian Rätsch während seines Aufenthalts bei den Lakandonen gehört und aufgeschrieben hat[1], gleicht einem Zauberspruch, den man an den mächtigen und gefürchteten Jaguar richtet. Der Spruch soll vor den Angriffen des Raubtiers schützen und demjenigen, der sich bei Nacht im Urwald aufhalten muß, Mut machen. Der Jaguar soll den Spruch hören und sich nicht dem schlafenden Menschen nähern. Immer wieder beteuert der Sprecher, daß er, obwohl er jeden Schritt und jede Bewegung des Tieres verfolgen kann, keine Angst vor ihm habe. Um ihn sich geneigt und zahm zu machen, lädt er den Jaguar gar ein, an seiner Seite zu schlafen und dann wieder seiner Wege zu ziehen. Aber es ist nicht die Vision einer friedlichen Endzeit, die hier auftaucht, wo – wie bei Jesaja – «die Panther bei den Böcken lagern» und «ein Säugling am Loch der Otter spielen» wird (11,6 f.), sondern es handelt sich um eine wirkliche Gefahr, der der Waldindianer auf Schritt und Tritt ausgesetzt ist. Von einem Frieden zwischen Mensch und Jaguar kann hier nicht die Rede sein, wenn der Mensch ihn auch seinen «Jüngeren Bruder» nennt. Es handelt sich vielmehr um ein schicksalhaft-magisches Verhältnis, das beide, Mensch und Tier, auf Gedeih und Verderb miteinander verbindet: Der Lakandone versichert dem Jaguar ausdrücklich, daß er das Lied vollständig gesungen und nichts ausgelassen habe, andernfalls – so glaubt er – werde der Zauber nichts nützen. Zaubersprüche sind nur dann wirksam, wenn sie minutiös eingehalten werden. «Schicksalhaft» ist dieses Verhältnis darum, weil Mensch und Tier sich offenbar beide an dieses magische Ritual halten. Es besteht also eine Art Abkommen oder Bund, der in die Urzeit zurückreicht, in eine mythische Zeit also, als Mensch und Tier noch eine Einheit waren. Diese Einheit ist zerbrochen; aber der Bund ist geblieben; er ist sozusagen das einzige Beweismittel für diese zerbrochene Einheit und soll womöglich das Tier an den verlorenen Urstand erinnern. Aber an eine Wiederherstellung dieses Urstandes, im Sinne von Jesaja 11 etwa, ist nicht gedacht; dazu ist die Realität, auf die dieses Lied bezogen ist, zu gegenwartsnah und gefahrvoll: Der Jaguar würde den Menschen ja ohne weiteres zerreißen, wenn nicht der Zauber beide aneinanderkettete und Mensch und Tier zu jenem Stillhalteabkommen verpflichtete.

Die Tatsache, daß es sich dabei um einen *Bund* handelt, bei dem die «Vertragspartner» die Regeln in einer «kodifizierten Magie», eben jenem Zauberspruch, niedergelegt haben, sagt also noch nichts über ein friedliches Zusammenleben zwischen den Kreaturen aus und projiziert auch ein solches nicht in die Urzeit. Sie besagt allerdings, daß sich die Vertragspartner an die Regeln halten, die durch das Zauber-Ritual immer wieder ins Bewußtsein gerufen werden: Für den Menschen bestehen sie darin, daß er sein Lied lückenlos und ohne Stocken, wie es sich für einen Zauberspruch gehört, aufsagt, – für das Tier bestehen sie darin, daß es den so aufgesagten Spruch akzeptiert und sich danach verhält.

Noch durch ein weiteres Argument läßt sich die These vom *Bund zwischen Mensch und Tier* belegen, nämlich: durch die «Verwandtschaftsbeziehung». Der Jaguar gehört mit den anderen Tieren und den Menschen zu einer großen Familie der Lebewesen. Er wird darum von den Lakandonen mit «Bruder» angeredet. Daß er «Jüngerer Bruder» heißt, mag etwas mit dem Alter der Raubkatze zu tun haben, über das die Waldindianer sehr wohl informiert sind; denn sie kennen sich aus in Geburt und Tod in der Tierwelt[2].

Menschen- und Tierbruder haben einen gemeinsamen «Weg». Sie sind auf Gedeih und Verderb miteinander verbunden. Sie kennen einander genau, wissen um ihre gegenseitige Gefährlichkeit und suchen nach Möglichkeiten, um die Gefahren, die sie sich gegenseitig bereiten, zu neutralisieren. Die Wirksamkeit des Zauberspruchs ist nur gewährleistet, wenn man «sich alles sagt» und ehrlich zueinander ist. Brüder können nichts voreinander verbergen; jeder würde dem anderen auf die Schliche kommen.

Die Wirksamkeit des Zauberspruchs besteht darin, daß er immun macht gegen Tod und Verderben. Dazu muß der Gegner umworben, eingeladen, als Gast behandelt werden: «Komm herein und lege dich zu mir, dort, wo ich schlafe …» Der Mensch will mit dem Raubtier seine Hütte und sein Bett teilen; denn es sind ja Brüder, die zusammengehören, und als Brüder haben sie einen gemeinsamen Ursprung. Zwar ist das Motiv einer Urzeugung beziehungsweise Urgeburt, in der Mensch und Tier noch nicht voneinander zu unterscheiden waren, damit noch nicht angesprochen, doch scheint gerade das geschwisterliche Verhältnis von Mensch und Tier, zum Beispiel die Vorstellung von einem Totemwesen, das am Anfang war, nicht ausgeschlossen zu sein.

Es wäre allerdings völlig falsch zu meinen, die Lakandonen wüßten nicht um die reale und physische Unterschiedenheit von Mensch und Tier und hingen dem «primitiven Denken» an, für das Verwandtschaft der Lebewesen Identität bedeutete. Solcher Irrglaube, der die Religionsethnologie im 19. Jahrhundert beherrschte[3], hat sich mittlerweile als Denkfehler erwiesen, der sich nur aus der Arroganz eines ethnologischen Eurozentrismus erklären läßt. Natürlich wußten die Lakandonen sehr wohl zwischen Mensch und Tier zu unterscheiden, weil sie Tiere zähmten, Tiere züchteten, Tiere jagten und Tiere fürchteten. Darum bittet der Mensch am Ende des Zauberspruchs auch seinen «Jüngeren Bruder», den Leoparden: «… dann zieh vorbei!» Würde es sich in diesem Lied und im Glauben der Waldindianer um eine Identifikation von Mensch und Tier handeln, dann würde sich der Mensch vor dem Raubtier nicht fürchten, sondern sich womöglich von ihm fressen lassen[4], um mit ihm zu verschmelzen und wiedergeboren zu werden.

Im magisch-rituellen Vollzug allerdings erschließt sich dem Lakandonen der gemeinsame Ursprung aller Wesen, wird er sich seiner Urverwandtschaft mit Tieren und Pflanzen bewußt. Im Ritus, wie er sich uns hier im Rezitieren eines Zauberspruchs darstellt, wird ihm jene andere Ebene der Wirklichkeit sichtbar, auf der er sich mit den Tieren ein und desselben «Totem-Gottes» bewußt wird. *Und das Totem ist in der Tat der Schlüssel zum Verständnis aller Theorien, die einen gemeinsamen Ursprung von Mensch und Tier postulieren.* Davon sollen auch die folgenden Beispiele aus dem Bereich der Stammesreligionen handeln.

Menschen und Tiere – feindliche Geschwister

Die Ojibwa gehören zu jenen nordamerikanischen Altvölkern, die in ihren Mythen besonderen Wert auf die *Interdependenz* von Mensch und Tier legen. Dabei werden die Tiere immer wieder als die Überlegenen bezeichnet, nicht nur deshalb, weil ihre Gattung älter ist als die der Menschen, sondern auch, weil sie das «Vorherwissen» besitzen.

«Ohne die Tiere wäre die Welt nie entstanden, ohne die Tiere wäre die Welt nicht zu verstehen», heißt es in der Sintflutsage der Ojibwa[5]. «Von Anfang an besaßen alle Tiere eine besonders enge Beziehung zur Mutter Erde und zu den Pflanzen. Sie lebten nach den Großen Gesetzen und hatten die Gabe der Vorahnung oder des Vorwissens von Ereignissen ...»[6] Die Providenz der Tiere bezieht sich dabei auf die Abläufe in der Natur: Die Tiere haben – im Gegensatz zu den Menschen – die Fähigkeit, «Veränderungen in der Welt» wahrzunehmen, «den Wechsel der Jahreszeiten und den kommenden Zustand der Dinge zu spüren»: Die Zugvögel «wissen» um das Herannahen des Winters und brechen in den Süden auf, die Eichhörnchen legen Vorräte an, die Bienen «ahnen voraus», ob es einen harten oder einen milden Winter geben wird und richten danach ihre Honigernten ein. Die Menschen hingegen besitzen solches Wissen und Vorausahnen nicht. Sie sind dabei auf die Tiere angewiesen, und sie tun gut daran, auf die Reaktionen der «Älteren Brüder» zu achten; denn nur so können sie auf die Veränderungen in der Welt vorbereitet werden. Die Tiere dienen den Menschen nicht nur als Nahrung, Kleidung und Werkzeug, sondern sind auch ihre Warner, Mahner, Beschützer[7]. Sie besitzen also die Gabe der Prophetie, die der Mensch nicht besitzt, die er aber braucht, um in dieser Welt bestehen zu können. Darum braucht der Mensch den Kontakt mit den Tieren, muß sich an ihnen orientieren und auf ihr Verhalten achten.

Zunächst verhielt sich der Mensch auch «tiergemäß». Der Schöpfungsmythos der Ojibwa postuliert einen harmonischen Urstand[8]: Menschen und Tiere lebten da in friedlichem Einvernehmen miteinander. Die Tiere schützten die Menschen und dienten ihnen; sie boten sich ihnen sogar als Opfer an, wenn diese ihr Fleisch brauchten. Die Menschen, die Anishnabeg, verließen sich geradezu auf die Tiere, bis diese die Belastungen nicht mehr tragen konnten. Hinzu kam, daß in jenem Urstand Menschen und Tiere einander verstanden. Die Menschen kannten die Sprache der Tiere, und die Tiere kannten die Sprache der Menschen. Dennoch entwickelte sich auch daraus ein Ungleichgewicht: Die Menschen spielten die Tiere gegeneinander aus; sie richteten sie dazu ab, für sie zu arbeiten, ja, für sie zu töten, indem sie sich zum Beispiel ihre Jagdbeute durch Adler oder Falken schlagen und durch Biber Bäume fällen ließen. Das verstärkte den Zorn der Tiere auf die Anishnabeg, und sie beriefen eine Ratsversammlung ein, wie eine Fabel erzählt: Der Bär wurde zum Vorsitzenden gewählt und erklärte Anlaß und Ziel der Zusammenkunft: «Wir sind zu lange vom Menschen unterdrückt worden. Er hat unsere Großherzigkeit angenommen und mit Undank vergolten; er hat unsere Arbeit angenommen und uns versklavt; er hat unsere Freundschaft angenommen und unter uns Zwietracht gesät. Entweder dienen wir ihm weiter oder wir verweigern uns ...» Daraufhin entsteht eine lange Diskussion über die Art der Bestrafung der Anishnabeg; einige Tiere fordern den Tod, andere wünschen ihnen einen langen Leidensweg. Doch alles Diskutieren ist umsonst: Der Hund hat die Verschwörung der Tiere an die Menschen verraten. Dafür soll er nun zusammen mit den Menschen bestraft werden: Er soll unterwürfig sein und den Menschen dienen; er soll hungern und für sie jagen; er soll sie bewachen; und er soll den Wankelmut der Menschen kennenlernen. Der Bär schließlich verkündet den Urteilsspruch: «Für deinen Verrat sollst du von uns nicht länger als ein Bruder betrachtet werden. Anstelle des Menschen werden wir dich angreifen. Und was schlimmer ist, von jetzt ab wirst du nur noch essen, was der Mensch dir übrigläßt ...»[9] Die Domestizierung hat den Ausschluß aus der Tiergemeinschaft zur Folge. Der Haushund gehört nun auf Gedeih und Verderb an die Seite des Menschen. Seine demütige, unterwürfige Haltung macht ihn zum Sklaven seines Herrn.

Wir haben hier eine interessante Ätiologie vor uns, die Genesis 3 vergleichbar ist: So wie dort retrospektiv erklärt wird, warum die Schlange auf dem Bauche kriechen und Erde fressen muß, so wird hier die Ergebenheit und («hündische») Treue des Hundes gegenüber seinem Herrn mit seinem Verrat an der Tierwelt erklärt: Er hat die Treue zum Menschen gleichsam mit der Untreue gegenüber seinen tierischen Geschwistern bezahlt. Sein Ausschluß aus der Tierwelt ist darum Folge seiner Freundschaft mit dem Menschen.

Ätiologisch wird aber auch der Gegensatz zwischen den Tieren erklärt: Die Anishnabeg nutzten die Fähigkeiten der Tiere aus, sie suchten sie zu überlisten, sie mißbrauchten und töteten sie, wo auch immer sie ihrer habhaft werden konnten, wann auch immer sie ihr Fleisch haben wollten. Je stärker sich die Menschen vermehrten, um so mehr dezimierten sie die Tiere[10]. Das Problem der Feindschaft zwischen Menschen und Tieren erklärt sich also daraus, daß der Mensch das Tier nicht mehr als ein geschwisterliches Lebewesen betrachtet, als das es einst von dem Schöpfergott Kitche Manitu geschaffen wurde, sondern ausschließlich als Objekt, als Nahrungsmittel. Das aber bedeutet eine Negierung des gemeinsamen Ursprungs und eine Pervertierung des gemeinsamen Zieles. Der Bruch in den Beziehungen zwischen Menschen und Tieren bedeutet also das Zerbrechen der Ordnung im Biokosmos. Die Ojibwa bekennen sich selber schuldig und bezichtigen sich des Verstoßes gegen dieses Gesetz der Ordnung, das ihr Weltschöpfer einst dem Kosmos als prima causa, als Entelechie eingepflanzt hat.

Mit dem Zerbrechen der Ordnung zerbricht auch die Einheit der Lebewesen untereinander. Ein Turmbau-zu-Babel-Effekt ist die Folge: «Dann sprach der Bär noch einmal zur Menge: «Um es dem Menschen schwer zu machen, uns wieder zu versklaven, werden wir nicht länger die gleiche Sprache sprechen. Wir werden in verschiedenen Sprachen sprechen. Von jetzt an werden wir für uns selbst leben. Der Mensch soll lernen, ohne unsere Hilfe für sich selbst zu kämpfen»: «Damit wurde die Versammlung aufgelöst, und alle Tiere gingen ihrer Wege.»[11]

Tiersymbole – religiöse Schlüsselsymbole

«Wo immer sie auftreten», sagt Stanley Walens, «Tiersymbole werden dazu benutzt, um die tiefsten und zugleich dunkelsten Bereiche menschlicher Existenz darzulegen. Es sind Symbole, die innerste Werte und Kategorien beinhalten, Darstellungen der fundamentalsten Ideen und Bilder einer Kultur. Als Schlüsselsymbole (core symbols) sind sie multivalent, komplex, antinomisch, und werden gleichzeitig dazu verwandt, um viele unterschiedliche Bilder und Bedeutungsinhalte auf vielen verschiedenen Ebenen zu entfalten. Als Schlüsselsymbole dienen sie auch dazu, um andere Bereiche symbolischer Diskurse miteinander zu verbinden...»[12] Tiersymbole werden benutzt, um die fundamentalen Ideen von Identität und Verschiedenheit auszudrücken, die sich auf dem Grunde moralischen und religiösen Denkens befinden. «Indem die Tiere beides sind, in einer Weise dem Menschen ähnlich, in anderer Weise ihnen unähnlich, bilden sie die Grundlage für viele andere dialektische Aspekte menschlichen Denkens und können auf diese Weise die Kategorien von heilig und profan, wild und zivilisiert, natürlich und kulturell, unmoralisch und moralisch, materiell und essentiell, weltlich und göttlich bilden.»[13] Stanley Walens faßt das Problem der Symbolizität in dem Satz zusammen: «Solche Analogien könnten – sehr vereinfacht – bestätigen, daß sich die Tiere zu den Menschen wie die Menschen zu den Göttern verhalten...» Auf diese Weise werden die Tiere in ihrem Symbolcharakter zum «Bindeglied zwischen der Weltlichkeit des täglichen Lebens und der Göttlichkeit, die den Gesetzen des Kosmos innewohnt»[14]: «Sie existieren zwar wie Menschen, aber sie stehen außerhalb der Menschengesellschaft, sie verkörpern letzte Werte und Gegensätze menschlicher Identität und zeigen, was Menschen – würden sie von den Begrenzungen ihres Daseins befreit sein – für ein Potential an Möglichkeiten in sich tragen.»[15] Die ganze Weite und Wirksamkeit von Tiersymbolik, Tierkult, Tierritualen wird aber erst deutlich, wenn das Wesen der Tiere «zur Sprache» kommmt.[16]

Die Unterschiedlichkeit in der kulturellen Bewertung

– Zwei Beispiele –

Die symbolische Bedeutung von Tieren kann ambivalent und ihre rituelle Verwendung vielschichtig sein. Das läßt sich am Beispiel der Schlange und der Spinne deutlich machen.

Die Schlange gilt bei einigen, zumal indogermanischen Völkern, als Inkarnation des Bösen und ihr Auftreten als böses todbringendes Omen. Im deutschen «Aberglauben» ist sie das Tier des Teufels[17]; sie zu töten ist ein gutes Werk[18]. Sie ist ein Dämon der Finsternis, wie man in Albanien sagt; sie verursacht Krankheiten, sagen die Huronen[19]; sie ist die schlimmste Kreatur, die Gott Ahriman geschaffen hat, hören wir Vendīdād XIV, 5 und Būndahishn I, 140. Darum bekämpft man sie im Parsismus.

Die Schlange genießt aber andererseits in vielen Völkern, und zumal in tropischen Gegenden, hohe Verehrung. Bei den Merina und Betsileo auf Madagaskar und bei den Zulu gilt sie als Aufenthaltsort der toten Seelen, als «Seelentier»[20]; bei den Samoanern ist sie gar eine Gottheit. Wer sie tötet, wird hart bestraft[21]; sie bewacht Schätze und trägt eine Königskrone, hören wir in der europäischen Märchenliteratur[22], und wer das Fleisch einer Schlange ißt, der kann die Sprache der Vögel verstehen[23].

Bedeutungsvarianten des Schlangensymbols kommen sogar in ein und derselben Kultur vor: Neben der todbringenden Schlange steht die lebenbringende Schlange; neben dem Zerstörer der Schöpfer, neben dem Verursacher von Sintfluten steht die Schlange als das Symbol des immer wiederkehrenden Lebens. Das Handwörterbuch des Deutschen Aberglaubens macht diese Ambivalenz auf 83 Spalten mit zahlreichen Literaturangaben deutlich[24] und zeigt, wie allein im europäischen Kulturkreis, ja, im germanischskandinavischen Raum, in dem diese Tiere nur sporadisch vorkommen, Schlangen sowohl als todbringend wie als lebenspendend angesehen wurden und daß sie, um den Tod abzuwehren und Menschen und Vieh zu einem glückbringenden Leben zu verhelfen, magisch besetzt sind[25]: Die Schlange, deren «dämonischer Aspekt» nicht erst mit der Einführung des Christentums und unter Einfluß von Genesis 3 von den germanischen Völkern gefürchtet wurde, ist zugleich ein untrügliches Symbol der Fruchtbarkeit und der Zeugung von Leben. Darum ist es nötig, ihr religiöse Verehrung entgegenzubringen und auf ihr Orakel[26] zu hören. Der «dämonische Aspekt» ist also das tertium comparationis, der Vergleichspunkt, an welchem deutlich wird, wie unterschiedlich die Bedeutungsvarianten eines Tiersymbols in ein und derselben Kultur sein können.

Noch einleuchtender wird die kulturspezifische Variabilität von Tiersymbolen an der religionsgeschichtlichen Bedeutung der *Spinne*. Ihre Symbolik ist zumindest im europäisch-germanischen Raum häufig negativ besetzt, weil die Spinne giftig ist, Krankheiten verursacht und in enger Verbindung zum Teufel steht[27]. Nur selten wird sie in Zusammenhang mit guten Vorzeichen gebracht, etwa als Glücksbringer und Schutzmittel[28]. Demgegenüber verehren indianische Völker die Spinne als Schöpfer der Welt und der Menschen, als eine Art medizinischer Urkraft, wie die Hopi glauben[29]. Die Spinne war es, die als erstes Wesen die menschliche Sprache beherrschte, weil sie klüger war und ist als der Mensch. Alle Tiere sind ihre Nachkommen, und sie gibt ihnen Anweisungen[30]. Auch auf Jamaica ist der Mythos verbreitet, daß die Spinne einst die westindische Inselwelt schuf. Ähnliche Mythen finden sich in Polynesien und bei den australischen Aborigines. In der Sintflutsage der Kayowe ist die Spinne das einzige Wesen, das die Flut überlebt hat und am Anfang aller Kreaturen steht. Sowohl die Altvölker Australiens wie Nordamerikas sehen in den Spinnweben Abbilder der Wolken, durch die man Verbindung mit dem Himmel erhalten kann[31]. Die Spinne wird also mit der Welt der Götter in Verbindung gebracht, ja, auf Grund ihrer schöpferischen Fähigkeiten zum Sinnbild des Demiurgen, des Weltschöpfers, gemacht. Sie ist von ihrem Symbolgehalt her durchaus positiv besetzt.

Wir erleben also eine sehr unterschiedliche Bewertung des Symbols, wenn wir es im Raster derjenigen Kulturen betrachten, in welchen die Symbolik dieses Tieres eine Rolle spielt.

Diese beiden Beispiele genügen, um uns klarzumachen, wie die Tiersymbolik in kulturanthropologischer Bedeutung ihre je eigenen kulturspezifischen Gesetze hat und nicht ohne weiteres universalisiert werden darf, geschweige denn eine Archetypologie dieser Symbolik möglich ist, nach der sich die Symbolik einer Kultur auf alle Kulturen anwenden ließe. Viele Religionsphänomenologen sind dieser Versuchung erlegen[32].

Die Frage, wie es zu unterschiedlichen religionssymbolischen Bewertungen bestimmter Tiere innerhalb des kulturellen Kosmos kommt oder gekommen ist, läßt sich wahrscheinlich gar nicht oder nur sehr unvollkommen beantworten: Es mag zum Beispiel mit der Stammeskultur zusammenhängen, damit, ob es sich um Jäger- oder Ackerbaukulturen handelt, damit, welche Rolle bestimmte Totemtiere spielen. Es mag mit den unterschiedlichen Klimazonen zusammenhängen, in denen das gleiche Tier (zum Beispiel Schlange, Fisch und Adler) von unterschiedlicher Relevanz ist; und es mag schließlich an Jahrtausende alten ethnopsychischen «Erfahrungen» liegen, mit denen die einen ein Tier als «gut und heilbringend», die anderen das gleiche Tier als «böse und gefährlich» und die dritten das gleiche Tier womöglich als «ethisch ambivalent» einstufen. Den Gründen für eine religionssymbolische Bewertung sind praktisch keine Grenzen gesetzt.

Tiersprachen und Tierseelen

Universalisieren lassen sich zum Beispiel bestimmte symbolische Züge, die einem Tier numinosen Charakter verleihen: So wird etwa die Stärke und die Kraft in bestimmten Tieren symbolisiert; bestimmte Tiere wie Bär und Adler herrschen als «Könige der Tiere» über die ihnen anvertraute «Tierwelt», die ein Spiegelbild der Menschenwelt ist. Wenn sie ihren Rat halten, bedienen sie sich einer einheitlichen *Sprache*, einer Art Lingua Franca, die alle verstehen können (vgl. J. W. v. Goethe, «Reineke Fuchs»).

Sonst hat jede Tiergattung ihre eigene Sprache: Das Grimm'sche Märchen kennt eine Sprache der Hunde, der Vögel und der Frösche[33]. Auf der Halbinsel Kamtschatka kannte man eine Sprache der Hunde, bei den Lappen eine Seehundsprache, bei den Esten eine Vogelsprache[34]. Anton Birlinger berichtet, daß in einigen Gegenden Schwabens die Gänse ihre eigene Sprache haben[35], und in Schlesien hörte man die Schlangen singen[36].

In mythischer Zeit («in illo tempore»)[37], als Tiere und Menschen noch in paradiesischem Frieden miteinander lebten und gleichgestellt waren, konnten selbst die Menschen die *Tiersprache* verstehen[38]. Sie galt als das Zeichen der Einheit aller Kreaturen, die von einem Schöpfer ins Leben gerufen und erhalten werden. Jetzt ist diese Einheit nur noch im Märchen sichtbar, in dem die Menschen mit den Tieren umgehen, als wären sie ihresgleichen. Jakob Grimm weist in seiner Deutschen Mythologie[39] darauf hin, daß es zu den großen Utopien der Menschheit gehöre, die Tiersprache wieder zu erlernen und damit wieder zum Urstand zurückzukehren. «Seit Salomos Zeiten bis tief ins Mittelalter» galt die Erlernung der Tiersprache als höchstes Ziel[40], und in der islamischen Mystik der Gegenwart spielt die Vogelsprache bei der «Pilgerfahrt» die der Sūfī in sein Inneres antritt, eine wichtige Rolle, wie das soeben wieder neu aufgelegte und ins Deutsche übersetzte beliebte Buch von Farid ud-din Attar «Vogelgespräche»[41], zeigt. Aber es bedarf nun komplizierter Zauberhandlungen, um die Sprache der Tiere wieder zu erlernen: Man muß Farnkrautsamen besitzen oder eine weiße Schlange verzehren oder andere Zaubermittel einnehmen, wenn man die Vögel verstehen will[42]. Und es ist bezeichnend, daß das, was die Tiere reden, Klagen über ihre Leiden sind, die ihnen vonseiten der Jäger oder – wenn es sich um Haustiere handelt – vonseiten ihrer Besitzer zugefügt worden sind[43]. Das Seufzen der Kreatur kann man hören, wenn man die Tiersprache erlernt, daß heißt, wenn man sich mit dem Wesen der Tiere so identifiziert, daß man ihre Leiden versteht.

Umgekehrt verstehen nach altem Volksglauben auch die Tiere die Sprache der Menschen: So, wenn den Haustieren, den Pferden, Kühen und Bienen der Tod des Hausherrn verkündigt wird, ein Brauch, der sich bis in die Neuzeit im Erzgebirge, im Oldenburgischen und in Schlesien fand[44]. Das Handwörterbuch des Deutschen Aberglaubens[45] erklärt diesen Brauch mit der «altererbten Vorstellung von der Gleichheit von Mensch und Tier»; aber das ist keine erschöpfende Erklärung; sie bietet vielmehr nur die Grundlage für eine Reihe von differenzierteren Erklärungen, etwa der Tatsache, daß Mensch und Tier im Leiden gleich sind, es als solches empfinden und darüber wieder zueinander finden. Es gibt also offenbar eine Gemeinschaft, eine Solidarität des Leidens, in welcher Menschen und Tiere ohne Unterschied stehen.

In diesem Zusammenhang ist natürlich das Verhältnis zwischen *Mensch und Tiergeist* beziehungsweise *Ahnengeist* von Bedeutung: Hinter der Vorstellung von den sprechenden und verstehenden Tieren können wir auch die Reste einer Ahnenverehrung vermuten. Bestimmte Tiere sind Verkörperungen der verstorbenen Ahnen der Menschen. Mit anderen Worten, die Menschen, welche mit ihren Haustieren sprechen, und die Tiere, die an bestimmten heiligen Festen (wie in der Christ- oder Neujahrsnacht) ihren Besitzern ihr Leid klagen, sind nicht nur miteinander geschwisterlich verwandt, sie haben auch gemeinsame Vorfahren, gehen – wie man glaubt – auf einen gemeinsamen Urahnen / Urahnin zurück, und diese Vorfahren haben eine Metempsychose durchgemacht und sich in Tierleibern inkarniert. Da ist es nur selbstverständlich, daß die Tiere eine Sprache aus der Zeit ihrer menschlichen Inkarnation beibehalten haben.

Zahlreiche Sagen und Mythen setzen den Glauben an die *Tierseele* voraus, die die Folge einer Metamorphose ist: Tereus, Philomele und Prokne verwandelt Zeus aus Strafe in Vögel[46], Götter und Dämonen nehmen vorübergehend Tiergestalt an, wie wir aus der griechischen Mythologie wissen, und die Seelen Verstorbener erscheinen den Lebenden als *Seelentiere*, Vögel oder Insekten, die dem Mund der Sterbenden entschlüpfen[47], aber auch als Schlangen, welche als Glücksbringer unter der Türschwelle liegen[48] oder als Fische[49]. Die sich häutenden Eidechsen gelten in fast allen Reiskulturen als Symbole des ewigen Lebens[50]. Bei Haustieren kommt zudem das enge Verhältnis zum Besitzer hinzu, mit dem das Tier ein glückliches oder ein leidvolles Verhältnis verband. Als opinio communis kann also in der Religionsgeschichte der Glaube an Seelentiere gelten, die entweder eine heilsame oder eine dämonische (Todesboten, Hexen) Wirkung auf den Menschen ausüben[51].

Tiere besitzen magische Kräfte, und der Mensch macht sie sich zunutze, indem er sich Tieramulette anfertigt, Tierblut und Tierherzen als Sitz der lebendigen Seele genießt[52] und bestimmte Tiere oder deren Organe als Heilmittel gegen Krankheiten verwendet. Der Volksmedizin und Heilkunde sind hier fast keine Grenzen gesetzt, wie ein Blick in die Liste derjenigen Tiere zeigt, denen heilende Kräfte zugeschrieben werden[53]. Dabei übte der Physiologus, eine

Sammlung von Nachrichten über die Zauberkräfte bestimmter Tiere, große Wirkung auf die Volksmedizin aus. Der sogenannte alexandrinische Physiologus zum Beispiel (entstanden im 2. Jahrhundert in Ägypten) wurde um 400 n. Chr. ins Lateinische übersetzt, im späteren Mittelalter von den romanischen und germanischen Völkern begierig aufgegriffen und in den entsprechenden Volkssprachen weiten Kreisen der Bevölkerung zugänglich gemacht[54].

Aber nicht nur die Eigenschaften bestimmter Tiere wurden mit Tugenden und Lastern der Menschen in Beziehung gesetzt, sondern auch die einzelnen Altersstufen und Lebenserfahrungen. Vor allem aber wurden Tiere zu Symbolen derjenigen Kräfte, die auch der Mensch erwerben konnte: Die Vögel verkörperten die Ideen und Gedanken, weil sie Gott am nächsten sind, die Landtiere die Taten, weil sie der Realität des Lebens am nächsten sind[55].

Die Macht und die Kraft, die ein starkes Tier verkörpern kann, bildet zugleich aber auch das Geheimnisvolle und Unheimliche, das von ihm ausgehen und den Menschen anziehen oder erschrecken kann: Das Tier ist auch das Numinose, das sowohl Fascinosum wie Tremendum sein, anziehend und erschreckend wirken kann. Die Gottheit wird deshalb im Tier verehrt, weil dieses einerseits dem Menschen verwandt und andererseits dem Menschen fremd ist[56].

Der Adler – ein Göttertier des Nordens

Ein solches Tier ist zum Beispiel der Adler, der König aller Vögel, der für viele Altvölker der nördlichen Hemisphäre zum Symbol für Freiheit, Grenzenlosigkeit und Allwissenheit geworden ist. Die Seher und Visionäre stehen mit dem Adler in Verbindung. Rig Veda 9, 85, 11 heißt es: «Nach dem zum Firmament aufgeflogenen Adler trugen die vielen

Reden der Seher Verlangen...» Seine außergewöhnlichen Kräfte haben die Menschen von jeher fasziniert und erschreckt zugleich. Die Edda preist den Adler als den Herrn der Winde[57], als ein Tier, das den Göttern am nächsten ist, das darum die Weltordnung überschauen kann und allwissend ist[58]. In einen Adler verwandelt sich der Oberste der Götter, wann immer er es will[59]. Aber er ist auch das einzige Tier in der germanischen Mythologie, das den Weltuntergang vorausahnt[60]. Die nordischen Altvölker verehrten in ihm ein Wesen, das sich gleichsam schwerelos über die materielle Welt erheben kann und die Fesseln der Erdgebundenheit, denen sonst Menschen und Tiere unterliegen, hinter sich lassen kann, ein Wesen, das daher wie kein anderes Überblick und Einsicht in die Zyklen des Lebens besitzen muß[61]. *Der Adler* wird gleichsam zum Bindeglied zwischen Himmel und Erde. Er ist *ein kosmisches Wesen*; er ist heilig und daher mit menschlichen Maßen nicht mehr zu messen[62]. Er ist ein Göttertier, das Attribut und zuweilen auch das Inkarnationstier der Götter Zeus und Jupiter[63] und der indo-arischen Götter Indra, Vishnu und Agni[64]. Der Somatrank wird als Adler angeredet: «Als himmlischer Adler blicke herab, o Soma», lesen wir im Rig Veda (9, 97, 33; vgl. 86,1). Auch der persisch-iranische Hochgott Ormuzd[65] und vor allem der germanische Gott Odin/Wotan sind mit ihm verbunden[66]: Der Adler weilt bei den Göttern; er trägt die Waffen des Blitz- und Donnergottes in seinem Schnabel[67], aber ist selbst immun gegen Feuer und Blitz[68].

Das Göttertier ist zugleich Tier der Könige. Ihre Apotheose wird durch einen Adler dargestellt, der die Herrscher zum Himmel trägt, so zum Beispiel Alexander den Großen[69]. Aus dieser numinosen Stellung ergibt sich die *Divination*: Der Adler besitzt divinatorische und augurale Eigenschaften[70]; er ist das Orakeltier, das sowohl bei den antiken Völkern wie bei den Germanen und im Mittelalter die Weissagung übernahm[71]. Er wird alt, aber er altert nicht[72], er verjüngt sich immer wieder (Psalm 103,5). Das verleiht ihm den Reichtum an Erfahrung und Weisheit und an magischen Kräften: Er sitzt auf der Weltesche Yggdrasil und weiß Rat[73], und sein heraldisches Bild genügt, um Könige zu schützen und Feinde abzuwehren.

Die Ainu auf Hokkaido und Sachalin halten Adler in Käfigen und verehren sie als Gottheiten und bitten sie, den Stamm vor Unheil zu bewahren. Dennoch gibt es bei ihnen ein Adleropfer, offenbar, um sich die Kräfte des Vogels einzuverleiben. Vor der Opferung beten sie zu ihm: «O teure Gottheit, o du göttlicher Vogel, lausche meinen Worten. Du gehörst dieser Welt nicht an, denn deine Heimat ist bei dem Schöpfer und seinen goldenen Adlern. Da dies so ist, schenke ich dir diese inao (Fetischstäbe) und Kuchen und andere kostbare Dinge. Reite du auf den inao und steige empor zu deiner Heimat in den herrlichen Himmel. Wenn du ankommst, versammle die Gottheiten deiner Gattung und danke ihnen in unserem Namen, daß sie die Welt regiert haben. Komm' wieder, ich bitte dich, und herrsche über uns! O mein Teurer, gehe nur ruhig dahin!»[74]

Für die Ainu gehört der Adler der Himmelswelt an, selbst als Gefangener bleibt er ein Bote des Schöpfergottes. Ja, die Gefangenschaft ist vielleicht sogar ein Mittel, um diesen Götterboten ständig bei sich zu haben und mit ihm die Gegenwart Gottes. Die Gefangenschaft des Adlers dient den Ainu dazu, über die Gottheit selbst zu verfügen, ihrer habhaft zu werden. Im Käfig ist mit dem Adler gleichsam die Gottheit eingesperrt. Die Tötung des Adlers geschieht offenbar in der Absicht, die Seele des Vogels ihrem Ursprung, dem Schöpfergott, zurückzugeben. Dort, beim Schöpfergott, befinden sich die «Goldenen Adler», nämlich die himmlischen Urbilder. Zu ihnen soll der geopferte Adler zurückkehren, um sich mit ihnen zu vereinen, um sich schließlich eines Tages wieder in einem «irdischen Adler» zu inkarnieren, der als sichtbarer mächtiger Vogel über die

Menschen herrschen soll. Darum wird ihm der «Abschied» in der Opferung leicht gemacht: «Komm' wieder, ich bitte dich... O, mein Teurer, gehe nur ruhig dahin!»

Das Opfer dient also dazu, Macht und Wissen zu erlangen, um damit Einblick in die Zusammenhänge der Welt und die natürlichen Abläufe des Lebens zu erhalten. Der Ainu sieht in dem gefangenen Adler das Abbild der Goldenen Adler, die im Himmel bzw. Jenseits sind. Wenn seine Seele im Opfer freigelassen wird, vereinigt sie sich mit seinem himmlischen Urbild, und für den Ainu besteht die Hoffnung, daß damit der Bestand der irdischen Adler gesichert ist und die Kommunikation nicht abreißt beziehungsweise der Macht- und Wissensstrom fortbesteht.

Es besteht eine enge Beziehung zwischen Tier und Mensch, von der die Existenz und der Bestand beider abhängt; denn ohne das Tier, den Adler, fühlt sich der Mensch in seiner Umgebung vereinsamt und ohne Verbindung zu den Göttern: Das Tier garantiert ihm den Zusammenhang mit den numinosen Mächten. Andererseits meint auch der Mensch, im Opfer des Adlers dem Tier seine eigentliche Bestimmung zurückzugeben, nämlich Seelenvogel zu sein, der die Botschaft der Götter zur Erde bringt und die Botschaft der Menschen zum Himmel.

Die nordamerikanischen Ojibwa kennen ein Gebet, das sich an den Adler richtet:

> «Mächtiger Adler,
> Gern sähe ich meine Zukunft
> und wüßte, was mir bevorsteht,
> damit ich in Harmonie mit dem Schicksal (?),
> den Wechselfällen und Umständen leben kann.
>
> Mächtiger Adler,
> Vergebens suche ich die Vergangenheit ab
> Nach Zeichen und Wegemarken scharf und klar,
> die meinen Pfad bis an sein Ende leiten...

Mächtiger Adler,
Gern hätte ich deine Kräfte der Vision,
der Stärke des Muts
als Waffen gegen die ungeborenen Stunden
der Bedrängnis.
Auf meiner Pilgerschaft,
Sucht meine Seele Erfüllung,
Strebt mein Herz nach Frieden,
Kommt, was ich tue, aus Güte,
So werde ich würdig sein.»[75]

So wie der Adler die Kraft hat, Himmel und Erde zu verbinden, so eignet ihm auch die Fähigkeit, die Vergangenheit zu beurteilen und mit den Erfahrungen der Vergangenheit die Zeichen der Zeit zu deuten und in die Zukunft zu schauen. «Gern hätte ich die Kräfte der Vision...» Der Beter macht den Instinkt des Adlers, die Jahreszeiten vorauszuahnen und die Futterplätze aufzuspüren, sein Nest zu bauen und Junge aufzuziehen, zu einem Vorbild für menschliches Verhalten. Gleichzeitig projiziert er dieses Paradigma in eine spirituelle Sphäre und versieht es mit einer supranaturalen Aura: «Vergebens suche ich die Vergangenheit ab nach Zeichen und Wegemarken...», aber – so könnte der Beter fortfahren – weil ein Mensch es nicht vermag, darum richte ich meinen Blick nach oben, in den Himmel, in die jenseitige Welt, aus der mir der Adler die Weisungen der Götter vermittelt... Der König der Lüfte spiegelt nicht nur die Wünsche und Phantasien der Menschen wider, er bietet auch die Erfüllung dieser Wünsche und Phantasien. Stanley Walens faßt diese Korrelation zwischen Mensch und Tier in dem Satz zusammen:

«Tiere, die wie Menschen, aber außerhalb der Gesellschaft leben, tragen in sich die höchsten Werte und Widersprüche menschlicher Identität und stellen auf diese Weise dar, was Menschen – wären sie von den Beschränkungen ihres Seins befreit – wirklich werden könnten.»[76]

Aber gerade diese Projektion, die die für die Menschen so unerreichbaren Wünsche aus der Realität in eine Transzendenz heben, macht die naturgegebene Identität von Mensch und Tier evident: Das Tier hat bereits verwirklicht, was dem Menschen noch unerreichbar ist, nämlich den Eintritt in eine überirdische Daseinsphäre. Es besitzt bereits die Erkenntnis von Dingen, die für den Menschen noch Traum oder Vision sind. Es wird auf diese Weise zum Mittler zwischen den Welten und zum Übermittler jenseitiger Kräfte an den Menschen.

Der Tierkult

Es ist hier noch nicht der Ort, um über Entwicklungsstadien nachzudenken, die von der Tiergottheit zum Begleiter oder bloßen Epitheton einer Gottheit führen und sozusagen die Linien nachzuziehen, die von der «Inkarnation» zur «Abstraktion» führen, – das ist die Sache anderer religionsgeschichtlicher Untersuchungen. Hier geht es zunächst darum zu zeigen, wie es zu dem ersten Stadium, nämlich der «Inkarnation», gekommen ist, was Menschen dazu veranlaßt hat, die Gottheit in einem Tier gegenwärtig zu sehen oder sie gar mit einem Tier zu identifizieren. Welche Vorstellungen haben dazu geführt? Welche Überlegungen liegen dem Tierkult zugrunde? Welche Assoziationen hat der frühgeschichtliche Mensch zum Beispiel, wenn er einem Tier begegnet, dessen Stärke und Gewandtheit er sich rational nicht erklären kann? Welche «Übertragungsmechanismen» löst der Anblick eines Tieres beim Menschen aus usw.?

Als klassisches Beispiel für die Inkarnation eines Gottes in einem Tier und damit für die Begründung eines Tierkults kann der *Apis-Stier* in Alten Ägypten gelten: Er ist groß und mächtig und voller Zeugungskraft: Nur ein Gott kann sich in diesem potenten Tier inkarniert haben: «Osiris ist Apis, Atum und Horus zugleich, der große Gott», heißt es in einem Text aus der Ramessidenzeit[76]. Der Apisstier trägt die Sonnenscheibe und die Uräusschlange zwischen den Hörnern und galt den Alten Ägyptern als Einheit dreier Götter[77]: In der Stiergottheit Apis mit seiner auf Zeugung und Fruchtbarkeit angelegten Potenz drückt sich das wahre und eigentliche Wesen der Gottheit aus[78]. In indogermanischen Kulturen galt das *Pferd* als Inkarnation einer Gottheit. Der germanische Gott Loki und die griechische Göttin Demeter wurden in Pferdegestalt verehrt, wobei ihre theriomorphen, ihre tiergestaltigen Wesenszüge vollständig oder nur teilweise ausgebildet sind und abgebildet werden. In heiligen Hainen wurden für die Götter besonders edle Pferde gehalten, so die weißen Rosse für die Göttin Freyr, von denen Tacitus berichtet[79], und das heilige Pferd des Stammes der Wilzen[80]. Die *Kuh* war der Göttin Artemis heilig und ist bis zum heutigen Tage für viele Inder das Objekt besonderer Verehrung[81]. Der Sänger des Rig Veda (I, 31, 12) preist den indoarischen Gott Agni als den Schutzherrn «des (menschlichen) Samens in der leiblichen Nachkommenschaft und der Rinder». Es ist mehr als nur eine «Bruderschaft von Mensch und Tier», die mit den «alten Riten der kultischen Verehrung der Kuh» symbolisiert werden soll[82]: Die Gottheit selber ist in den Leib der Ḳuh eingegangen, und der Mensch verehrt das Tier als Wohnung der Gottheit. Sollte ihm einmal seine Reinkarnation eine Tiergestalt geben, so wünscht er sich die Verkörperung in einer Kuh. Die Kuh wird somit im Hinduismus zum Medium zwischen Gott und Mensch. Hier hat das Gebot vom Schutz des Lebens und seiner Unverletzlichkeit, ahimsā, seinen Ursprung[83].

Tieren, die die Gottheit verkörpern und darum heilig sind, bringt man Opfer dar: Der heilige Apis-Stier erhielt besonders ausgesuchtes Futter, die heilige Schlange im Pantheon von Athen wurde täglich mit einem Honigkuchen gefüttert[84], die heilige Kuh wird täglich von den frommen Hindus besucht, mit frischem Gras versorgt und Blumen bekränzt. Die Olmeken in Mexiko opferten ihren heiligen Leoparden sogar Menschen. Alte Opferbräuche haben sich auch in bäuerlichen Gegenden Europas erhalten, wo man noch heute den Pferden bei der Getreideernte Hafer «opfert» oder in der Christnacht beziehungsweise Neujahrsnacht den Wald-, Feld- und Haustieren Opfergaben in Gestalt von Speisen darbringt, damit diese – wenn es sich um Raubtiere oder Schädlinge handelt – sich nicht am Eigentum des Bauern vergreifen, oder damit sie – wenn es sich um Haustiere handelt – im folgenden Jahre fruchtbar sind[85].

Zum Tierkult gehört das *Tieropfer*. Wilhelm Wundt hatte noch – geradezu evolutionistisch – das Tieropfer als eine ethische Weiterentwicklung des Menschenopfers verstanden, «das seine ersten Wandlungen vom individuellen Blutzauber zum gemeinsamen Opfermahl erfährt»[86]. Wir wissen aber heute, daß beides, «Blutzauber» und «Opfermahl» nicht ohne weiteres voneinander zu trennen sind, schon gar nicht auf Grund irgendwelcher ethischer Qualifikationen. Vielmehr sind beide Phänomene gleichrangig, und es ist religionswissenschaftlich nicht erlaubt, hier Prioritäten zu setzen, zumal solche, die normativen Inhalts sind.

Gerade am Beispiel der *Opfermahlzeit* wird das deutlich. Hier erfährt der Kommunikant nicht nur die Gegenwart seines Gottes, sondern er verleibt sich auch diesen Gott ein, indem er dessen Fleisch und Blut in sich aufnimmt und über diese auch die magischen Kräfte, die «Mana» oder «Orenda» genannten Mächte, die im Opfertier anwesend sind. Das Opfermahl ist also nicht nur Kommunion, bei der die Gemeinschaft beschworen wird, indem man das heilige (Totem-)Tier verzehrt, sondern es ist zugleich eine magische Handlung, bei der Fleisch und Blut des Opfertieres den

Kommunikanten zu neuer Vitalität und zu einer Steigerung ihrer Potenz verhelfen, weil die Gottheit selbst im Opfertier anwesend ist.

Opfertiere in den bäuerlichen-und Nomadenkulturen waren die *Haustiere* – bei den Römern das Schwein, bei den Germanen, Slawen, Persern und Indern das Pferd. Aber mit der Christianisierung Nord- und Mitteleuropas galt das Pferdeopfer als besonders verabscheuungswürdig und als ein Zeichen dafür, daß das Heidentum noch immer lebendig war. Der Genuß von Pferdefleisch wurde unter Karl dem Großen (und sogar noch 1272) zu einem crimen capitalis, einem Kapitalverbrechen erklärt.[87]

Farbe und Geschlecht der Opfertiere spielten eine wichtige Rolle. Tiere mit dunklem oder schwarzem Fell beziehungsweise Federkleid wurden den chthonischen Göttern, den Erdgöttern, geopfert, Tiere mit hellem oder weißem Fell beziehungsweise Federkleid den Göttern des Lichts. Männliche Tiere wurden bevorzugt.[88]

Vor der Opferung wurden die Tiere bekränzt und geschmückt. Im 3. Gesang der Odyssee (Vers 382 f.) heißt es: «Dir (Athene) will ich opfern ein jähriges Rind breitstirnig und fehllos / unbezwungen vom Stier, und wie zum Joche gebändigt; / dieses will ich dir opfern, mit Gold die Hörner umzogen!» An der genannten Stelle werden auch noch weitere Voraussetzungen erwähnt: Das (weibliche) Opfertier muß jungfräulich sein und darf nicht als Zugtier verwendet worden sein.

Opfertiere in Jäger- und Sammlerkulturen sind die wilden Tiere, Hirsche, Rehe, Bären, die zum Zweck des Jagdzaubers, aber auch als Sühnopfer dargebracht werden. Der Jäger opfert ein Stück Wild, in der Regel das zuerst erlegte, um den Herrn der Tiere günstig zu stimmen und ihn für eine reiche Jagdbeute zu gewinnen, oder aber, um eine Schuld zu sühnen, die er auf sich geladen hat. In jedem Falle muß der Herr oder die Herrin der Tiere günstig

gestimmt werden, damit er oder sie dem Jäger sein Jagdglück nicht versagt.

Die Einheit von Mensch und Tier wird besonders deutlich, wenn anläßlich des Todes eines Menschen ein Tier,
meistens sein Lieblingstier, geopfert wird. So wurde bei-
spielsweise noch am Ende des 18. Jahrhunderts beim
Begräbnis eines Kavallerieoffiziers in Trier dessen Pferd
geopfert: Mensch und Tier sind auf Gedeih und Verderb
miteinander verbunden, das Leben des einen hängt vom
Leben des anderen ab.

Bis in die christliche Zeit wurden in Europa bei Grund-
steinlegungen von Sakral- und Profanbauten Tieropfer dargebracht: Lebende Pferde, Hunde, Katzen wurden in die
Grundmauern eingemauert und sollten «als etwas Lebendiges» dem Bauwerk Leben und Kraft verleihen[89]: Das
Gebäude sollte damit gleichsam auf dem Blut eines Lebewe-
sens ruhen und alle, die darin aus- und eingehen, an der
Vitalität, die in dem Blut steckt, teilhaben lassen.

Schließlich dient das Tieropfer der *Fruchtbarkeit* im Stall
und auf dem Felde: Das Tier ist Medium zwischen Mensch
und Natur. Es dient zum Beispiel dazu, böse Geister zu
besänftigen, die den Obstbäumen schaden und sie unfrucht-
bar machen könnten[90]. Es dient der Heilung von Viehseu-
chen; denn die Krankheitsdämonen brauchen ein Sühnopfer, damit sie die Haustiere nicht heimsuchen. Hier hat das
Tieropfer also eine apotropäische Funktion, die man noch
an bestimmten Prozessionen um die Frühjahrszeit erkennen kann, wenn Heiligenstatuen mitgeführt werden, welche Tiere oder Tierfiguren begleiten. Und schließlich kann
das Opfer des Tieres auch eine Medizin sein, die menschliche Krankheiten heilt. Das Handwörterbuch des deutschen
Aberglaubens nennt zum Beispiel Herz und Blut des Opfertieres als Heilmittel gegen diverse Krankheiten, besonders
gegen so geheimnisvolle Krankheiten wie Epilepsie und
Tuberkulose[91]: Das Blut als Sitz des Lebens ist zugleich

Heilmittel und dient der Lebenserneuerung, ja, der Bewahrung vor dem Tod. Möglicherweise haben wir hier einen Hinweis auf frühgeschichtliche Reinkarnationsvorstellungen vor uns: Das Blut des Opfertieres repräsentiert die Seele des Tieres: Wenn der Kranke das Blut trinkt, nimmt er zugleich die Seele des Tieres in sich auf und beginnt eine neue Existenz. In jedem Falle aber ist damit die psychosomatische Verbindung zwischen Mensch und Tier in eindrucksvoller Weise dargestellt.

Der Bär als Kulttier
in zirkumpolaren Regionen

Dem mächtigen Adler in den Lüften entspricht auf der Erde der mächtige *Bär*. Auch er wird von den Altvölkern als «König der Tiere» verehrt. Ehrennamen deuten noch heute darauf hin, daß der Bär (ursus arctos) bei den eurasischen Völkern eine besondere Stellung besaß: So wird er bei den Slaven «Hausherr» oder nur «Er» genannt[92], bei den Russen «Pestun» (=Kinderwärter), wenn es sich um einen zwei- bis dreijährigen Bären handelt[93], bei den Turkvölkern und Tataren «Vater», «Mutter», «Großvater», bei den Schweden «hin gamle», «store» oder «storfan», also «Großväterchen»[94]. Bei den Germanen und den Litauern bestand gar ein Tabu, den Namen des Tieres auszusprechen[95] offenbar, um die Heiligkeit des Bären nicht anzutasten.

Der Bär galt für die eurasischen Altvölker als ein Numen, in dem sich – für alle sichtbar – gewaltige physische Kräfte ballten, und in dessen Kopf auch das Wissen um die Geheimnisse des Waldes verkörpert war. *Der Herr der Tiere und Eigner der Bären war auch zugleich der Herr der Menschen, Gottestier:* So zum Beispiel das heilige Tier der Artemis, der Bären geopfert wurden[96] und deren Priesterinnen Bärenkleider trugen[97]. Auch in attischen Kulten wurde der

Bär verehrt, der Magna Mater der Syrer war er heilig[98], und noch in den deutschen Heiligenlegenden erscheint er als das Tier der Mutter Gottes oder als Reittier der Heiligen (Corbinian, Romedius usw.)[99]. Besondere Verehrung genießt der Bär noch heute in den nördlichen Zonen Eurasiens und Amerikas, also in den zirkumpolaren Gebieten: Bei den Algonkin und den Blackfoot haben die Dämonen Bärengestalt[100], bei den Ainu auf Sachalin und Hokkaido und den Giljaken am Amur, den Wogulen und Ostjaken werden Bärengötter verehrt[101]. In Lappland wurde der Bär noch bis in unsere Zeit hinein als «saivo», «heilig», bezeichnet[102], und in den alten deutschen und anderen europäischen Märchen erscheint er als verzauberter Mensch, der den Mut seiner Angehörigen erproben will, oder als verwünschter Prinz, der erlöst werden muß[103]. Ein anderes sicherlich damit verwandtes Motiv ist das der sogenannten «Bärenehe», bei der ein Mensch (meist eine Frau) die Ehe mit einem Bären eingeht und Kinder zeugt. Wir haben es hier mit einem popularisierten Totemismus zu tun: Die Kinder aus solchen Tier-Mensch-Verbindungen sind entweder Dämonen oder Sphingen wie Ivanko Medviedko, Ivan Bärensohn, dem der russische Volksglaube ungeheure Kräfte zuschreibt[104]. Schon J. W. Wolf vermutete in seinen Beiträgen zur deutschen Mythologie totemistische Zusammenhänge, wenn bestimmte germanische, aber auch nord- und ostasiatische Stämme ihre Herkunft aus einer solchen «Bärenehe» ableiten[105]. Auch Götter verwandeln sich zuweilen in Bären und zeugen Mischwesen, aus denen Menschengeschlechter hervorgehen: Zeus vereinigte sich als Bär mit Kallisto, die – alten Überlieferungen zufolge – selber die Gestalt einer Bärin gehabt haben soll[106], und zeugte mit ihr den Sohn Arkas, dessen Name zweifellos mit Arktos zusammenhängt, dem Stammvatrer der Arkadier. Auch hier haben wir es offenbar mit totemistischen Vorstellungen zu tun: Der Stamm der Arkadier leitete seine Herkunft von einer übernatürlichen

Zeugung ab, bei der der Göttervater selbst die Gestalt eines Tieres annahm und zusammen mit einer Göttin den Prototyp eines Menschen hervorbrachte. Auf diese Weise konnten die Arkadier ihre Abstammung sowohl von den Göttern wie von den Tieren herleiten.

Bärenmütter sind es, die in der griechischen und römischen Mythologie ausgesetzte Kinder säugen: Atalante und Alexandros, der Sohn des Priamos, wurden von Bärinnen gesäugt und erlangten durch die Bärenmilch ungeahnte Kräfte[107]. Der Bär gilt aber auch als ein *numinoses Tier*, das *dämonische Züge* trägt. Er wird nicht nur mit Waldgeistern in Verbindung gebracht, als Hüter des Gebirges gefürchtet und als Vegetationsdämon verehrt[108], – er kann auch der Satan sein, der sich in Bärengestalt den Menschen nähert[109]. Für die Mystiker des 17. Jahrhunderts war er das Symbol des Teufels, für die Magier dessen Verkörperung. Seine numinose Ambivalenz verleiht ihm irrationale Kräfte, etwa die Kraft der Weissagung oder die Kraft des Wettermachens oder die Kraft der Heilung[110]. So schwört die Volksmedizin auf die heilenden Fähigkeiten des Bären, auf die Heilkräfte seines Fells, seiner Klauen, seines Blutes, seines Herzens und Gehirns, seines Fettes und seiner Milch. Sein ganzer Körper enthält magische Kräfte, seine Seele (a' ibi bei den Jukagiren) aber, die ihren Sitz im Kopf des Bären hat[111], macht ihn zum Medium zwischen Göttern und Menschen. Bis zum heutigen Tage ist der Bär darum den nordeurasischen Altvölkern heilig.

Das Bärenritual bei den Ainu

Für die Ainu auf Sachalin, den südlichen Kurilen und im Norden der japanischen Insel Hokkaido sind alle Tiere Götter, der Bär aber die Gottheit schlechthin. Wie andere Götter aus dem Shintō-Pantheon heißt er «kamui» (kamti), -

Gott, und ist als solcher Oberster der Götter[112]. Die Jagd auf einen Bären ist darum eine Kulthandlung, bei der sich der Gott selbst hingibt. John Batchelor hat sie um die Jahrhundertwende beobachtet: «Wenn ein Bär getötet worden ist, setzen sich die Ainus nieder und bewundern ihn, machen ihm Ehrenbezeigungen, beten ihn an und bieten ihm die inao-Stäbe zum Geschenk an.»[113] Aus der Häufigkeit der Bärenjagden und der Zahl der erlegten Tiere folgerte Frazer zunächst, daß der Bär bei den Ainu nur eine untergeordnete Verehrung genießt, – zu Unrecht, wie man schnell feststellen muß; denn die Ainu haben eine Überlieferung, die von der Ehe einer Menschenfrau mit einem Bären erzählt, welche zusammen einen Sohn haben, von dem sich die Bergstämme herleiten. Sie bekennen sich stolz als «Abkömmlinge des Bären» (kimun kamui sanikiri) und sagen: «Ich bin ein Kind des Gottes der Berge. Ich stamme von dem Göttlichen ab, der in den Bergen herrscht.»[114] Mit Recht vermutet Batchelor hier eine Totembeziehung: Der Urahne des Ainu-Klans war ein tiermenschliches Wesen, dessen Eltern aus einem Bären und einem Menschen bestanden.[115]

Batchelor und andere Informanden Frazers beschreiben das Bärenfest (J-omante = Sendung) bei den Ainu in allen Einzelheiten[116]. Wir erfahren zum Beispiel, daß ein gefangenes Bärenjunges von den Ainufrauen gesäugt wird und zusammen mit ihren Kindern in der Hütte als Hausbär aufwächst. Heranwachsende Bären, die für die Umgebung gefährlich werden können, werden in Käfige gesperrt, wo sie in der Regel zwei bis drei Jahre bei guter Ernährung (bei Fischen und Hirsebrei) gefangengehalten werden. Trotz oder gerade wegen der Gefangenschaft begegnen die Familienangehörigen, ja, das ganze Dorf dem Tier mit großer Ehrfurcht. Dann aber bitten die Gasteltern des Bären die Götter um Vergebung, daß sie jetzt nicht mehr in der Lage seien, den Bären durchzufüttern, weil sie selber nicht genug zu essen hätten.

Das Bärenfest findet gewöhnlich im September oder Oktober statt. Freunde und Nachbarn kommen, das ganze Dorf wird eingeladen. B. Scheube[117] hat folgende Einladungsform an die Gäste überliefert: «Ich, der und der, will das liebe kleine, göttliche Ding (Ausdruck zur Umgehung des Namentabus) opfern, das in den Bergen haust. Meine Freunde und Herren, kommt zu dem Feste. Wir werden uns dann gemeinsam daran freuen, den Gott fortzuschicken. Kommt!» Der Bär wird also hier zum ersten Mal mit «Gott» angeredet. Offenbar ist damit die Bärengottheit selbst gemeint, die hier pars pro toto geopfert werden soll, oder die Verkörperung des Herrn beziehungsweise der Frau der Bären, also sein «Eigner», der sich selber im Jenseits befindet und einen der Seinen als Stellvertreter / Stellvertreterin auf die Erde geschickt hat. Es scheint, daß der gefangene Bär im Augenblick der zeitlichen Festsetzung seines Opfers über seinen animalischen Habitus hinauswächst und numinose Züge annimmt. Ja, diese scheinen sich sogar zu steigern, je mehr man sich dem Ritual selbst nähert: Bevor das eigentliche Ritual beginnt, werden dem Gott des Feuers sowie dem Hausgott Trankopfer (Sake?) dargebracht, damit diese die Opferung des Bären gnädig begleiten. Die Frau, die den Bären gepflegt, vielleicht sogar gesäugt hat, nimmt schweigend oder weinend an diesen Zeremonien teil, ab und zu streckt sie die Hände nach dem Tier aus, als wollte sie es liebkosen, während Frauen und Mädchen vor dem Bärenzwinger tanzen und dazu monotone Lieder singen. Wenn die Gäste vor dem Käfig versammelt sind, tritt ein eigens dafür ausersehener Sprecher vor und teilt dem Bären in liturgischer Sprache mit, daß man ihn nunmehr zu seinen Ahnen schicken würde. Ferner bittet der Redner das Tier um Verzeihung für das, was man ihm jetzt antun müsse, und tröstet es, indem er ihm versichert, daß man ihm eine Menge inao und viel Kuchen und Wein auf die weite Reise mitgeben werde[118]. Die Opferung des Bären selber ist alles andere als eine – nach unseren Vorstellungen – heilige Handlung: Der Bär wird mit Stricken gebunden, aus dem Käfig gelassen und mit einem Hagel von stumpfen Pfeilen empfangen, um ihn in Wut zu bringen. Schließlich wird er neben den heiligen Stäben (inao), dem «Götterzaun»[119], an einen Pfahl gebunden und mit zwei Balken zu Tode geknebelt. Zusätzlich schießt ihm ein Schütze einen Pfeil ins Herz, ohne daß Blut auf die Erde fließen darf und somit die Lebenskraft des Tieres verloren gehen kann. Es wurde allerdings häufiger beobachtet, daß die Männer auch das warme Blut des Bären trinken oder ihre Kleider damit bestreichen, um sich Mut und Kraft des Tieres einzuverleiben[120]. Dann wird der Bär vor die inao gelegt und enthauptet. Dem Kopf werden Speiseopfer aus getrocknetem Fisch, Hiseklöße und sogar eigenem[121] Fleisch unter Gebeten dargebracht. Sodann wird der Kopf enthäutet auf eine lange Stange neben die etwa 60 cm langen inao-Stäbe außerhalb des Hauses gesteckt. Der Tanz der Frauen wird nun vor den heiligen Stäben fortgesetzt. Es kommt darauf zu einer Kommunion, bei der der «Opferpriester» das dem Bären zugedachte eigene Fleisch aus der «Opferschale» an die Anwesenden verteilt. Auch die Hauptmasse des Bärenfleisches und besonders die Leber wird auf diese Weise gegessen. Frazer beziehungsweise seine Gewährsleute Batchelor und Scheube berichten, daß die Nichteinnahme der Bärenkommunion bei den Ainu einer Exkommunikation gleichkommt[122]. Sie beobachteten ferner, daß die auf Stangen gesteckten Bärenschädel von der Kultgemeinde während des Festes sowie außerhalb der Festzeiten verehrt wurden. Sie wurden als Wohnsitze der Tiergeister angesehen und ehrfurchtsvoll mit «göttliche Bewahrer» oder «edle Gottheiten» angeredet[123].

Ähnliche Rituale kennen wir von den Ainu auf Sachalin, der ehemals japanischen Südspitze der Insel. Hier hat Paul Labbé, ein französischer Forscher um die Jahrhundertwende, das Bärenfest beobachtet[124]. Bemerkenswert in Labbé's Bericht ist die lange liturgische Rede, die dem eigentlichen Ritual vorausgeht und die sowohl ein Schuldbekenntnis der versammelten Gemeinde wie einen Hinweis auf die vorausgegangene Fürsorge und eine Ermahnung an das Opfertier enthält, im Jenseits als Medium zwischen Göttern und Menschen zu fungieren, um das Los der Menschen zu erleichtern. Der Redner – in der Regel der Häuptling des Dorfes – erinnert zunächst das Tier daran, wie man es als Hausbär versorgt und gefüttert hat und ihm das Leben so angenehm wie möglich gemacht hat. Dann fährt er fort: «Nun halten wir ein großes Fest zu deinen Ehren ab. Fürchte nichts! Wir werden dir nichts zuleide tun. Wir werden dich nur töten und dich zu dem Gott der Wälder senden, der dich liebt. Wir wollen dir ein gutes Essen vorsetzen, das beste, das du jemals bei uns gegessen hast, und wir wollen alle zusammen um dich weinen. Der Aino, der dich töten wird, ist der beste Schütze von uns. Da ist er, er weint und bittet um deine Verzeihung. Du wirst so gut wie nichts spüren, es wird so schnell getan sein. Wir können dich nicht immer füttern, wie du wohl verstehen wirst. Wir haben genug für dich getan. Jetzt bist du dran, dich für uns aufzuopfern. Du wirst Gott bitten, uns für den Winter genügend Ottern und Zobel und für den Sommer Seehunde und Fische im Überfluß zu senden. Vergiß unsere Botschaften nicht, wir lieben dich sehr, und unsere Kinder werden dich niemals vergessen».

Nun wird der Bär gebunden aus dem Zwinger geführt und unter dem Wehklagen der Frauen um das Haus seines Herrn sowie um das Haus des Wortführers geführt, um schließlich bei den inao-Stäben den Opfertod zu sterben. Zuvor aber beginnt der Zeremonienmeister erneut mit seiner Litanei. «Bedenke!» so ruft er, «bedenke! Ich erinnere dich an dein ganzes Leben und an die Dienste, die wir dir geleistet haben. An dir ist es jetzt, deine Pflicht zu tun. Vergiß nicht, um was ich dich gebeten habe. Du wirst den Göttern sagen, sie möchten uns Reichtümer geben, damit unsere Jäger aus den Wäldern zurückkehren, beladen mit seltenen Fellen und Tieren, die gut zu essen sind, damit unsere Fischer eine Menge Seehunde am Strande und im Meere finden und ihre Netze unter dem Gewicht der Fische zusammenbrechen. Wir haben keine andere Hofnung außer dir. Die bösen Geister lachen uns aus, und zu oft sind sie uns ungünstig und böswillig gesinnt, aber sie werden sich vor dir beugen. Wir haben dir Nahrung und Frohsinn und Gesundheit gegeben. Jetzt töten wir dich, damit du uns dafür Reichtümer für uns und für unsere Kinder senden mögest.»[125]

Kaum ist das Tier tot, beginnt die Totenklage der Männer und Frauen[126]. Auch hier kommt es zur Kommunion: Nachdem man dem toten Tier beziehungsweise dem Bärengeist ein symbolisches Mahl in Gestalt von Reis und Wildkartoffeln angeboten hat, werden Kopf und Gliedmaßen abgeschnitten und als Numina aufbewahrt. Dann wird das Bärenfleisch gekocht und zusammen mit dem noch warmen Blut verzehrt. Beides muß rein genossen werden, das heißt ungesalzen und ungewürzt. Es darf kein Stück Fleisch übrigbleiben oder den Hunden gegeben werden. Die Kommunion verlangt von jedem Kommunikanten absolute Unterordnung unter das Ritualgesetz. Dann erfolgt die Zeremonie der *Schmückung des Kopfes*. Pater Gerhard Huber hat noch in jüngster Zeit ein Bärenfest bei den Ainu miterlebt und besonders die Verehrung des Bärenkopfes als Sitz der Bärenseele beschrieben[127]: Der Bärenkopf wird gewaschen, das Bärengesicht rasiert und mit Geschenken behängt. Dann entnimmt man dem Kopf das Gehirn und die Augen, die der für die Präparierung des Kopfes Verantwortliche roh zu sich nimmt. Nach allerlei Tänzen zu Ehren des Bären wird der Schädel schließlich auf eine Stange gesteckt und am Götterzaun aufgestellt. Darauf nimmt die Gemeinde Abschied. Die Ältesten beten und bitten den

Bären um Verzeihung: «Es kann sein, daß wir bei der Feier Fehler gemacht haben und unbewußt von der uralten Tradition abgewichen sind. Verzeihe uns und besuche uns bald wieder. Beschütze und behüte diese ganze Siedlung!»

Der japanische Forscher Kyosuke Kindaichi macht noch auf die Vorstellung aufmerksam, daß das getötete Tier «mit seinem Los zufrieden ist»; denn es ist ja kamui, die Gottheit selbst geworden, und kehrt als solche in die göttliche Welt heim. Ein Tier, das nicht von Menschen getötet wird, hat hingegen ein trauriges Los: Es muß endlos auf Erden umherwandern[128].

Nun versammelt sich die männliche Gemeinde vor dem Götterzaun aus inao-Stäben und ruft «Wah!», was einen Abschiedsruf bedeutet: Der Bär hat damit die Heimreise zu seinen Ahnen ins Jenseits angetreten, und die bösen Geister sind dadurch gewarnt, dem Heimkehrenden etwa den Weg zu verstellen. Dann erst ist das Fest zu Ende. «Der Schmuck am heiligen Zaun wird abgeräumt, die Feuer auf dem Festplatz werden gelöscht, und die winterliche Nacht tritt ihre stille Herrschaft an», schreibt G. Huber.

Wichtig in diesem Ritual ist – wie bereits angedeutet – zunächst das Schuldbekenntnis derer, die den Bären großgezogen haben. Allerdings hat man den Eindruck, daß die Ainu sich diese Schuld nicht vorbehaltlos eingestehen, sondern sich gleichzeitig durch den Hinweis auf die voraufgegangene Fürsorge zu verteidigen suchen: «Wir können dich nicht immer füttern, wie du wohl verstehen wirst. Wir haben genug für dich getan...» Durch diese und die folgenden Beteuerungen wird die Schuld geradezu neutralisiert und der «Ritualmord» zu einem erstrebenswerten Übergang ins Jenseits stimuliert («Wir werden dich nur töten und dich zu dem Gott der Wälder senden, der dich liebt...»). In der anschließenden Ermahnung, der Bär – heimgekehrt in die ewigen Jagdgründe – möge nun bei den Göttern zum Fürsprecher für die Menschen werden, wird die naive do-utdes-Problematik beziehungsweise die «sympathetische Magie» des Rituals deutlich: «Ich erinnere dich an ... die Dienste, die wir dir geleistet haben. An dir ist es jetzt, deine Pflicht zu tun.» «Jetzt töten wir dich, damit du uns dafür Reichtümer für uns und unsere Kinder senden mögest.» Dem Opfertier wird also eine schwere Last aufgebürdet, derer es sich im Jenseits entledigen soll: Die Himmlischen sollen im Bären einen Boten erkennen, der sie um Wildbret und Nahrung für die Menschen bittet. Da das Fest nur einmal im Jahr stattfindet, ist damit auch eine ganz bestimmte Reglementierung eingeplant: Nur *ein* Bär wird geopfert, die anderen bleiben verschont. Offenbar herrscht die Vorstellung, der Bär werde bei seinesgleichen im Jenseits (beim «Herrn» oder bei der «Herrin» der Bären) auch die Quote der Tiere in Erfahrung bringen, die abgeschossen werden können und dürfen. Denn einerseits heißt es zwar, der Bär werde getötet, damit er den Ainu «Reichtümer» sende und «die Netze unter dem Gewicht der Fische reißen»; andererseits wird der Bär aber auch die einzige «Hoffnung» genannt, die es für die hungernden Familien des Dorfes gibt. Denn: «Die bösen Geister lachen uns aus», meint wohl: Sie lachen über die Erfolglosigkeit bei der Jagd und beim Fischfang; sie spotten gar über die knurrenden Mägen der Jäger und die vor Hunger weinenden Kinder. Der heilige Bär ist also einerseits verantwortlich dafür, daß die Ainu genug zu essen haben, andererseits hat er aber auch die Quote zu «regeln», damit es nicht zu einer Ausrottung seiner Artgenossen, einem wahllosen Abschuß des Wildes und einer Überfischung der Gewässer kommt.

Diese Deutung scheint sich auch in der Praxis der *Giljaken* zu bestätigen, einem tungusischen Stamm, der in Ostsibirien, am Amur und auf Kamtschatka lebt, außerdem bei den Ostjaken und Wogulen. Ihnen gilt der Bär als heiliges Tier, und wird mit Ys', «Herr», angeredet[129]. Ein Mensch, der im Kampfe mit einem Bären getötet wird, nimmt die

Gestalt des Tieres an beziehungsweise seine Seele wandert in den Körper des Bären[130]. Es handelt sich also um einen Transmigrationsglauben, der überall in den arktischen Regionen, zum Beispiel auch bei den *Inuit*, den Eskimo an der Hudsonbay und auf Grönland, zu finden ist. Die Giljaken behandeln den zum Opfer bestimmten Bären auch wie ihresgleichen: Sie ziehen ihn als Familienmitglied auf, und vor dem Tötungsritual, das im Dezember oder Januar stattfindet, führt man ihn in einer Prozession durch das Dorf, läßt ihn die Häuser betreten, wo man den Bären als willkommenen Gast begrüßt und ihm Speisen reicht. Schließlich geht die Prozession an den zugefrorenen Amur, wo das Tier dreimal um das ins Eis gehackte Trinkwasserloch herumgeführt wird, bevor man es an einem dafür ausersehenen Ort, den man für besonders heilig hält, mit Pfeilen tötet[131]. Offenbar ist mit dem Auftreten des Opfertiers Segen verbunden, und Stätten, an denen es auftaucht, genießen einen besonderen Schutz, der von der Bewahrung des Hauses über den Fischzauber bis zur Unversehrtheit des Trinkwassers und dem Wohlergehen der Kommunikanten reicht. Das Bärenritual der Giljaken und das Bärenritual der Ainu weisen viele Parallelen auf, die einen gemeinsamen Ursprung vermuten lassen. Ausdrücklich berichtet L. von Schrenck auch von dem rituellen Vergraben der Knochen im Wald, offenbar einer symbolischen Handlung, die anzeigen soll, daß mit Hilfe des Eigners der Bären, ihres Herrn oder ihrer Herrin, wieder neue Bären auf Erden entstehen werden, sozusagen als eine Schöpfung aus der Mutter Erde, die aus dem Jenseits, der eigentlichen Heimat der Bären, neu befruchtet und beseelt wird. Manche nordsibirischen Stämme führen sogar die Schädel der getöteten Bären und anderer Tiere bei ihren Wanderzügen in dafür bestimmten Säcken mit. Der Sinn eines solchen Brauchs besteht darin, die magische Verbindung zwischen Tierschädel als dem Sitz der Tierseele und der Tiergottheit oder dem Tiereigner herzustellen und damit die Tiergottheit / den Tiereigner zu bewegen, neue Jagdbeute zu schicken[132]. Zweifellos handelt es sich auch bei diesem «Jagdzauber» oder – wie man in der Religionswissenschaft besser sagt – bei dieser «sympathetischen Magie» um ein Sakrament; denn die rituelle Verknüpfung von Leben und Tod sowie seine Segnungen unter den Menschen tragen sakramentalen Charakter. Sowohl während der Kommunion als auch bei der Ehrung des heiligen Bärenkopfes wird das Tier als ein kultisches Wesen behandelt, das göttliche Funktionen übernommen hat: Es segnet die Menschen mit Nahrung und Kraft und verhindert gleichzeitig, daß die Dämonen überhandnehmen. Es sorgt für Harmonie und hält die Kräfte im Lot, die sich zwischen Himmel und Erde bewegen; es garantiert das Gleichgewicht im Biokosmos. Das soll abschließend ein Gebet zeigen, das der Ainu an seinen Hausbären richtet, bevor dieser geopfert wird[133]: «Geliebte Gottheit, wir haben dich aufgezogen, weil wir dich liebten, und jetzt wollen wir dich zu deinem Vater senden. Wir bieten dir hiermit Futter, inao, Wein und Kuchen an. Nimm sie mit zu deinem Vater, und er wird sich sehr freuen. Wenn du zu ihm kommst, sage: «Ich habe eine lange Zeit unter den Ainu gelebt, wo ein Ainuvater und eine Ainumutter mich aufgezogen haben. Ich komme jetzt zu dir. Ich habe eine Reihe von guten Dingen mitgebracht. Während ich im Ainuland lebte, sah ich sehr viel Not. Ich bemerkte, daß manche Leute von Dämonen besessen waren. Manche waren von wilden Tieren verwundet, manche durch Erdrutsche verletzt, andere erlitten Schiffbruch, und viele waren von einer Krankheit befallen. Die Leute sind in großer Not. Mein Vater, höre mich, und siehe eilends auf die Ainu und hilf ihnen. Tust du dies, dann wird dir dein Vater (?) helfen»[134].

Das Bärenritual in Nordamerika

Die Parallelen sind auffällig, so daß man von einem «zirkumpolaren Bärenzeremoniell» sprechen kann:[135] Sowohl in Nordeurasien als auch in Nordamerika werden die Rituale anläßlich einer Bärentötung sehr ähnlich begangen. Mareile Kohn geht zwar in ihrer Dissertation «Das Bärenzeremoniell in Nordamerika»[136] auf diese Parallelen nicht ein, erwähnt aber für die Indianerkulturen Nordamerikas genau die Merkmale, denen wir bei den Bärenfesten auf Sachalin, Hokkaido und am Amur begegneten: Das Auffinden von Tierschädel- und Knochendeponien aus dem Paläolitikum, die es «mit der Vorstellung des Zurücksendens und Wiederbelebens von Tieren» zu tun haben[137], die Ansprache an den Bären vor und nach dem Töten des Tieres («Komm heraus, Großvater!», wie die Montagnais-Naskapi dreimal rufen)[138], das Bärenfest als magisches Ritual, bei dem bestimmte Tabus (zum Beispiel Teilnahmeverbot für Frauen und Kinder) eingehalten werden müssen und keine Fleischreste übrig bleiben dürfen, (so bei den Montagnais-Naskapi)[139], die ehrfurchtsvolle Behandlung der Bärenknochen[140], die Sonderbehandlung des Bärenkopfes als dem Sitz der Seele und des Herzens, dessen Genuß dem Jäger vorbehalten ist[141], das Trommeln und Singen, welches das Jagdglück herbeizaubern soll[142], die Vorstellung von einem Herrn der Bären und aller Tiere (bei den Ojibwa «Bärenkönig»), der sowohl Segen wie Unheil über den Stamm bringen kann[143], aber auch die Vorstellung, daß der Bär menschliche Eigenschaften besitzt und Menschen verstehen kann,[144] daß er schließlich eine Seele hat, die über große Distanzen sehen und verstehen kann, «wenn oder auf welche Weise über den Bären gesprochen» wird[145].

Das «Bärenzeremoniell» und das Bärenfest, das die nordamerikanischen und die nordeurasischen Stämme begehen, weist eine Fülle von Gemeinsamkeiten auf, die die Forschung geradezu zu einem interkulturellen Vergleich herausfordern. Bereits R. A. Mercer hat einen solchen monogenetischen Ursprung geahnt, als er 1929 die auffälligen Ähnlichkeiten in den Jagdritualen anläßlich der Bärenjagd und des Bärenfestes beschrieb[146]; aber es dauerte noch eine Weile, bis sich die Hypothese von der «historisch einheitlichen Herkunft» des zirkumpolaren Bärenzeremoniells durch die Forschungen A. Irving Hallowell's u. a. bestätigte[147].

Auf Grund solcher interkulturellen und interreligiösen Gemeinsamkeiten, zu denen noch viele andere hinzukommen[148], ließen sich sogar die ethnologisch lange unbewiesenen Migrationstheorien zwischen Nordeurasien und Nordamerika stützen beziehungsweise ergänzen[149].

Was uns hier interessiert, ist die Tatsache, daß es sich beim «zirkumpolaren Bärenzeremoniell» offenbar um ein Ritual handelt, das auch auf andere Jagdrituale beziehungsweise Tierzeremonien schließen läßt, bei denen es sich – wie Hans Findeisen meint –[150] um einen «Überrest» der in diesem Kulturkreis weit verbreiteten Jagd- und Tierzeremonien handelt.

Danach hat es im subarktischen und im arktischen Raum außer dem Großwildkult, der es heute nur noch mit dem ursus arctos und dem ursus arctos horribilis (Grizzlybär)[151] zu tun hat, zum Beispiel auch Jagdrituale für den Biber, den Elch, den Caribou, die Wildgans und den Stör gegeben[152], für Tiere also, deren Abschuß- und Fangquoten durchaus einer klaren Regelung bedurften. Mit anderen Worten, auch die heute ausgestorbenen oder nur noch flüchtig geübten Jagdrituale und Feste für andere Wildarten betrafen offenbar Tiere, deren Tötung bestimmten Tabus unterlagen oder Tiere, deren Art zu schonen war, weil sie immer gefährdet war. In jedem Falle dienten auch hier die Rituale dazu, den «Eigner» der jeweiligen Tiergattung um die Genehmigung zum Abschuß und Fang weiterer Tiere zu ersuchen und ihn durch ein Opfer anläßlich des Festes oder durch die rituelle Behandlung der Reste des getöteten Tieres zu versöhnen.

Damit kommen wir aber zum Kern des Jagdzeremoniells, nämlich zum *Verhältnis zwischen Jäger und Beute*. Das Bärenzeremoniell in den kargen und tierarmen Regionen der Arktis ist ein Beispiel dafür, wie sorgsam und gewissenhaft der Jäger mit seinem Jagdtier umgehen muß. In den zahlreichen von J. G. Frazer gesammelten Beispielen wurde bereits deutlich, daß der Jäger durchaus ein ambivalentes Verhältnis zu seiner Beute besitzt; denn er entschuldigt sich beim Bären, daß er ihn töten werde oder töten mußte. Einerseits brauchen die Dorfbewohner sein Fleisch als Nahrung, andererseits handelt es sich beim Bären – und ebenso bei anderen Tieren auch – um kein gewöhnliches Tier, sondern um eine Tiergottheit, die man im Grunde nicht töten darf, ohne sich eines Frevels schuldig zu machen. Darum muß das zu tötende Tier oder getötete Tier um Verzeihung gebeten werden und der Herr / die Herrin der Bären, der / die sein / ihr Eigner ist, versöhnt werden, damit er / sie dem Jäger nicht zürnt und auch weiterhin bereit ist, den Menschen Beute zuzutreiben. Geschieht diese Bitte um Verzeihung nicht, ist der Herr oder die Herrin der Bären nicht versöhnt, kann er / sie sich an den Menschen rächen, die ihn / sie beleidigt haben[153]. Das bedeutet für den Jäger in seiner Praxis, daß die Bärengottheit ihm das Jagdglück auf der Bärenjagd und auf allen Jagden versagen und Hunger über seine Familie schicken, daß sie ihn in Gestalt eines Bären überfallen und töten kann und schließlich, daß sie seine Familie oder seine Jagdgruppe mit Krankheiten oder Unfruchtbarkeit heimsuchen kann.

Wer «der Herr der Bären» oder «der Herr» beziehungsweise «die Herrin der Tiere» ist, läßt sich kaum eindeutig belegen. Was den Bärenkult betrifft, so scheint es bei den tungusischen Stämmen, den Ainu und den nordamerikanischen Indianern, ein transzendentes Bärenwesen zu geben, eine kollektive Bärenseele also, die die Bärenheit insgesamt repräsentiert und schützt. Was andere Tierarten oder das Wild im allgemeinen betrifft, so scheinen die gleichen arktischen Stämme eine ungestalte, nicht zu definierende Schutzseele der Tiere anzunehmen, die auch von den Schamanen um Rat gefragt wird, wenn diese um Jagderfolg bitten. Die Grenzen zwischen Tiergottheit und Tierseele sind offenbar fließend, «die Variationsbreite des Begriffs vom ‹Herrn der Tiere›» kann «vom ortspezifischen Wildgeist bis in die Nähe der größeren Naturgottheiten reichen»[154]. Die Labradoreskimo zum Beispiel glauben an einen Herrn der Rentiere, den sie sich entweder als riesengroßen Caribou oder als großen weißen Bären vorstellen[155], die asiatischen und die nordwestamerikanischen Eskimo wiederum glauben an eine Meeresgottheit, kacak, der die Seetiere gehören. Sie kann männlich oder weiblich (so bei den Tschuktschen) sein[156].

Wie auch immer sich die Frage nach dem Wesen jenes Schutzgeistes beantworten läßt, fest steht, daß diese numinose Macht das Wild als ihr Eigentum betrachtet[157], ihr Eigentum, das sie schützt, aber auch zum Abschuß freigeben kann. In diesem Fall fordert der Schutzgeist vom Jäger gewisse Vorleistungen: Rituale, wie wir sie beim Bärenkult kennengelernt haben, Einhalten bestimmter Tabus, Darbringen von Jagdopfern usw. «Der Herr der Tiere» gibt sich also keineswegs damit «zufrieden, wenn der Fang oder Abschuß seiner Tiere einigermaßen *maßvoll* erfolgt»[158], vielmehr hängt sowohl die Reglung der Abschußquoten in jeder Jagdsaison wie die Überwachung des Wildbestands von einer sorgfältigen Durchführung der Riten ab[159]. Und zu diesen Riten gehört, daß der Jäger den «Herrn der Tiere» oder den Schutzgeist der Tiere (bei den Jukagiren pe' jul genannt) beschwichtigt und um Versöhnung bittet. Werden die Riten nicht oder nur mangelhaft beachtet, so ruft das den Zorn der himmlischen Mächte hervor, welche das Wild beschützen und den Fang beziehungsweise den Abschuß regulieren. Die Folge eines solchen Vergehens ist Hunger und Krankheit oder gar der Tod des Jägers[160]. Dann ist die Ordnung zwischen Menschen und Tieren gestört, und es müssen Schamanen kommen und Riten zur Versöhnung des Schutzgeistes der Tiere durchführen; denn die Ordnung muß unbedingt wiederhergestellt werden, weil sonst der gesamt Biokosmos ins Wanken gerät.

An vorderster Stelle steht also *die Bewahrung der Ordnung*, die Harmonie zwischen Mensch und Tier. Das wird besonders an den Bestattungsriten deutlich, die die zirkumpolaren Altvölker für den Schädel und die Knochen des erlegten Tieres durchführen. «Sie bezwecken im Grunde genommen eine Sicherstellung des kommenden Wildbestandes hinsichtlich der Tierart, der die Menschen durch Tötung Schaden zugefügt haben»[161], entweder in der Weise, daß sie damit die Seele des erlegten Tieres dem Eigner / der Eignerin der betreffenden Tiergattung zurückschicken in der Hoffnung, daß dieser / diese – versöhnt und zufriedengestellt – den Menschen neues Wild zutreibt oder – wie im Glauben der Eskimo –, daß die rituelle Bestattung der Tierknochen eine Reinkarnation zur Folge habe und das erlegte Tier sich in anderen Tieren seiner Art wiederverkörpern werde[162].

Die Jagdrituale beziehungsweise die Rituale anläßlich des Verzehrens der Beute haben es alle – direkt oder indirekt – mit der *Versöhnung* des Herrn der Tiere oder der Herrin der Tiere, also des Eigners der Tiergattung zu tun. Dieser oder diese verfügt über Erfolg oder Mißerfolg bei der Jagd. Deshalb sucht der Schamane zum Beispiel den Schutzgeist der betreffenden Tiergattung auf und bittet ihn um reiche Beute. Der Schutzgeist aber erfüllt seine Bitte, indem er dem Schamanen die Seelen der Tiere aushändigt. Wenn die Seelen der Tiere in der Hand des Schamanen sind, braucht der Jäger nur noch die Körper zu erlegen. Der Eigner der

Tiergattung liefert sein Tier, seinen Schützling, über den Schamanen dem Jäger aus. Nach Überzeugung der Jukagiren zum Beispiel kann kein Tier ohne die Einwilligung des Schutzgeistes erlegt werden; denn der Schutzgeist als Eigner der Tiergattung schützt nicht nur seine Tiere, sondern kann auch eine bestimmte Zahl von ihnen zum Abschuß freigeben. Der Jäger aber, dem diese Gunst erwiesen wird, hat sich des Schutzgeistes würdig zu erweisen und sich durch die Erfüllung von Riten und Opfern auf sein Jagdglück vorzubereiten, andernfalls bleibt es ihm versagt, ein Tier zu erlegen. Waldemar Jochelson berichtet,[163] daß die tungusischen Jukagieren sogar der Meinung sind, daß sich das Tier von selbst dem Jäger hingibt. Dem allerdings geht die eben genannte Vorstellung voraus, daß der Schamane die Seele des Tieres vorher in Traum und Vision gesichtet und bereits eingefangen hat[164], so daß der Jäger nur noch den Körper zu fangen braucht. Stanley Walens deutet die Rituale und Askesen – Fasten, sexuelle Enthaltsamkeit usw. –, denen sich der Jäger vor der Jagd zu unterziehen hat, als Übernahme eines bestimmten moralischen und sozialen Status, der ihn befähigt, «korrekt zu handeln», sowohl auf der Jagd wie bei der Rückkehr von der Jagd[165].

Damit ist auch die Eindämmung des «Jagdfiebers» gemeint und im Zusammenhang damit eine unbewußte Regelung der Abschußquote. Auf diese Weise entwickelte sich bei den zirkumpolaren Wildbeutern ein ganz bestimmtes Verhältnis zwischen dem Jäger und seiner Beute. Die Rituale, sagt Walens,[166] betonen geradezu «die Notwendigkeit einer Zusammenarbeit zwischen Jäger und Beute». Und der Eindruck, den diese Rituale vermitteln, bestätigt einmal mehr, «daß diese Zusammenarbeit ein wesentlicher Teil der rechten sittlichen Ordnung des Universums ist». «Man glaubt, daß die Beute willig stirbt, wenn nur die richtige moralische und symbolische Beziehung durch den rituellen Prozeß hergestellt worden ist.»[167] Dem entsprechend sind auch die der Jagd voraufgehenden Rituale zu bewerten: Nicht als Tötungsrituale, sondern als Rituale, die der Ernährung und dem Wachstum des Stammes dienen. Insofern muß man das Beutetier genauso pfleglich behandeln wie ein Haustier oder – um einen Vergleich aus agrarischen Kulturen anzuführen – das Getreide. Auch beim rituellen Umgang mit Haustieren (Zeugung, Geburt, Schlachtung) und agrarischen Produkten (Aussaat und Ernte) handelt es sich ja um die Beschwörung der Wiedergeburt von Tieren und Pflanzen und damit um die symbolische Erneuerung der Nahrung zur Zeit von Aussaat und Ernte.

Stanley Walens spricht in diesem Zusammenhang sogar von einem «Bund (covenant) *zwischen dem Jäger und seiner Beute*», der dem Bund zwischen Jäger und Stammesgesellschaft entspricht, ja, diese Stammesgesellschaft erst konstituiert[168]. Das Vertrauensverhältnis, das zwischen dem Bauern und seinem Vieh herrscht, entspricht dem Vertrauensverhältnis, das der Jäger – über den Schamanen – zum Wild entwickeln muß, wenn der Herr oder die Herrin des Wildes ihm dieses zum Abschuß oder Fang freigeben soll. Gerade in der «freiwilligen Hingabe» des Wildes an den Jäger wird – wie eine Reihe arktischer Völker glaubt – das Vertrauensverhältnis erkennbar. Jagen wird auf diese Weise «domestiziert», so wie Hüten oder Ackerbau betreiben Formen der Domestikation von Tier und Pflanze sind: Die Welt des Waldes, in welcher die Jagdbeute lebt, und die soziale Welt, in der der Jäger lebt, beruhen auf je eigenen Formen der Domestikation. Beide Umwelten haben ein den Bewohnern entsprechendes soziales Gefüge, in das diese Bewohner – Menschen beziehungsweise Tiere – eingebettet sind und das ihre Bedürfnisse regelt. Dieses soziale Gefüge, das hier wie dort gemeinsame Strukturen aufweist, ermöglicht aber auch die Kommunikation zwischen den beiden Umwelten und damit die Entstehung eines Vertrauensverhältnisses zwischen den Kreaturen.

Allerdings scheinen Walens, Paulson, Hultkrantz und andere zu übersehen, daß es sich bei einem derartigen Bundes- oder Vertrauensverhältnis um ungleiche Partner handeln würde, wenn es auf die Partner Menschen und Tiere, Jäger und Beute, allein ankäme. Die Partnerschaft betrifft aber nicht den Menschen und Jäger als solchen und das Tier beziehungsweise die Beute als solche, sondern ist begründet in dem hinter und über Menschen und Tieren stehenden *Geist*, in dem diese Partnerschaft kulminiert. Der Geist des Waldes, der Geist der Tiere, der ihr Schutz und Eigner ist, der Geist der Menschen, der ihre Seelen verwahrt und sie besitzt, *er* ist es, aus dem Pflanzen, Tiere und Menschen hervorgegangen sind, und dem sie auf Gedeih und Verderb gehören. Im Bund zwischen Menschen und Tieren ereignet sich die Partnerschaft des Geistes, der aus den jeweiligen *Geistern* besteht, die miteinander kommunizieren und die Bedingungen für den Fortbestand der Menschen festlegen. Tiere und Menschen erfahren ihre Einheit im Geist, der ein Geist der Natur ist, in welchem *alle* Lebewesen eins sind, aus dem sie hervorgehen und in den sie wieder zurückkehren; denn alles Leben erfüllt sich im *Geist*. Wir haben also eine naturreligiöse Emanationsmystik vor uns, die alle Stufen aufweist, welche später in den gnostischen Systemen auftauchen: beginnend mit der Emanation aus dem Einen und endend mit der Rückkehr der Seele zum Einen.

In den natur- und stammesreligiösen Systemen aber kommt noch ein weiteres Phänomen hinzu: Es ist der Glaube an eine «schöpfungsgemäße Einheit» von Mensch, Tier und Pflanze. Worin ist sie begründet?

Kapitel 5

Theriomorphie im Alten Ägypten als Ausdruck transzendenter Mächte

Edfu: Kolossaler gekrönter Horus-Falke
aus Granit beim Tempeleingang.

Das Heilige ist allgegenwärtig. Gott kann sich überall offenbaren. Die transzendente Macht «steckt als Kern in den Dingen und Wesen, die als ihre Träger Ziel von Kultus und Frömmigkeit werden. Gerade daraus erklärt sich, daß in Ägypten vom leblosen Gerät oder Gegenstand über Pflanze und Tier bis zum einzelnen Menschen grundsätzlich alles Gott sein kann»[1]. Die Macht eines Gottes kann sich also in vielerlei Gestalt verkörpern. Der «Urgrund der ‹Macht›» ist es, die Mensch und Tier, aber auch Pflanze und Gegenstand von innen her (!) den Rang einer Gottheit geben kann, so daß weder Tier noch sogar Pflanze oder Anorganisches jemals aufhören, potentiell Gott sein zu können»[2]. Für die Pflanzen, insbesondere an der Sykomore, konnten wir diese «numinose Besetztheit» bereits feststellen. Dort erschien die Gottheit *in* der Pflanze bzw. lebte *mit* der Pflanze, mit dem Baum in Symbiose. Die Pflanze war Teil der Gottheit und diente dieser zugleich als Ort der Epiphanie.

Wie stellt sich uns das Verhältnis von *Gottheit und Tier* im Alten Ägypten dar? Gelten auch hier die «Gesetze der Symbiose»? Wie läßt sich die Theriomorphie, die Tiergestaltigkeit, in der ägyptischen Religion erklären?

Der Gedanke der Emanation aller Lebewesen aus dem Einen, der – wie wir sehen werden – bei den Aborigines eine so große Rolle spielt, ist auch den Traditionen der ägyptischen Religionsgeschichte nicht fremd.[3] So heißt es vom Sonnengott:

«Er hat geschaffen Himmel und Erde
um ihretwillen (der Menschen willen).

Seine Abbilder sind sie, aus seinem Leibe
gekommen.
Er geht am Himmel auf um ihretwillen,
Er hat für sie die Pflanzen geschaffen,
Tiere, Fische und Vögel, um sie zu ernähren ...»[4]

Offenbar sind nicht nur die Menschen aus dem Leibe des
Gottes hervorgegangen, sondern auch die Pflanzen und die
Tiere, so daß von dem Gott eine Art Urzeugung und
Urschöpfung ausgeht, – um der Menschen willen.

Die Jenseitsvorstellungen, wie sie uns die Pyramidentexte (5. Dynastie)[5], die Sargtexte (ab 9. Dynastie)[6] und das
Totenbuch (ab 18. Dynastie)[7] überliefern, bieten – im
Gegensatz zu den totemistischen Kulturen Südostasiens
und Afrikas – keinerlei Hinweise auf eine Metamorphose
oder gar eine Reinkarnation. Wenn z. B. der Ba, die Seele, die
«göttliche Fähigkeit zu erscheinen»[8], im Augenblick des
Todes den Menschen in Gestalt eines Vogels verläßt, dann
ist damit nicht an eine Wiederverkörperung gedacht, sondern der Vogel ist lediglich Metapher: Er stellt die Verbindung zwischen dem Verstorbenen im Grab und den Lebenden her[9]. Der Verstorbene wird als Ba weiterexistieren.[10]
Mit anderen Worten: Die göttliche Kraft des Ba wird mit
und in dem Körper des toten Pharao weiterleben und wird
diesen Körper zu neuem Leben führen.

Das Tier im ägyptischen Kult

Zahlreich sind die Tiere, die im Alten Ägypten kultische
Verehrung genießen und schon in der bildenden Kunst der
ältesten Zeit auf figürlichen Dastellungen erscheinen. Hermann Kees[11] hat sie nach Großtieren (Wildtiere, Löwen
und Krokodile, die Symbole der Macht)[12], Wüstentieren
(Wildhunde als Wächter der Toten)[13], kleinen Raubtieren,

Raubvögeln (der Falke als Reichssymbol und Kultvogel des Gottes Horus)[14] [15], Sumpf- und Wasservögeln, erdhausenden Tieren (z. B. Schlange als Schutz- und Hausgeist der Könige)[16], Wasserbewohnern (Fische als Symbole der Fruchtbarkeit)[17] und Haustieren (die Kuh als Kulttier der Göttin Hathor, der Apisstier, der Widder, die Katze)[18] zusammengestellt und zu ordnen versucht.

Grundsätzlich standen heilige Tiere im ägyptischen Kult auf der gleichen Ebene wie andere Kultobjekte. Auch sie waren Medien, die sich die Gottheit als Aufenthaltsort erwählt hatte. Das lebende Tier wurde stets neben der Tierstatue gehalten.[19] Jede Tierstatue besaß ihren eigenen Propheten (Prophet des Apis). Gottheit und Tier waren demnach nicht dasselbe, obwohl sie fast synonym gebraucht wurden; das Tier war «lediglich Manifestation des Göttlichen»,[20] besaß «nur Urgotteigenschaften»[21].

Tiere hatten Offenbarungsfunktionen. Sie waren «Sprecher» (wḥm), das Leben oder der Ba der numinosen Mächte,[22] ohne mit diesen zu verschmelzen.

Die Rituale des ägyptischen Tierkults entsprachen denen des Königkults und begannen mit der Inthronisation. Nachdem ein Tier mit den entsprechenden Merkmalen gefunden oder auch aufgezogen[23] worden war[24], wurde zunächst die Nachricht dem Pharao überbracht. Dieser ließ eine Untersuchung des Tieres durch die Schriftgelehrten anstellen. Erst wenn diese positiv ausgefallen war, gab der Pharao den Befehl, «daß es auf seinen Thron gesetzt werde.»[25] Danach wurde von Astrologen der Tag für die Inthronisation festgelegt: Unter dem Jubel der Bevölkerung wurde das Tier dann in einer feierlichen Prozession in den Tempel geleitet und dort tagelang von den Priestern, königlichen Wachen und dem Stallpersonal betreut. Bei der Inthronisation des Apisstieres nahmen sogar Abordnungen aller Tempel Ober- und Unterägyptens teil, so daß ein derartiges Fest zugleich Anlaß für Reichssynoden gewesen sein dürfte. Nach der

Inthronisation geleitete man die heiligen Tiere in besonders eingerichtete Umfriedungen, Koppeln, sogenannte hieròi peribóloi, wie sie uns Diodor I, 84 vom Apisstier, vom Widder von Mendes, vom Löwen von Leontopolis und von den Krokodilen des Fayûm schildert. Dort wurden sie dann von eigens dafür ausgesuchten Wärtern betreut (Apis-, Falken-, Krokodil-Wärter).

Neben der Inthronisation wurde der Tod des heiligen Tieres zu einem besonderen kultischen Höhepunkt im Glauben der Ägypter. Zunächst meldete der für den Stall verantwortliche Priester das Ableben mit der liturgischen Formel «die Majestät dieses Gottes (des Gottes Apis, Horus, Thot, Chnum usw.)[26] ist zum Himmel aufgestiegen». Unmittelbar nach der Trauerkunde begannen die Vorbereitungen für die staatlichen Beisetzungsfeierlichkeiten: Die Einbalsamierung[27], für deren Material die Tempel des Gaus Sorge zu tragen hatten und Kollekten von Privatleuten erbeten wurden, die Mundöffnung und die Verklärung, die Beigabe von Kleintieren, dann die Vorbereitung des Grabes, das aus der Ruhestätte und einem oberirdischen Heiligtum für das wiederbelebte Tier bestand, und die Herstellung von Särgen, die zum Teil von den Gläubigen gestiftet wurden, die Errichtung eines Gedenksteins mit den wichtigsten Daten des heiligen Tieres (Geburt, Inthronisation, Tod, Alter, Tag der Beisetzung), so wie die Beisetzung selbst, die mit großem Pomp begangen wurde; denn nun erst wurden die Tiere – wie die toten Pharaonen – zu einem Osiris. Die Staatstrauer samt den Vorbereitungen betrug für den Apis, den König der heiligen Tiere, siebzig Tage, während derer die Frommen sich strenge Abstinenzen auferlegten. So wurde der Tod eines heiligen Tieres zum kultischen Ereignis, wie es auch die Pharaonen erfuhren, und sein Aufstieg zum Osiris glich der Osiriswerdung, der die Pharaonen nach ihrem Tod entgegensahen. Dem entsprechend erhielt das Osiris-Tier auch ein eigenes Sanktuarium mit Aufenthaltsraum für die Verehrer und sogar einem Archivraum. Zu den Festen übernahmen bestimmte Familien die liturgischen Dienste für das heilige Tier.

Natürlich konnte nur eine Elite der Tiere heilig sein und Verehrung genießen. Die Artgenossen wurden aber mit Ehrfurcht behandelt, sie waren sakrosankt; so vor allem Hauskatzen und Haushunde, in denen man den guten Geist des Hauses sah,[28] und die man den verstorbenen Familienangehörigen mit in den Sarg legte. Man sorgte auch für wilde Tiere, indem man in der Nähe der Tempel Futterplätze anlegte, die Diodor (I,83) tróphai nennt.

Es war die religiöse Ethik, die dem Alten Ägypter gebot, «dem Tier nichts zuleide zu tun. Denn im Jenseitsgericht, wo die Götter das Herz des Toten gegen die Wahrheit ... wiegen», würde auch des Menschen Verhalten «nicht nur gegen seinen Mitmenschen, sondern auch gegen die Natur auf die Waagschale gelegt», so glaubte man. Der Tote, der sich unschuldig fühlt, sollte dann bekennen: «Ich habe weder Futter noch Kraut aus dem Maule des Viehs weggenommen ... Ich habe kein Tier mißhandelt.» «Jeder Verstoß gegen die Achtung des Tieres als eines Geschöpfes», schreibt Emma Bruner-Traut [29], «galt als Sünde. Folgerichtig räumt die ägyptische Ethik dem Tier das Recht ein, den Menschen zu verklagen.» Denn die Alten Ägypter glaubten, «daß wir Menschen von der Einrichtung der Natur und insbesondere von der Lebensart der Tiere Weisheit und Frömmigkeit lernen könnten und lernen sollten.»[30]

Die Tierverehrung oder der Kult einiger besonders bevorzugter Exemplare ihrer Art hatte natürlich auch sonderbare Auswirkungen: Dazu gehörten Todesstrafen wegen fahrlässiger Tötung von Katzen, Kriegserklärungen wegen Tötung von Hunden usw.[31] Das hatte selbst für das Gros der Ägypter, das in der Volksfrömmigkeit lebte, nichts mehr mit Tierliebe zu tun, sondern war bereits ein Zeichen dafür, daß der Tierkult dieser Volksfrömmigkeit entglitten und damit entartet war. Die Mittlerfunktion, die das Tier ursprünglich und auf der Höhe der altägyptischen Kultur übernahm, wurde hier pervertiert. Sie wurde mißbraucht, als man den Tierkult verselbständigte und in ihm nicht mehr ein Medium zwischen Göttern und Menschen sah, sondern ein unabhängiges «Ritual», in dem es um Tiere ging, die sich von den Göttern emanzipiert hatten und «ihre Macht mutwillig und willkürlich gebrauchten.»

Der Tierkult als eine besondere Form numinoser Begegnung vollzog sich auf einer anderen Ebene, und er konnte sich bis zu Beginn der christlichen Zeit erhalten, wofür die zahlreichen Tierfriedhöfe (in Elephantine, Kom Ombo, Theben usw.) bis heute Zeugnis ablegen.[32] Schließlich wurde das Ende der ägyptischen Tierkulte nicht allein von den christlichen Missionaren herbeigeführt, sondern war in dem Augenblick programmiert, als die staatlichen Kulte der Falken, Ibisse und anderer Tiere erloschen, weil die ägyptischen Herrscher kein Interesse mehr an der eigenen religiösen Überlieferung hatten.[33]

Die Götter als Tiermenschen

Wie aber haben wir das Phänomen der tier-menschlichen Gottheit, einer Sphinx, im Alten Ägypten zu deuten? Will man diese Frage klären, so muß man zunächst vom ägyptischen Pantheon ausgehen, das eine große Fülle tiermenschlicher Gottheiten aufweist. Geradezu «die meisten Götter», sagt Helmer Ringgren[34], wurden als Menschen mit Tierkopf abgebildet.» Außerdem gab es natürlich Götter, die nur in Tiergestalt dargestellt wurden, wie der Gott Ptah, der mit dem mächtigen Apisstier verbunden wurde und als solcher göttliche Verehrung genoß.[35]

Andere Götter wiederum traten nur in Menschengestalt auf. Daneben gab es «Kompositwesen»[36], die sich aus mehreren Tierkörperteilen zusammensetzten oder ein menschliches Gesicht mit Tierattributen besaßen. Alle diese Formen kamen nebeneinander vor, und es ist unmöglich, «eine geschichtliche Entwicklung, die von der Tiergestalt zur Mischform führt, nachzuweisen[37]. Wir wollen uns hier nur mit den mischgestaltigen Numina beschäftigen.

Zu den Himmelsgottheiten gehörte der Falkengott *Horus* (ḥr), der in Menschengestalt mit einem Falkenkopf dargestellt wird[38]. Als Rê-Harachte wurde er zum «Herrn der Tiere» erklärt, wie der großartige Hymnus an Amun aus der 18. Dynastie (vor 1365 v. Chr.) sagt:

«Preis dir, Amon-Rê,
Herr von Karnak.
Du Erster in Theben!
Einzig Einer, der da machte, was existiert.
Aus dessen Augen die Menschen hervorgegangen sind,
Aus dessen Mund die Götter wurden.
Der das Kraut schafft, das die Herden leben läßt,
Und die Fruchtbäume für das Menschenvolk.
Der macht, wovon die Fische im Strom leben
Und die Vögel unter dem Himmel.
Der Luft gibt dem Wesen im Ei
Und das Junge der Schlange ernährt.
Heil dir, der du dies alles tatest,
Einzig Einer, mit vielen Händen...»[39]

Auch der Gegenspieler des Horus, *Seth*, über den Horus schließlich siegte, wurde in Tiergestalt verehrt. Allerdings hat man nicht bestimmen können, um welche zoologische Spezies es sich dabei handelte, möglicherweise um ein Fabelwesen. Von Seth heißt es, daß er «groß an Kraft» und «Herr des Gewittersturmes» war[40]. Da er schon in den frühen Traditionen als Feind und Mörder des Osiris galt, wurde er zum bösen Gott schlechthin und nahm damit im dualistischen System der Ägypter die Antithese ein.

Von der Göttin *Hathor* haben wir bereits in anderem

Zusammenhang gehört. Sie galt als «das Haus des Horus», ḥt ḥr. Schon als Göttin in der Sykomore wurde sie als Spenderin des Lebens verehrt. Auch als theriomorphe Göttin hat sie diese Aufgabe übernommen: Sie ist die «Himmelskuh», die Mutter des Falkengottes Horus, die Mutter der Sonne. Sie wurde in zweierlei Gestalt verehrt: Als Kuh und als Frau, die Kuhhörner trägt. In beiden Fällen repräsentierte sie die Mütterlichkeit, die Muttergöttin in ihrer archaischen Bedeutung: nämlich als Gebärerin, als Ernährerin der Menschen und als Fruchtbarkeitsgöttin.

Als solche war Hathor auch Amme des Pharao: Sie hilft bei der Geburt, heißt es, und säugt das königliche Kind. Sie beschützt König und Königin und wacht über alle weiblichen Tätigkeiten, zu denen vor allem im Kult Tanz und Musik gehören.

Auch *Thot* (dḥwtj), der Gott von Hermopolis, erscheint theriomorph. Man verehrte ihn in Gestalt eines Ibis und als Pavian.[41] Er galt als Gott der Harmonie des Kosmos und als Friedensstifter, weil er zusammen mit Horus «die beiden Länder vereinigt» hat. Sein Wesen ist Zufriedenheit und Friede (ḥtp), ein Ziel, das auch seine Verehrer anstrebten. Der Mythos berichtet von ihm, daß er das beschädigte Mondauge des Horus geheilt und das zornige Sonnenauge zurückgeführt, also die beiden Gestirne miteinander versöhnt habe. Die Versöhnung geschieht also bereits im Kosmos und setzt sich dann auf Erden fort. Außerdem – und vielleicht damit im Zusammenhang stehend – war Thot der Gott der Schreibkunst und der Wissenschaften und trat auch als Schreiber oder Protokollführer beim Totengericht auf.

Leichter ist die Entschlüsselung der schrecklichen Löwengöttin *Sachmet*, die die Gattin des Ptah war und in Memphis ihre Kultstätte hatte. *Ptah* wiederum wurde schon sehr früh mit dem heiligen Apisstier verbunden, der als «Herold des Ptah» verehrt wurde.[42] Bei dieser Götterehe haben wir es mit der Verbindung zweier einander sehr unähnlicher Tiere zu tun, einem wilden Wüstentier und einem gezähmten Haustier. Die Vermutung liegt nahe, daß die Ehe von Sachmet und Ptah die Verbindung von Wüste und Fruchtland symbolisiert haben könnte. Tiere würden dann als Symbole ihrer jeweiligen Umwelt gelten: Sie verkörpern das Land, aus dem sie kommen, und führen den Gläubigen vor Augen, daß Gott und Land, Menschen und Tiere in einer Symbiose leben.

Die tiermenschliche Mischgestalt und ihre Bedeutung

Die Ägyptologie hat immer wieder die Frage nach der Bedeutung der «Theriomorphie» gestellt und darüber gerätselt, welche Vorstellungen dahinter stehen mögen.[43] Könnte die Mischgestalt als *Maske* zu verstehen sein, als eine Transvestition? So hat man etwa die Tierverkleidung, vor allem den Kopfschmuck, als Ursprung der Mischgestalt gedeutet: Die Masken sollen Wesen und Gestalt der Götter verbergen, so wie auch die heiligen Tiere nur eigentlich Hüllen sind, die das wahre Wesen der Götter, Macht, Kraft, Fruchtbarkeit für die Gläubigen verbergen.[44] Aus der Spätzeit sind uns derartige Kultmasken aus Ton überliefert: die Abbildung eines Priesters zum Beispiel, der sich einen Schakalkopf aufgesetzt hat, und der mit dem Augenblick der Verkleidung der Gott Anubis selber ist.[45] Aber die Beispiele sind insgesamt zu dürftig, als daß man daraus Schlüsse auf Bedeutungsinhalte ziehen könnte.

Näher kommen wir einer Erklärung, die die Mischgestalt als *Sinnbild* zu verstehen sucht. Die Mischgestalt wäre dann nicht von ihrem Bildcharakter, also ihrer äußeren Form nach, zu beurteilen, sondern auf ihren Verweischarakter zu untersuchen: Das Bild des Mischwesens, sowohl in seiner Ästhetik als auch in seiner grotesken Gestalt, *verweist* auf die eigentlichen Züge im Wesen und in der Funktion der betreffenden verhüllten Gottheiten.[46] So wie die verehrten Tiere an sich schon Symbole des Glaubens darstellen – der Stier = Kraft, der Löwe = Wildheit, der Falke = Himmel und Sonne, die Kuh = Mütterlichkeit –,[47] so werden die Mischwesen nun erst recht zu Glaubensinhalten erhoben. Doch war das den Verehrern klarzumachen? Beteten sie nicht viel lieber zu wirklichen Bildern, deren Sinn sie nicht erst zu hinterfragen brauchten?

Man muß deshalb auch die Frage diskutieren, ob die Mischgestalt nicht einfach als *Realität* angesehen wurde.[48] Henri Frankfort zum Beispiel[49] hat Belege gefunden, die davon auszugehen scheinen, «als ob» die tierköpfige Gestalt wirklich existierte. Und in der Tat sind ja in den Mythen Urbild und Abbild, unsichtbarer Gott und sichtbares Bild miteinander identisch. Seit der Vorzeit – so darf man annehmen – galt auch in Ägypten die religiöse «Überzeugung», «daß Bild bzw. Wort und Dargestelltes identisch seien».[50] Identität aber würde in diesem Falle Realität sein. Folglich würde der Mischgestalt im Glauben der Ägypter reale Existenz zukommen. Aber auch hierüber lassen sich keine klaren Auskünfte mehr einholen, sondern nur Vermutungen äußern. Gerade bei der Frage, ob es sich bei der Mischgestalt für den Glauben der Alten Ägypter um Symbol oder Realität handelte, geraten wir an die Grenzen religionswissenschaftlicher Forschung. Zudem verwehren die mythischen Bewußtseinsstrukturen dem wissenschaftlich denkendem Forscher von heute, jene Ebene zu erfassen, auf der noch eine Begegnung mit der altägyptischen Frömmigkeit, geschweige denn eine Erkenntnis ihrer mythischen Zusammenhänge möglich wäre.

Viel zu wenig oder gar nicht diskutiert wurde bisher die auch von Erik Hornung vertretene Theorie Henri Frankforts, die Götterdarstellungen, auch und vor allem in der mischgestaltigen Ausdrucksweise, als «Ideogramme»[51] oder als «sinnträchtige Zeichen einer Metasprache» zu verstehen: Die Götter nehmen – wie in jedem Bild – auch in diesen Darstellungen Wohnung, sie inkorporieren, ja, «inkarnieren» sich in dem betreffenden Bild, «aber ihre wahre Gestalt ist ‹verborgen›, ist ‹geheimnisvoll›,» wie es die ägyptischen Texte immer wieder betonen.[52] Die *Ideogrammtheorie* geht also ebenfalls von der These aus, daß dem Religionsforscher und Kulturanthropologen die mythischen Zusammenhänge verschlossen bleiben: «Attribute können auf das Wesen von Gottheiten hinweisen und die Gegenwart einer Gottheit anzeigen, aber kein Gott erschöpft sich in seinen Attributen.»[53]

Hornung macht das an der Göttin *Hathor* und anderen Sphingen deutlich. Gewöhnlich kennt man die Göttin von Darstellungen her als schlanke Frauengestalt, die auf der Perücke ein Kuhhorn trägt mit der Sonnenscheibe dazwischen. In den Hathorschreinen von Deir el-Bahari begegnen wir jedoch einer Hathor in reiner Tiergestalt. Dort ist sie die nährende Kuh, an deren Euter der König trinkt, oder eine Kuh, die aus den Thebaner Bergen heraustritt und die Toten beschützt. Gleichsam zwischen den beiden Darstellungen steht der sogenannte Hathorpfeiler, ebenfalls aus Deir el-Bahari: Er zeigt einen Kuhkopf mit menschlichem Gesicht, tierischen Ohren und menschlichen Augen, Nase und Mund. Eine vierte Darstellung zeigt Hathor mit Menschenleib und Tierkopf[54]. Wenn wir bedenken, daß die Göttin auch als Löwin, als Uräus-Schlange, als Nilpferd, ja, als Nymphe, die in einer Sykomore lebt, dargestellt und in diesen Erscheinungen angebetet wurde, dann wird der Eindruck noch verwirrender: Alle diese Abbildungen, Vorstellungen, Erscheinungen machen das Bild der Göttin bunt und schillernd. Man kann es sich kaum vorstellen, daß diese verschiedenen Abbildungen ein und dieselbe Göttin sein sollen.[55] In Hathor ist die Mütterlichkeit der Kuh, aber auch die Wildheit der

Löwin und die Unberechenbarkeit der Schlange verkörpert. Die Darstellung der Göttin war der Versuch, ihr komplexes, aber auch ambivalentes Wesen anzudeuten. Wir haben hier ein treffendes Beispiel vor uns, wie tierische Merkmale die allen menschlichen Vorstellungen entzogene Gottheit, die Dea Abscondita, zu beschreiben suchen. Ganz ähnlich wie bei Hathor verfuhr der Ägypter auch bei anderen Mischgestalten: Tier-Menschen oder Menschen-Tiere waren die Göttin Heket, «die bei der Geburt hilft» und darum (!) einen Froschkopf trug, und Sobek, der krokodilgestaltige Gott. Die groteske Unheimlichkeit dieser Mischwesen sollte nichts anders andeuten als die Unberechenbarkeit, Unbegreiflichkeit und Unerforschlichkeit der Numina: Ein Mensch ist von seinem Verstande her nicht in der Lage, das Wesen der Götter zu fassen – tausende Male hat er ihre Verborgenheit, ihre Abscondität erfahren. Er kann sie nur tragen und ertragen, indem er ihr in grotesken tier-menschlichen Mischformen Ausdruck verleiht; und bezeichnend ist, daß er ihr an die Stelle des menschlichen Kopfes einen Tierkopf aufsetzt;[56] denn der Kopf ist Sitz des Denkens und der Erkenntnis!

Attribut können schließlich auch die Hieroglyphen sein; so der Skarabäus, der über dem menschlichen Haupt des Gottes Chepri erscheint und als Schriftzeichen «Werden und Entstehen» bedeutet. Könnte man die Ewigkeit eines Gottes besser verständlich machen als durch eine Hieroglyphe, die selber dem animalischen Urgrund des Lebens entstammt?[57]

Götterbilder sind also Hieroglyphen einer Metasprache, und die Mischgestalt der Götter bestätigt in besonderer Weise diese Vermutung: Sie steht als solche nicht für den Namen der Gottheit, sondern für ihr Wesen und ihre Funktion. Sie drückt aus, was die Götter im Sinn haben, was sie über die Menschen denken, und was sie mit ihnen tun. Die Götter nehmen in diesen Mischwesen Wohnung und sind in ihnen anwesend, so wie sie in den Hieroglyphen anwesend sind. *Die Mischwesen sind die Symbole der Götter.* Diese Symbole gilt es für den Frommen zu erkennen, vielleicht sogar zu entschlüsseln. Denn der Sinn und die Wahrheit stehen hinter den Symbolen, sind in ihnen verborgen, verborgen und geheimnisvoll durch die Maske, die sich die Gottheit gegeben hat.

Wenn wir auch soeben davon gesprochen haben, daß die mythischen Bewußtseinsstrukturen der Alten Ägypter dem modernen Forscher weithin unzugänglich bleiben, eben weil sie mythische und nicht im herkömmlichen Sinne reale Strukturen sind, so dürfen wir doch nicht dem Irrtum verfallen, die Alten Ägypter hätten wirklich geglaubt, ihr Gott Amun sei auch in Wahrheit ein Mensch mit Widderkopf[58]. Wir dürfen also nicht dem Vorurteil erliegen, das mythische Denken verhindere das realistische Denken oder sei gar von diesem heutzutage abgelöst worden. Keineswegs war der Alte Ägypter so töricht, anzunehmen oder zu glauben, die tier-menschliche Gottheit, welche er vor sich sah, sei auch im Jenseits so gestaltet. Es war vielmehr das Bild der Gottheit, durch das er hindurchschaute, um das Geheimnis des Urbildes, die Gottheit selbst, zu erfahren. «Amun ist die göttliche Macht, die neben vielen anderen unter dem Bilde des Widders gesehen werden kann, wie Horus sich im Bilde des Falken, der den Himmel mit seinen Schwingen überspannt, als der zu erkennen gibt, der er ist, oder Anubis im Bilde eines schwarzen Caniden, der sich in der Wüste an den Gräbern zu schaffen macht. Keines dieser Bilder zeigt die *wirkliche* Gestalt einer Gottheit, und keines kann den ganzen Reichtum ihres Wesens erfassen ... Jedes Bild ist ein unvollkommenes Mittel, eine Gottheit überhaupt anschaulich zu machen, sie in ihrer Wesensart zu kennzeichnen und von anderen zu unterscheiden.»[59]

Metaphern des Heiligen

Die ungeheure Vielfalt in den Tierkulturen des Alten Ägypten macht es schwer, bestimmte Strukturen zu erkennen, die die Kultur der Vorzeit mit den Kulturen der Reiche verbinden. Es fehlt sozusagen ein Grundmodell, das die unterschiedlichen vorhistorischen und historischen Perioden Ägyptens verbinden könnte und die Interpretationsmöglichkeiten der Forschung eingrenzt. Aber das ist in der Ägyptologie nicht gegeben: Die Art und Weise der Tierverehrung ist so bunt wie die Kulturen und Stile in den einzelnen Kunstepochen, die Ägypten während der vier Jahrtausende seiner Geschichte erlebt hat. Das macht es auch schwer, den hier beschriebenen kleinen Sektor zu überblicken und für unser Thema fruchtbar zu machen.

Schon auf den ersten Blick wird klar, daß wir es im Alten Ägypten nicht mit einer «Naturreligion» zu tun haben, in der sich die Interdependenz von Mensch und Tier beziehungsweise Natur und damit ein organischer Biokosmos von selbst ergibt, sondern um eine subtile und differenzierte Kultpraxis, die zwar das Tier, zumal das heilige Tier, einbezieht, es aber nie zu einer Identifikation zwischen dem Frommen und seinem theriomorphen oder sphingen Idol kommen läßt. Eine Unio Mystica mit diesem Idol verbietet sich geradezu deshalb, weil zwar die Gottheit in einem theriomorphen oder sphingen Idol Wohnung nehmen kann, aber nie der Mensch. Der Mensch bleibt immer ihr Gegenüber. Und die Gottheit bleibt sein Gegenüber. Die «Ich-du-Struktur» bestimmt die Frömmigkeit des Ägypters genauso wie sie die Frömmigkeit des Israeliten bestimmt: Gott offenbart sich *dem* Menschen, nicht *im* Menschen. Er bedient sich im Alten Ägypten zwar der Tiere und der Pflanzen als seiner Medien; aber diese Tiere und Pflanzen übermitteln nur den Geist der Gottheit, sind «nur» ihr Ba, durch den sie sich den Gläubigen zu erkennen geben. Das haben sie mit den Hieroglyphen gemeinsam. Tiere, zumal misch-gestaltige und darum im höchsten Grade numinos besetzte Tiere, sind «Metaphern des Heiligen».

Dabei ist es gleich, ob es sich um heilige Tiere handelt, die um ihrer bloßen Ausstrahlung willen verehrt wurden, weil sie mächtig und zeugungskräftig waren wie der Stier, wild und fremdartig wie der Löwe, klug und geheimnisvoll wie die Schlange, sanftmütig und mütterlich wie die Kuh, unab-hängig und dem Himmel nahe wie der Falke oder unheim-lich und der Unterwelt nahe wie das Krokodil-, oder um deren Kultbilder aus Holz und Stein. Immer wurde ihr Wesen, ihr Charakter, der dem menschlichen Wesen und Charakter so überlegen war, verehrt und angebetet, teils in Gestalt des lebendigen Tieres – wie zweifellos überall in der Vorzeit –, teils in dessen Standbild, das die Zoolatrie, die Tierverehrung, stets kultisch unterstützt hat: Im heiligen Tier erschließt und manifestiert sich die Gottheit. Heilige Tiere sind Sprecher ihrer Götter, sind ihr Leben und ihr Ba. Darum mußte jedes heilige Tier geachtet, geehrt und ange-sehen werden wie der göttliche Pharao. Darum gebührte ihm auch die gleiche Behandlung wie einem Pharao: Es wurde inthronisiert, und es wurde nach seinem Tode mit königlichen Ehren bestattet. Nicht nur die Volksfrömmig-keit, auch die ägyptischen Intellektuellen verlangten nach dieser Verbindung zwischen Göttern und Tieren.

Dieser Verbindung entstammt auch die *Therio-Anthro-pomorphie,* die tiermenschliche Mischgestalt, deren Her-kunft allen subtilen Theorien zum Trotz unbekannt bleibt. Unbestritten ist aber, daß die tiermenschliche Mischgestalt vom Beginn der ägyptischen Geschichte bis ins Neue Reich «dominant» geblieben ist. Das hat etwas mit der Ambiva-lenz von Tier und Mensch zu tun; denn einerseits scheint das Phänomen der Mischgestalt das Ergebnis einer Ent-wicklung darzustellen, zum anderen scheint es die unauf-lösbare Verbindung von Mensch und Tier, das unaufhörliche Aufeinander-Angewiesensein zu beschreiben. Das Tier ist ohne den Menschen, der Mensch ist ohne das Tier nicht denkbar, und beide sind ohne die Götter nicht denkbar. Wenn darum Erik Hornung die tiermenschlichen Mischwesen als «sinnträchtige Zeichen einer Metasprache» deutet, in denen sich die Götter inkarnieren, ähnlich wie in den Hieroglyphen, so macht er damit eine Aussage, die das Geheimnis anspricht, das diesem Kult eigen ist. «Die Mischwesen sind in ihrer hieroglyphischen» Göttersprache Metaphern des Geheimnisses der Götter und sind als solche deren Symbole. Diese bereits religions-philosophische Deutung enthebt uns freilich nicht der Diskussion darüber, ob die Sphingen von den Gläubigen als Masken oder als Realität dargestellt wurden; sie bieten aber so etwas wie einen Extrakt, ein kleinstes gemeinsames Vielfaches, zu dem sich die verschiedenen Theorien verstehen und in dem sie auch übereinstimmen können.[60] Gleichzeitig ist damit der «eurozentrischen Wissenschaftsüberheblichkeit», die altägyptische Zoolatrie und die altägyptische Therio-Anthropomorphie könne und müsse an westlichen Deutungsmustern gemessen werden, ein Riegel vorgeschoben: Es gibt Denk- und Frömmigkeitsstrukturen, die nur aus dem jeweiligen Kulturzusammenhang zu deuten sind und sich allen anderen Interpretationsversuchen entziehen. Dazu gehören in jedem Falle die Mythologeme des Alten Ägypten.

Ist nun ein solcher Exkurs in den Alten Orient für unser Thema religionsökologisch überhaupt von Bedeutung? Ergibt er irgendeinen Ertrag, der sich mit den Erträgen anderer Kulturen, zumal der naturreligiösen messen könnte? – Solche Fragen können nur im Zusammenhang mit der Frage beantwortet werden: Welche Rolle spielte die Natur überhaupt im Alten Ägypten? Und wie läßt sich darin unser Thema unterbringen?

Zunächst wird man zugeben müssen, daß sich die ägyptische Religion von allen Stammesreligionen in Afrika, Asien und den beiden Amerika dadurch unterscheidet, daß sie keine «Naturreligion», sondern eine «Kulturreligion»[61] ist. Das heißt, daß die natürlichen Objekte, die in den Stammesreligionen in den Kult integriert sind und dort rituelle Bedeutung erlangt haben, in Ägypten – zumindest in der Zeit der Reichsgeschichte – von der Kunst absorbiert worden sind: Tiere und Pflanzen, die in den Natur- und Stammesreligionen unmittelbar Verehrung genießen, wurden in Ägypten von der Kunst aufgenommen, umgeformt und dem Gläubigen als Bild präsentiert. Nicht der Biokosmos, in dessen Werden und Vergehen auch der Mensch einbezogen ist, sondern der Technokosmos, der die Götterwelt bzw. den Götterhimmel auf Erden abbildet, ist für den Glauben der Ägypter von grundlegender Bedeutung. Harmonie beziehungsweise ausgleichende Gerechtigkeit wird dem Frommen nicht durch die Natur zuteil, sondern erst durch den die Natur transformierenden und transzendierenden Tempelkult. *In Ägypten tritt der Tempel an die Stelle der Natur.* Im Tempelkult wird jene Harmonie und ausgleichende Gerechtigkeit erfahren, die der Angehörige einer Stammesreligion als Jäger und Sammler im Wald oder in der Steppe erfährt.

Der Jäger und Sammler erlebt die Natur zwar immer wieder bedrohlich, aber doch so, daß er diese Bedrohlichkeit für sich akzeptiert und die Natur zu seiner Heimat macht. Der ägyptische Bauer kennt die Natur, abgesehen von den periodischen Nilüberschwemmungen, nur als Kultur. Er hat die bearbeitete Kultur zu seiner Heimat gemacht. Jenseits seiner Felder, jenseits des lebenspendenden Nil breitet sich die todbringende Wüste aus, das Niemandsland. Im Niemandsland der Wüste ist für den Bauern kein Leben möglich. Sie ist ihm feindlich gesonnen, feindlich insofern, als die Geister, die in der Wüste leben, durchweg Unheil bringende, dämonische Geister sind –, ganz im Gegensatz zu den Baum- und Tiergeistern, die die Waldbewohner fürchten, oder auch zu den Geistern, die die Fruchtbäume (vgl. die Sykomore) und die Tiere des Nilschwemmlandes bewohnen.

Der Ägypter ist angewiesen auf das schmale Stück Kulturland, das er bearbeitet, bebaut, und auf dem seine Götter in Tempeln und Idolen aus Stein wohnen. Sein Leben und sein Glaube haben hier ihre Heimat. Solche fundamentalen Unterschiede zwischen Naturreligion und Kulturreligion werden am Tierkult besonders deutlich. Und das tiermenschliche Mischwesen, wie es im Alten Ägypten verehrt wurde, dürfte dafür ein gutes Beispiel geben. Da es nirgends in der Natur vorkommt – und es kann keinen Zweifel geben, daß diese Tatasche auch dem mythengläubigen Fellachen bekannt war –, mußte es erdacht, aufgezeichnet und künstlerisch ausgeführt werden. Dann erfolgte die «Beseelung» durch den Priester im Kult. *Das Mischwesen ist also ein ausgesprochenes Kultprodukt,* ein Kultwesen, das seinen Ba nur durch den Kult erhält. Und es ist ein Wesen, das seine Existenz einem Künstler verdankt. Als solches gehört es zu den Tieren und zu den Menschen, genauer gesagt: *Als Tier-Mensch, der in der Welt nicht vorkommt, ist dieses Wesen Metapher des Heiligen, Hieroglyphe der Götter, Gottessymbol, Gott.*

Die enge Verflechtung von Mensch und Tier, wie sie im Mischwesen ihren Ausdruck findet, hat aber ein besonderes Verhältnis des Ägypters zum Tier an sich zur Folge: Die Tiere sind Geschöpfe der Götter und tragen – wie die Menschen – den göttlichen Ba, eine Seele, in sich. Heilige Tiere sind natürlich unantastbare Tiere und unterliegen besonderen Tabus: Sie dürfen nicht als Zugtiere verwendet oder als Arbeitstiere ausgenutzt werden, und sie dürfen – selbstverständlich – nicht geschlachtet werden. Aber auch ihre Artgenossen stehen unter einem besonderen Schutz: *Alle* Ibisse sind Göttertiere, *alle* Kühe tragen die Wesenselemente der Göttin Hathor in sich, *alle* Schakale sind numinos besetzt, weil sie aus der Wüste kommen, *allen* Krokodilen begegnet der Ägypter mit Gottesfurcht, von *allen* Schlangen erwartet er geheime Kunde und Gefahr, in *allen* Falken sieht er Boten Gottes, die Mittler sind zwischen Himmel und Erde, mit *allen* Katzen stellt er sich gut, weil sie Symbol der Stadtgöttin von Bubastis, die Kater gar Symbol des Rê-Harachte, sind. Die Privilegien der heiligen Tiere, einiger weniger Tiere, die aus der Masse ihrer Artgenossen herausgehoben sind und die Elite der Auserwählten bilden, gehen in gewisser Weise damit auch auf ihre Argenossen über: Diese werden zwar nicht kultisch verehrt und angebetet, sie dürfen aber an der Heiligkeit der «Elitetiere» teilhaben. Sie dürfen nicht geschlagen und nicht getötet werden, und unmittelbar neben dem Sanktuarium, also innerhalb des Tempelbezirks, werden von eigens dafür angestellten Tempelwärtern Futterstellen für sie angelegt. So können auch die übrigen Tiere der Gattung an der Auserwähltheit eines ihrer Artgenossen, der in den Tempelhallen in leibhaftiger Gestalt oder als Idol verehrt wird, teilnehmen und profitieren. Auf diese Weise wird die ganze Gattung geachtet: Die Erhebung eines Tieres zur Gottheit überträgt sich auch auf die anderen Tiere der Gattung, und seine Heiligkeit wirkt sich auf die ganze Gattung aus. Auf diese Weise trägt der Mythos von der Heiligkeit bestimmter Tiere zur Erhaltung der Art bei und verhindert deren Aussterben. Der Tierkult des Alten Ägypten hat damit einen wesentlichen Anteil am Tierschutz seiner Zeit. Das wird in dem Augenblick anders, als Ägypten christianisiert wird, die Missionare den Tierkult und die Verehrung der Tiere verbieten und die ganze Art «zum Abschuß freigeben» und ihr damit – gleichsam per Dekret – den Schutz entziehen.

Kapitel 6

Der Glaube an den gemeinsamen Ursprung und eine theriomorphe Gottheit am Anfang

Kachina-Kuhkopf mit menschlichem Körper.
Zuni-Arbeit, Nordamerika; ca. 1850 n. Chr.

Erste Anfänge der Totemismusforschung

«Was die Unterteilung in einzelne Stämme betrifft, so glauben sie (gemeint sind die Ojibwa), daß vor vielen Jahren der Große Geist seinen roten Kindern ihre Totems (toodaims) gab, damit sie niemals vergessen mögen, daß sie alle miteinander verwandt seien und daß sie in Zeiten der Not oder des Krieges verpflichtet sind, einander zu helfen. Wenn ein Indianer unterwegs auf eine fremde Indianergruppe trifft, dann braucht er nur nach denen zu suchen, die das gleiche Emblem wie sein Stamm tragen. Und nachdem er sich zu erkennen gegeben hat, daß er zu ihrem Totem (toodaim) gehört, so kann er sicher sein, daß er als ein Angehöriger behandelt wird ... Jeder Stamm unterscheidet sich durch gewisse Tiere oder Dinge, so haben zum Beispiel die Ojibwa-Völker die folgenden Totems: den Adler, das Rentier, die Otter, den Bären, den Büffel, den Biber, den Katfisch, den Hecht, die Birkenrinde, die Weiße Eiche ...»

Das ist der erste Versuch, den Begriff «Totem» zu definieren.[1] Peter Jones, ein Ojibwa-Häuptling und zugleich ordinierter Methodistenpfarrer und Missionar seines Stammes, hat ihn in seinem Buch «History of the Ojebway Indians», das nach seinem Tod (1856) in London erschien, unternommen.[2] Seitdem haben die Versuche zu bestimmen, was ein Totem ist, was es bedeutet und welche Kräfte es ausübt, nicht aufgehört; denn selbst jene Versuche, die den Totemismus als System ablehnen oder ihn als ein hypothetisches Konstrukt bezeichnen möchten, spiegeln noch die heftige Diskussion wider, die dieser Begriff seit über hundert Jahren hervorgerufen hat.

Der Name «Totem»[3] stammt aus dem Ojibwa, einer Algonkinsprache, die nördlich der Großen Seen gesprochen wird. Der Ausdruck ototeman heißt so viel wie «er gehört zu meiner Sippschaft», wobei ote die Verwandtschaft zu einem leiblichen Verwandten ausdrückt, «also die exogame Gruppe auf der Ebene der Generation des Subjekts definiert», wie Claude Lévi-Strauss vermerkt.[4] Auf diese Weise wird die Zugehörigkeit zu einem bestimmten Klan zum Ausdruck gebracht und ein religiöses und soziales System konstruiert, das von den Ethnologen des 19. Jahrhunderts an den Anfang der Menschheit projiziert wurde. Das Tier oder die Pflanze oder ein Naturobjekt, die mit diesem Klan verbunden sind, wird «Totem» genannt. So heißt zum Beispiel «makwa nindotem» auf Ojibwa «der Bär ist mein Klan» oder «pindiken nindotem» – «tritt ein, mein Klanbruder».[5] Mit Tiernamen werden fast alle Ojibwa-Klane bezeichnet, was die Forschung dazu angeregt hat, besonders bei ihnen das Totemismusproblem zu untersuchen.

Nach Peter Jones, diesem Protagonisten der Totemismusforschung, lassen sich nun folgende fünf Stammesmerkmale aus dem Totem ableiten: *Erstens* die verwandtschaftlichen Zusammenhänge, die sich zwischen den einzelnen Stammesgruppen, den Klanen, ergeben und über die Grenzen des Klangebietes hinausgehen,[6] *zweitens* der Name des Klans, der sich von einem bestimmten Tier, einer Pflanze oder einem Naturphänomen, wie Sonne, Mond, Regen usw., ableitet und als Unterscheidungsmerkmal zwischen den Klanen dient; *drittens* wird der von einem Tier, einer Pflanze, einem Naturphänomen abgeleitete und auf einen Klan übertragene Name in eine enge Beziehung zum Klan und zu den Klanmitgliedern gesetzt, und zwar in einer mystifizierten Vererbungstheorie, so daß das Totemtier, die Totempflanze, das Totemphänomen als «zum Klan gehörig» angesehen wird; *viertens* wird das Totem auf diese Weise zum Objekt religiöser Verehrung, und mit jedem Exemplar der Totemgattung sind bestimmte Tabus und Verbote, Riten und Rituale verbunden, die alle darauf hinauslaufen, das Totem nicht zu töten, nicht zu essen und nicht zu verletzen;[7] *fünftens* wissen sich – wie in allen Stammesgesellschaften, die auf verwandtschaftlicher Beziehung aufgebaut sind – die Stammesmitglieder verpflichtet zu gegenseitiger Hilfe und Fürsorge und zum Schutz vor Feinden, die die «Totemgemeinschaft» bedrohen. Sidney Hartland, der den Totembegriff von Peter Jones interpretiert,[8] fügt noch einen weiteren Punkt hinzu, der seitdem in der Totemismusforschung, so vor allem bei J. G. Frazer in seinem Werk «Totemismus and Exogamy» (4 Bde., London 1910) und vor allem in der Totemismusdiskussion bis zum heutigen Tage eine eminent wichtige Rolle spielt: «Sie (die Klanmitglieder, die sich einem bestimmten Totem verpflichtet fühlen) dürfen untereinander nicht heiraten und keinen sexuellen Verkehr innerhalb ihres Klans pflegen.»

Peter Jones, der offenbar durch seine Zugehörigkeit zu den Ojibwa und die Missionstätigkeit unter seinen Stammesgenossen einen tiefen sozusagen «elementaren» Eindruck vom Totemismus gewonnen hat[9], hält das Totem für eine Setzung durch den «Großen Geist». Eine «Setzung» läßt sich nicht mehr hinterfragen, sie ist sozusagen ein Urgebot, das «im Anfang» geschah. Und ein Gebot mit weitreichenden Folgen ist der Totemismus in der Tat. Ausdrücklich sagt Jones, daß der Zweck des «toodaim» darin bestehe, daß die «roten Kinder» des Großen Geistes niemals vergessen mögen, «daß sie alle miteinander verwandt seien und in Zeiten der Not und des Krieges verpflichtet sind, einander zu helfen». Das Totem steht also für den Ojibwa am Anfang, am Ur-Anfang. Von ihm geht alles aus: die gesellschaftliche Ordnung, die Beziehung zum Großen Geist und das Verhältnis zur Natur. Und so wie es für einen

Juden, Christen oder Moslem müßig ist, danach zu fragen, nach welchen Regeln sich die Israeliten *vor* der mosaischen Gesetzgebung gerichtet haben oder wie die Menschen mit ihren Problemen *vor* der Gottesoffenbarung fertig geworden sind, so ist es auch müßig, danach zu fragen, wonach sich die Ojibwa vor der Einführung des Totemglaubens gerichtet haben mögen, wenn es um die Regelung ihrer Stammesangelegenheiten ging.

Die «Setzung des Totemismus durch den Großen Geist» hat aber nicht nur Auswirkungen auf die Menschen dieses Stammes, sondern auch auf die Tiere, Pflanzen, Naturobjekte, die mit diesem Stamm in einer Art Unio Mystica verbunden sind: Indem sie vom Großen Geist zum Totem eines bestimmten Klans gemacht werden, gehören sie auch essentiell zu diesem Klan, sind mit ihm verwandt, sind die Geschwister der Klanmitglieder und genießen den gleichen Schutz und die gleiche Zuwendung wie die menschlichen Klanmitglieder. Das gilt es festzuhalten gerade im Blick auf andere Totemgemeinschaften, die an einen gemeinsamen Ursprung der Lebewesen glauben und die Verwandtschaft zwischen den Menschen und seinem Totem auf einen Schöpfungsakt sogenannter «Totemgötter» zurückführen.

Der erste Forscher, der den Totemismus mit der Religion beziehungsweise insbesondere der Stammesreligion in Zusammenhang brachte, war *John Ferguson Mc Lennan* (1827–1881). Sein berühmter Artikel «On the Worship of Animals and Plants» aus dem Jahre 1869[10] ist grundlegend für die Totemismusforschung geworden, obwohl er für das Totem einen, wie die heutige Forschung nachgewiesen hat, durchaus falschen Ursprung annimmt, nämlich den *Fetischismus*. Mc Lennan behauptet nämlich in seinem Artikel, der Totemismus sei ein Überbleibsel des Fetischismus. Das wird gleich auf der ersten Seite deutlich, wo er sich auf die Praeparatio Evangelica des Kirchenvaters Eusebius beruft, genauer gesagt, auf Fragmente, die Eusebius zugeschrieben werden:[11] Diese Fragmente erzählen uns, daß «die ersten Menschen die Pflanzen weihten, die die Erde hervorsprießen ließ, und sie für Götter hielten, und sie verehrten, sie und ihre Nachkommen ebenfalls, und sie brachten ihnen Opfergaben» ... «Außerdem teilen uns die Fragmente mit, daß die ersten Menschen geglaubt haben, die Himmelskörper seien Tiere, nur in ihrer Gestalt von denen auf Erden unterschieden.»[12] Mc Lennan postuliert nun eine evolutionistische Abfolge in der Religion, sozusagen eine «heilige Entwicklungsgeschichte», d. h. er behauptet, die Götter hätten sich im Laufe der Menschheitsentwicklung mitentwickelt, und er nimmt eine Hierarchie in der Gottesverehrung an: Zuerst hätten die Menschen Pflanzen verehrt, dann – als sie sich ihres Leidens unter Dürre und Überschwemmung bewußt wurden – die Himmelskörper, die sie für Tiere hielten, dann Säulen beziehungsweise Pfähle, die Embleme der Schöpfergottheit; und schließlich seien zuletzt die anthropomorphen Gottheiten auf der Leiter der heiligen Entwicklungsgeschichte erschienen.[13] Mc Lennan tut sich schwer, den Totemismusbegriff zu erklären, und er sagt auch warum: «Was ein Totem ist, kann nicht mit einem einzigen Satz verständlich gemacht werden, sondern man muß die Berichte, die wir von den verschiedenen Stämmen haben, studieren.» Zunächst begnügt er sich mit der Feststellung: «Das Wort ist dadurch in Gebrauch genommen, daß es von bestimmten Indianerstämmen als Name einem Tier oder einer Pflanze gegeben wurde. Dieses Tier oder diese Pflanze ist den betreffenden Stämmen schon seit unvordenklichen Zeiten heilig gewesen.»[14] Offenbar meint er damit, daß der Totemismus eine Art Relikt sei aus jener Zeit, in der die Menschen noch Tiere und Pflanzen verehrten, ein Relikt, das sich durch alle Stadien der Entwicklungsgeschichte hindurchgerettet habe und sozusagen an den Klanen der Stämme (auch Mc Lennan sagt «tribes» statt «clans») hängengeblieben sei.

Zu den auf unterster Stufe stehenden Totems zählt er das Taro-Pflanzen-Totem, das sich bei den Polynesiern auf Tahiti und den Marquesas findet: Die große Gottheit Taaroa hat ihren Namen von der Taro-Pflanze, einer Süßkartoffel.[15] Aber diese Süßkartoffel ist das Hauptnahrungsmittel auf diesen Inseln. Es kann sich also nach alledem, was wir bisher gesagt haben, nicht um ein Totem handeln, das in jedem Falle mit bestimmten Nahrungstabus belegt ist. Die bloße Beziehung oder namentliche Verwandtschaft zwischen Taro-Pflanze und Gottheit allein reicht also offenbar nicht aus, um einen Totem-Kult zu begründen. Vielmehr genießt diese Pflanze deshalb besondere Verehrung, weil sie so lebensnotwendig ist. Eine ausgezeichnete Parallele zum Taro / Taaroa-Kult ist der Kult der Maisgöttin im Alten Mexiko, der aus den gleichen Gründen entstanden ist: Weil der Mais das Grundnahrungsmittel der Mexikaner ist, genießt er besondere Verehrung, und es lag nahe, ihn mit einer Gottheit in Verbindung zu bringen, die diesen Mais erschuf und fortan alle Ernten garantiert.

Für die nordamerikanischen Indianer stellt Mc Lennan 48 Totems fest, bei denen er eine besondere Beziehung zu den Menschen erkennen kann: «*Der* Bär ist der Stamm; *ein* Bär ein Stammesangehöriger.» Das bedeutet in bezug auf die exogame Heiratspraxis, daß ein männlicher «Bär» nie eine «Bärin» heiraten darf, sondern zum Beispiel eine «Wölfin», eine weibliche «Schildkröte» einen männlichen «Biber», «Hirsch», «Adler» und so weiter. Damit sind also klare Grenzen gegenüber dem Inzest gezogen, und es ist ein eindeutiges Exogamiegebot ausgesprochen.

Welche Macht ein Totemtier über Menschen ausüben kann und wie verletzlich es ist, zeigt der Bericht eines Gewährsmannes von Mc Lennan, der Bericht eines gewissen Mr. J. K. Long, der 1791 die Sitten und Gebräuche nordamerikanischer Indianer in seinen «Voyages and Travels of an Indian Interpreter and Trader»[16] beschrieb: «Das Totem, das sie sich vorstellen, nimmt die Gestalt eines Tieres an (!), und daher töten sie das Tier nicht noch jagen sie es noch essen sie es, dessen Gestalt ihrer Meinung nach das Totem in sich trägt (!).» Long beschreibt nun, was einem Indianer zustieß, dessen Totem der Bär war: Dem Mann träumte, er fände eine Herde mit Elchen und anderen Tieren und machte sich auf, um sie an einem bestimmten Platz zu suchen. Seinem Traum «abergläubisch» Folge leistend (so Long) ging er allein – weil er niemanden finden konnte, der ihn begleiten wollte – an den im Traum geschauten Ort und schoß einen Bären. «Schockiert von seinem Unternehmen», so erzählt Long, «und aus Furcht davor, daß der Herr des Lebens (the Master of Life), den er meinte, beleidigt zu haben, ihm sein Mißfallen äußern würde, fiel er zu Boden und lag eine Weile besinnungslos da.»[17] «Als er sich wieder erholt und festgestellt hatte, daß ihm nichts zugestoßen war, eilte er nach Hause. Auf dem Wege dorthin begegnete ihm ein riesiger Bär, der ihn fragte, was ihn veranlaßt hätte, sein Totem zu töten. Nachdem er ihm die Umstände und sein Mißgeschick erklärt hatte, vergab ihm der Bär, aber der Mann wurde fortgeschickt mit einer Warnung, die er an alle Stammesgenossen weitergeben sollte, ‹daß nämlich ihr Totem unbedingt sicher sein sollte, damit der Herr des Lebens nicht zornig über sie ist›.»[18] «Als er mein Haus betrat», so erzählt Long, «schaute er mich sehr ernst an und erklärte mir in seiner Sprache: ‹Biber[19], ich habe meinen Glauben verloren; mein Totem ist zornig. Ich werde niemals wieder auf die Jagd gehen können.›»

Diese Geschichte ist ein gutes Beispiel dafür, um das Wesen des Totemismus deutlich zu machen und kann der Totemismusforschung zugleich eine Reihe von Impulsen geben –, wenn auch Mc Lennan seinerzeit aus ihr falsche Schlüsse zog![20]

Offenbar nahmen die frühen Forscher an, das Totem sei etwas, was das Totemtier oder der Totemgegenstand in sich trage, eine Art Seele, einen puruśa, wie die Upanishaden sagen würden, jedenfalls ein unsichtbares Wesen, das sich dem betreffenden Menschen, dem es zugeordnet ist, mitteilen kann («mein Totem ist zornig»). Dieses Wesen, so meinte man, begründe die «Wesensverwandtschaft» mit den Menschen, den Stammesangehörigen, den Klan-Angehörigen, die den Namen des Totem tragen. Und in gewisser Weise haben die frühen Forscher damit Recht: Denn wer sein Totem verletzt oder tötet, der verletzt oder tötet damit sich selbst, zumindest fügt er sich Schaden zu, indem er die Verwandtschaftsbande zerreißt. *Die Verletzung des Totems kommt der Zerstörung der Familie / des Klan gleich, die diesem Totem verbunden sind. Die Tötung seines Totems bedeutet Geschwistermord.*

Noch eine zweite wichtige Beobachtung ergibt sich aus dem Bericht des Indianers, den Mc Lennan ein wenig abwertend «die Einbildungskraft des Menschen» nennt: Der Mensch begegnet in seinem Totemtier dem «Herrn des Lebens». Der Bär, den er versehentlich getötet hat, ist ein Abgesandter des Herrn des Lebens, und der («riesige») Bär, dem er auf seinem Heimweg begegnet, ist «der Herr des Lebens» selbst: Er spricht mit ihm, er vergibt ihm, er schickt ihn nach Hause. Mc Lennan hält den mythischen Bären nur für einen Abgesandten des Herrn des Lebens,[21] weil er von diesem in der dritten Person spricht («damit der Herr des Lebens nicht zornig über sie ist»); aber nach alledem, was wir im Bärenkult der zirkumpolaren Völker über den Herrn oder die Herrin der Tiere gehört haben, ist dieser oder diese jene mythische Gestalt, die eine bestimmte Tiergattung vertritt, sie schützt und von Zeit zu Zeit einige irdische Exemplare der Gattung den Menschen zum Abschuß freigibt. Der Herr oder die Herrin der Tiere gehört also zum Prototyp ihrer Gattung und ist deren mythisches Urbild: Der Indianer begegnet hier diesem Prototyp der Bären, dem mythischen Urbild der Bärengattung, die er beleidigt hat, weil er eines ihrer Abbilder, ein irdisches Exemplar der Bärengattung, getötet hat –, zur Unzeit getötet hat, muß man hinzufügen, weil er sich nicht an die Jagdzeiten und Jagdregeln oder an die von dem Herrn der Bären zum Abschuß freigegebene Quote gehalten hat. Der Herr der Bären ist also hier der Herr des Lebens selbst. Das wird auch daran deutlich, daß der Indianer klagt: «Ich habe meinen Glauben verloren; mein Totem ist zornig. Ich werde niemals wieder auf die Jagd gehen können.» Totem und «Herr des Lebens» stehen also miteinander in einem Zusammenhang: Das Totem kann zornig werden, genauso wie der Herr des Lebens, nämlich der Herr der Bären, zornig werden kann. Das Totem kann ihm seinen Glauben nehmen und ihn in seiner Existenz vernichten. Das Totem ist nicht nur das Wesen seines «Seelentiers», es hat sein Wesen vor allem in dem Prototyp, dem mythischen Urbild der ganzen Tiergattung, nämlich in der Gattung Bär. Da das Totem die Seele und das Leben der aus Menschen und Tieren bestehenden totemistischen Gemeinschaft ist, ist das mythische Urbild dieser totemistischen Gemeinschaft die Seele und das Leben schlechthin. Der Bär sagt also zu dem Indianer: Wer gegen das Leben verstößt, das Menschen und Tieren gemeinsam ist und sie miteinander verbindet, der verwirkt sein eigenes Leben.

Das führt uns zur Vorstellung von den *Totem-Göttern*. Mc Lennan geht dabei von der Verehrung lebender Wesen aus, die er als «Schreine der Götter» bezeichnet.[22] So gibt es bei den Fijianern einen Stamm, der sich zu einem Gott namens Nuengei bekennt, der die Welt geschaffen hat und allwissend und allmächtig ist. Nuengei wohnt in einer bestimmten Schlange,[23] –, natürlich deshalb, weil der Schlange – geradezu global – die Eigenschaften Allwissenheit und Allmacht zugeschrieben werden. Nuengei hat auch die Menschen geschaffen; das bekennt der Klan, der sich daher dieser Schöpfergottheit in besonderer Weise verpflichtet weiß und als Emblem die Schlange gewählt hat. Der in dem Körper einer bestimmten Schlangenart einge- schreinte Schöpfergott ist gleichzeitig der Totem-Gott des Schlangen-Klans. Deshalb sind die Klanmitglieder ver- pflichtet, alle Schlangen dieser Art besonders zu schützen und sie keinesfalls zu töten, weil sie damit sich selber scha- den und ihr eigenes Leben in Gefahr bringen würden.

Mc Lennan spricht in seinem klassischen Artikel über die Tier- und Pflanzenverehrung geradezu von einem «Totem- Olymp»[24], der sich auf den polynesischen Inseln findet, und führt Stämme an, in denen Vögel, Fische, große Landtiere und Pflanzen verehrt werden. Alle freilich sind nur die Schreine, die Körper der unsichtbaren Gottheiten: Der Falke ist nur der Schrein der Falkengottheit und des Falken- totems, der Hai ist nur der Schrein der Haigottheit und des Haitotems, die Landkrabbe ist nur der Schrein der Krebs- gottheit und des Krebstotems. Wer einem Klan angehört, der sich zu einer dieser Totemgottheiten bekennt, hat sich bestimmten Tabus zu unterwerfen, die ihn verpflichten, das Totemtier – sein Totemtier – zu schützen und Schaden von ihm abzuwenden. Mc Lennan erkennt also mit Recht in den Totemtieren die sichtbaren Vertreter beziehungsweise die Inkarnationen von Gottheiten, die er «Totemgötter» nennt. Er hätte auch von «Herren» oder «Herrinnen des Lebens» sprechen können.

Aber Mc Lennan möchte seine Totemismustheorie auch auf leblose Objekte, wie Steine, Werkzeuge und Waffen, kurz, auf alle Gegenstände, die in Stammeskulturen zu Götterbildern gemacht werden,[25] ausdehnen. Mit anderen Worten, er macht keinen Unterschied mehr zwischen Tote- mismus und Fetischismus: «... In vielen Fällen ist der Fetisch das Totem»,[26] zumindest eine seiner Vorformen.[27] Aber gerade hier irrt der Forscher Mc Lennan: Das Totem ist – worauf schon Sigmund Freud aufmerksam gemacht hat –[28] «nie ein Einzelding» wie der Fetischismus, «sondern immer eine Gattung». Das Totem spendet von sich aus Leben und schafft Lebensgemeinschaft, während der Fetisch erst durch den Priester und dessen Zauber zum Garanten einer Lebensgemeinschaft wird; das Totem ist an einen idealen Prototyp in der Transzendenz gebunden, während der Fetisch die sichtbar gebannte Kraft der Gottheit darstellt; das transzendente Totem setzt aus sich heraus sich immer wieder regenerierende immanente Totems, die die Totemgemeinschaft unlösbar mit dem Ur-Totem, der Totem-Gottheit, verbinden, während der sichtbare Fetisch nur durch seine Gegenwart auf die ihn verehrende Stammesgemeinschaft wirkt, diese zwar zusammenhält, sie aber nicht konstituiert. Konstituiert wird eine Stammes- oder Klangemeinschaft nur durch das vom Uranfang an bestehende Schöpfungswirken der Totem-Gottheit: Kurz gesagt: *Das Totem beseelt die Menschen, während der Fetisch sich erst (vom handelnden Priester) beseelen lassen muß, um die Menschen beseelen zu können.*

Mc Lennan vertritt die evolutionistische Linie innerhalb der Religionsethnologie: Fetisch und Totem stehen seiner Meinung nach am Anfang der kulturellen Menschheitsentwicklung, aus der sich «die höheren Rassen» (!) im Laufe ihrer Entwicklung befreit haben.[29] Fetisch- und Totem-Gottheiten folgten – so McLennan – anthropomorphe Gottheiten, diesen schließlich die abstrakten Gottheiten des Henotheismus und des Monotheismus. – Eine solche Sicht der Religionsgeschichte läßt sich heute nicht mehr aufrechterhalten: Vielmehr finden sich Strukturen der sogenannten Stammesreligionen durchaus innerhalb der Hochreligionen wieder, (zum Beispiel in den Initiationsriten, in den Eigenschaften der Götter usw.) und umgekehrt: Die häufig als besonders hoch entwickelt eingestufte religiöse Reflexion tritt auch bei den sogennanten Schriftlosen Völkern auf (zum Beispiel in der Schuldproblematik, der Theodizeefrage usw.). *Religionen lassen sich nicht bewerten, sondern nur von ihren Strukturen her definieren, und zu diesen Strukturen, die alle Religionen durchziehen, gehört der Totemismus.*[30]

Die Gottheit in Tiergestalt

Bei den schon mehrfach erwähnten Aranda in Nordaustralien gibt es die Vorstellung von theriomorphen Mischwesen, die eine irrationale Bedeutung haben. Sie stehen im Zusammenhang mit dem Numen *Altjira,* in dem der christliche Missionar Carl Strehlow das höchste, gute und ewige Wesen der Aranda gefunden zu haben glaubte: Der Gott Altjira hat die Füße eines Emu und wird darum Altjira iliinka (ilia = Emu, inka = Beine, Füße) genannt. Er hat viele Frauen, die Hundebeine haben (knulja-inka), seine Söhne haben Emufüße wie er, seine Töchter Hundefüße wie seine Frauen.[31] Im Gegensatz zu evolutionistisch orientierten Forschern, die in Altjira lediglich ein Stammesnumen sehen wollen,[32] verwenden C. Strehlow und die Hermannsburger Missionare das Wort Altjira für «Gott», weil es der Idee von «ewig» am nächsten kommt. Ob und inwieweit dabei der Prototyp Altjira bei den Aranda bereits die Züge eines Hochgottes besaß, bevor die Missionare kamen, oder ob sie ihm erst durch die missionarische Theologie beigelegt wurden und somit seine Absolutheit erst nachträglich geschaffen wurde, ist eine unter Ethnologen noch immer viel diskutierte Frage, die aber in unserem Zusammenhang keine Rolle spielt.[33] Wichtig ist, daß dieses numinose Wesen Altjira am Anfang verschiedener Totemgruppen zu stehen scheint und so etwas wie einen «ungeschaffenen Urvater» dieser Totems darstellt.[34] Daneben gibt es andere Numina, die ebenfalls theriomorph sind: zum Beispiel böse Wesen, die in Hundegestalt auftreten, aber Menschenhände besitzen, oder «Fliegenschwänze» (mangaparra), die die Gestalt von großen schwarzen Vögeln haben, aber ein menschenähnliches Gesicht tragen; sie fliegen umher und suchen die Menschen heim.[35] Auch die evolutionistisch orientierten Forscher sprechen hier von «semi-animal ancestors»,[36] andere – wie T. G. H. Strehlow – von «semi-human beings», «Halbmenschen»,[37] was auf das gleiche hinausläuft; denn danach sind die mythischen Wesen der Urzeit offenbar Zwitter, Sphingen gewesen.

Die tiermenschlichen Mischgestalten scheinen nicht die Ausnahme zu sein und sich nicht auf den «Hochgott» und seine Nebengötter zu beschränken. Vielmehr bestätigen die Mythen und Legenden der Aranda, daß es sich hier um ein grundlegendes, das heißt die Religionsgeschichte der Aranda begründendes Phänomen handelt.[38] Selbstverständlich können diese tiermenschlichen Wesen menschliche Handlungen ausführen, können sprechen und Entscheidungen fällen. Andererseits gleichen ihre physischen Abläufe und körperlichen Bewegungen durchweg denen der Tiere: Sie können kriechen, schwimmen, fliegen, und sich der Umgebung anpassen, so daß sie der Mensch nicht entdeckt. Der Mythos von den beiden Adlern, den C. Strehlow berichtet,[39] kann hier sogar als prototypisch gelten. Er erzählt davon, wie zwei Adler heimtückisch mit dem Speer einen Knaben töten, der sich ihnen – sterbend – als ihr Vetter zu erkennen gibt. Einer der Adler, der den teuflischen Plan ausgedacht hat, schleppt darauf den Toten in seine Felsenburg Alkutnama, wo er ihn auf Kohlen brät und an seine Jungen verfüttert. Kaum hat er das getan, stoßen die Adlerjungen laute Schreie aus, weil sie von einem Dämon, der die Gestalt eines Feldermausmannes angenommen hat, mit Zauberknochen gestochen und gequält werden. Die Geschichte endet mit dem Auseinanderbrechen des Nestes und dem Tode der Adlerjungen.

Die Erklärung des Mythos ist in der Tabuverletzung zu suchen: Das Fleisch eines Verwandten darf nicht verzehrt werden, und verwandt ist, wer das gleiche Totem verehrt, beziehungweise vom gleichen Totem abstammt. Mensch und Adler sind in diesem Falle durch das gleiche Totem verbunden, das heißt, sie leiten sich von einem gemeinsamen Vorfahren ab, sind also miteinander verwandt («Vettern»), und die Tötung eines Verwandten ist ein Sakrileg, der Genuß seiner Leiche ein schweres Verbrechen. Am tiermenschlichen Verhalten der Adler aber werden auch die unterschiedlichen Lebensformen deutlich, und die Adler erscheinen als Sphingen: Die Fähigkeit des Fliegens und das Nest sind Bereiche, die den Vögeln zukommen, während das Töten mit dem Speer und das Braten der Beute eindeutig in die Sphäre der Menschen, eben in die Welt der Aranda-Jäger, gehören.[40]

Das führt uns zu einem weiteren Phänomen: nämlich dem Wechsel von einer Gestalt in die andere. Die in dem Mythos geschilderte Verletzung der Totemvorschriften ist offenbar nur dadurch möglich gewesen, weil eines der Wesen, nämlich der Mensch, seine tiermenschliche Gestalt verlassen und eine nur-menschliche Gestalt angenommen hat: «Die erstaunlichste und vollkommenste Form solcher Verwandlung ist die Möglichkeit zu mehrfachem oder gar beliebig oft wiederholbarem Pendeln zwischen verschiedenen Erscheinungsweisen.»[41] In einem Känguruh-Mythos wird die Fähigkeit der Verwandlung am Vorfahren Krantjirinja deutlich gemacht: «Krantjirinja wurde in der Wassergrube von Krantji zum Leben erweckt und war ein wirkliches Känguruh. Er trat in Erscheinung mit Gliedmaßen wie ein Känguruh. Während des Tages hatte er die Gestalt eines Tieres: Er pflegte Gras zu essen und grüne Kräuter... Nachts nahm er menschliche Gestalt an; er dekorierte seinen Körper mit Federdaunen, mit wunderbaren Figuren in die Federn hineingewoben... Am Grunde der Wassergrube lag ein Schild mit der Vorderseite nach unten; in den Tiefen der Grube befand sich das Haus der Ahnen... Unter dem Schild lagen all' seine tjurunga[42]: Von hier gingen alle Känguruhs in Schüben hervor. Sie tauchten auf in Form von Känguruhs, und dann nahmen sie menschliche Körper an.»[43] – Das Leben entsprang also einem Wasserloch, einer Art «Ursuppe», in der sowohl die Species Mensch als auch die Species Tier, d. h. Känguruh «ausgebrütet» wurde. Aber noch handelte es sich nicht um getrennte, voneinander unabhängige Species, sondern um ein und dasselbe Urwesen, das in der Lage ist, sich zu verwandeln: Am Tage in ein Känguruh, des Nachts in einen Menschen. Es wäre müßig zu fragen, welcher Species dieses Urwesen angehörte, bevor es Känguruh beziehungweise Mensch wurde.

Carl Strehlow hat auch Mythen aufgezeichnet, in denen sich Menschen in Tiere verwandeln, und die im wesentlichen unseren Verwandlungsmärchen ähneln: Ein Häuptling verwandelt sich in einen Raben, junge Männer in wilde Hunde, ein Fledermaus-Mann, das heißt einer, der dem Fledermaus-Klan angehört, in eine Fledermaus usw.[44] Und diese Verwandlung kann sich immer wiederholen, sie nutzt sich nicht ab, sondern ist das Merkmal dieser Wesen, die «Am Anfang» standen und die Fähigkeit hatten, Emanationen aus sich hervorzubringen.

Die einzelnen Totemgruppen sind Setzungen, das heißt sie beruhen auf keinem Zeugungsvorgang; sie sind da, und ihre Existenz wird nicht hinterfragt. Der Mythos von den beiden Adlern, die Brüder sind und Junge im Nest haben, ist dafür ein Hinweis. Auch am Bandicoot-Mythos, der sowohl die Entstehung der Zwergkänguruhs, der Bandicoots, wie der Menschen beschreibt, wird das deutlich: Der Bandicoot-Vorfahre Karora lag auf dem Grunde eines ausgetrockneten Wasserlochs, «und Wünsche und Sehnsüchte schossen ihm durch den Sinn» –, so gibt T. G. H. Strehlow den Anfang des Mythos wieder.[45] Darauf gehen aus seinem Köper – bezeichnenderweise aus seinem Nabel, diesem Zentrum des physischen Lebens, durch das der Mensch mit seiner Mutter in Verbindung bleibt – die Tiere, in diesem Falle die Bandicoot-Känguruhs, hervor. Die Gottheit ernährt sich von den Tieren und fällt dann in einen tiefen Schlaf. Während des Schlafes – also während die Totem-Gottheit sich völlig passiv verhält – geht aus seiner Achselhöhle ein Menschenwesen hervor, das zunächst die Gestalt eines Dröhnhorns hat, bevor es sich – während einer Nacht – zu einem ausgewachsenen jungen Mann entwickelt: Es ist der erstgeborene Sohn der Totem-Gottheit. Nach C. Strehlows Informationen[46] vollzieht sich die Entstehung von Tieren und Menschen zwar getrennt, aber doch so, daß der gemeinsame «Ausgangspunkt», das beide Species verbindende Urwesen, noch erkennbar ist: Die Tiere stammen direkt von ihren Totem-Göttern ab, wobei jede Species ihre Gottheit besitzt, die ihr die Existenz und den Namen verlieh. Außerdem können sich die Totem-Götter jederzeit in die Gestalt der Tiere verwandeln, die sie hervorgebracht haben oder aber ständig als Tiere umherwandern. Die Schöpfung des Menschen ist komplizierter gewesen. Ihre Vorformen beziehungsweise «Totem-Götter» sind amorphe Wesen, die keineswegs als Archetypen der Menschen anzusehen sind. Sie bringen deshalb auch nur unfertige Gestalten hervor, die erst – bezeichnenderweise von einem anderen Numen – mit dem Steinmesser bearbeitet werden müssen, damit sie ihr menschliches Aussehen erhalten.[47] Allerdings sind es dann die Totem-Götter der Tiergattungen, welche auch in Menschengestalt auftreten können und damit den Zusammenhang zwischen Tieren und Menschen deutlich machen. Der tierische und der menschliche «Verhaltensbereich» treten also gemischt auf. Richard Merz spricht hier von «genealogischen Mischungen».[48]

Der Ursprung des Totems und der Totem-Götter liegt in grauer Vorzeit. Die Aborigines spekulieren nicht über ihre Entstehung. Sie konstatieren nur, daß der große Vater Karora schon zu Beginn der Schöpfung da war: «Im Uranfang ruhte alles in ständiger Dunkelheit: Nacht lag auf der ganzen Erde wie ein undurchdringliches Dickicht. Der Bandicoot-Ahne – sein Name war Karora – lag im Schlaf ... auf dem tiefen Grund der Wassergrube von Ilbalintja ... Sein Haupt stieg auf / erhob sich / bis zum Himmel, als ob es die äußerste Wölbung der Himmel berühren würde. Es war ein lebendiges Geschöpf, bedeckt mit einer weichen Haut wie der Haut eines Menschen ... So ruhte er von Anbeginn an ...»[49] Der Große Vater Karora ist also schon immer da; man reflektiert nicht darüber, wie es zu seinem Dasein kommen konnte, wer *ihn* möglicherweise geschaffen haben könnte und so fort. Allenfalls wird in den totemistischen Gesängen der Aranda von seinem «Auftauchen» gesprochen und damit angedeutet, daß dieses Urwesen aus dem Wasser oder aus der Erde hervorkam. Sein Auftauchen ist jedenfalls «ein existentielles Geschehen».[50]

Carl Strehlow, B. Spencer und F. J. Gillen haben versucht, die Ur-Zeit der Aranda auf Grund des ihnen jeweils zur Verfügung stehenden mythischen Materials zu rekonstruieren. Ihre Rekonstruktionen weichen zwar voneinander ab, aber in den für uns wesentlichen Punkten stimmen sie miteinander überein. Nach C. Strehlow lautet der Schöpfungs(Urzeit?)-Mythos folgendermaßen:[51] «Die Erde (ala) wurde zuerst vom Meer (laia) bedeckt. Aus dieser ungeheuren Wassermasse ragten verschiedene Berge hervor, auf denen einzelne, mit göttlichen Kräften ausgestattete Wesen, altjirangamitjina (die ewigen Unerschaffenen) lebten; dieselben werden auch als inkara (die Unsterblichen) bezeichnet. In den nördlichen McDonnell Ranges erhob sich zum Beispiel ein hoher Berg ... über der großen Wasserfläche, auf dem zwei Känguruh-Männer ihr Wesen trieben. Auch in der Nähe der Finke Gorge, an der Stelle, wo der Finke Fluß die McDonell Ranges durchbricht, stand ein hoher Felsen, ... in dessen Innerem eine große Höhle war, in welcher Enten-Männer lebten. Da sie auf der mit Wasser bedeckten Erde keine Nahrung fanden, so stiegen sie wiederholt zum Himmel auf, um im Reiche Altjiras zu jagen und kehrten mit Beute beladen ... zurück.

Am Abhang dieses Berges befanden sich viele unentwikkelte Menschen, rella manerinja (zusammenklebende Menschen) genannt, weil ihre Glieder zusammengewachsen waren. Ihre Augen und Ohren waren geschlossen, an Stelle des Mundes befand sich eine kleine, runde Öffnung, die Finger sowie die Zehen waren zusammengewachsen, die zusammengeballten Hände waren an der Brust angewachsen und ihre Beine an den Leib gezogen. Außerdem waren diese hilflosen Wesen in Menschengestalt aneinandergewachsen ... Solche unentwickelten Menschen befanden sich noch in Rubuntja im Nordosten und in Irbmankara am Finke Fluß ...

Als später Altjira den altjirangamitjina verbot, in seinem Reich zu jagen, ergriff ein Vogel-Totem-Gott einen Stock und schlug damit das Wasser mit dem Befehl: jerrai! (geh fort!), worauf sich das Meer nach Norden zurückzog und das Festland zum Vorschein kam ... Als sich das Wasser von dem Festland verlaufen hatte, kamen überall aus der Erde altjirangamitjina (die Totem-Götter) hervor, die bisher in unterirdischen Höhlen gewohnt hatten. Diese traten meist in Menschengestalt auf, doch waren sie mit übermenschlichen Kräften ausgestattet und besaßen die Fähigkeit, die Tiere hervorzubringen, deren Namen sie führten ...[52]

Diesen Totem-Göttern gehören gewisse Plätze, wo sie gelebt und ihre Totem-Tiere hervorgebracht haben ... Einige dieser Totem-Götter blieben in ihren angestammten Wohnsitzen; ... andere altjirangamitjina dagegen machten weite Reisen und kehrten später mit einigen jungen Männern in ihre Heimat zurück. Auf diesen Reisen unterrichteten sie ihre Novizen, führten fast alle Tage Kulthandlungen auf, die den Zweck hatten, ihre Novizen in die Geheimnisse der Männer einzuweihen ... An welchem Platz sie aber eine tjurunga verloren, entstand ein Baum oder Fels, von dem

Kinderkeime in vorübergehende Frauen eingehen. Daneben erlegten sie auf diesen Reisen vieles Wild, und der Totem-Häuptling verrichtete ... Wunder, bahnte Wege über steile Gebirge usw. Ganz erschöpft kamen sie in ihrer Heimat an, wo sie von einem dort ansässigen Totem-Gott erwartet und gerufen wurden ... Ihre Leiber wurden zum Teil in Hölzer, zum Teil in Steine verwandelt, die tjurunga, d. h. der ‹eigene, verborgene› Leib,[53] genannt werden. Andere Totem-Götter ... gingen nach Ablauf ihrer irdischen Tätigkeit mit ihren Beinen in die Erde hinein, worauf ihre Leiber in Bäume oder in Felsen verwandelt wurden ...

Die rella manerinja lebten längere Zeit, nachdem die Erde trocken geworden war, in ihrer hilflosen Lage weiter, bis ein Mangarkunjerkunja, der Totem-Gott einer fliegenfressenden Eidechsenart, vom Norden kam und ihr Los verbesserte. Mit einem Steinmesser trennte er zuerst die einzelnen Wesen voneinander, schlitzte ihnen Augen, öffnete ihnen die Ohren, den Mund und die Nase, trennte die einzelnen Finger und Zehen voneinander und beschnitt sie ... Darauf zeigte er ihnen, wie sie Feuer reiben und ihre Nahrung künftig zubereiten sollten, gab ihnen Speer, Speerwerfer, Schild und Bumerang und jedem eine tjurunga. Er schärfte ihnen ein, an der Zeremonie der Beschneidung festzuhalten. Auch eine Heiratsordnung gab er ihnen.»[54]

Wichtig ist hier zunächst der Passus von den rella manerinja, den zusammenklebenden Menschen. Es handelt sich offenbar um ein anthropomorphes Wesen, das zwar die Funktion eines Hominiden übernimmt und zum Stammvater der Menschen zu werden scheint, selbst aber wegen seiner Ungestalt und Unbeweglichkeit eher einem Zellhaufen gleicht als der Vorstufe eines Menschen, einem Pithekanthropus Erectus aus dem Diluvium womöglich; denn es müssen ihm erst alle Glieder gelöst, damit er laufen, und alle Sinne geöffnet werden, damit er sehen, hören, sprechen und riechen kann. Diesen Vorgang, der als die eigentliche Menschwerdung zu gelten hat, übernimmt ein Totem-Gott, Mangarkunjerkunja. Er ist es auch, der den Menschen die ersten handwerklichen Fertigkeiten zeigt und sie auf unerläßliche rituelle und soziale Ordnungen, wie Beschneidung und Exogamie, aufmerksam macht.

Einen weiteren wichtigen Hinweis für unser Thema bilden die sogenannten *Totem-Götter*, altjirangamitjina. Sie kommen, wie der Mythos erzählt, aus unterirdischen Höhlen hervor, wo sie schon während der «Chaosflut» (der Sintflut) gelebt hatten. Sie treten nach der Flut in «Menschengestalt» auf, doch ihre Anthropomorphie ist nur äußeres Kennzeichen. In Wirklichkeit sind sie mit übermenschlichen Kräften ausgestattet, zu denen die Fähigkeit gehört, Tiere hervorzubringen. *Die Totem-Götter sind also Schöpfergottheiten.* Als solche haben sie auch die Möglichkeit, sich zu verwandeln und, wenn sie ihre Aufgaben erfüllt haben, Bäume oder Felsen zu werden. Offenbar tragen sie diese Anlage zur Verwandlung bereits von Anfang an in sich.

Der Tätigkeit dieser Totem-Götter widmen sich besonders Spencer und Gillen in ihrem Gemeinschaftswerk «Native Tribes of Central Australia». Auch nach diesen Forschern setzt der Mensch- beziehungsweise Tierwerdungsprozeß erst nach der «Sintflut» ein, die erst nach vielen vergeblichen Versuchen nach Norden (ins Meer?) zurückgedrängt werden kann (durch wen?). Dann treten zwei Wesen auf, die Ungambikula genannt werden, was soviel wie «von nichts abhängig» (out of nothing), «selbstexistierend» (self-existing) heißt.[55] Diese Ungambikula konnten von ihrem erhöhten Wohnort aus weit nach Osten blicken und dort eine Anzahl von Geschöpfen wahrnehmen, die als «menschliche Wesen im Anfangsstadium beziehungsweise unvollkommene Menschen» bezeichnet werden.[56] Sie werden von den Aranda Inapertwa, «menschenähnliche Wesen im Urzustand», genannt und als «runde Masse, welche lediglich die Umrisse der verschiedenen Körperteile vage erkennen lassen» beschrieben. Die «von nichts abhängigen» aus sich selbst existierenden Ungambikula übernehmen nun die Aufgabe, aus diesen Protohominiden Menschen zu erschaffen und sie nach Geschlechtern zu ordnen. Die Ungambikula sind also Schöpfergottheiten, die in der Lage sind, «aus einem ungeformten Erdenkloß» lebendige Menschen zu machen. Der Schöpfungsvorgang wird bei Spencer und Gillen eingehend geschildert: Die Schöpfergottheiten kommen von ihren westlichen Wohnsitzen herab und befreien die zusammengewachsenen Gliedmaßen durch eine Operation mit einem großen Steinmesser: Zunächst die Extremitäten, so daß die Wesen sich bewegen können, dann werden die Öffnungen am Kopf geschnitten, Nase, Mund, Augen, Ohren, so daß sie fühlen, wahrnehmen, essen und sprechen können. Man hat den Eindruck, als stellten sich die Aranda die Vorstufe des Menschen wie eine Schmetterlingslarve oder -puppe vor, die auch erst aufbrechen muß, um daraus das «fertige» Tier zu entlassen. Im übrigen ähnelt der ganze Vorgang der Menschwerdung einer Metamorphose, wie sie namentlich Insekten durchmachen, welche ja in der Mythologie der Aborigines Australiens eine bedeutende Rolle spielen.

Und in der Tat: Spencer und Gillen weisen darauf hin, daß die Inapertwa-Geschöpfe in Wirklichkeit erst Stadien (stages) innerhalb der Transformation der verschiedenen Tiere und Pflanzen in menschliche Wesen sind. Die Menschen machen also nach dem Glauben der Aranda mehrere Metamorphosen durch – von der Pflanze zum Tier und vom Tier zum Menschen –, bevor sie ausgereift sind und als Männer und Frauen ihre Existenz fortsetzen können. «Auf diese Weise», schreiben B. Spencer und F. J. Gillen, «waren die Inapertwa-Wesen, als sie zu Menschenwesen gemacht wurden, mit einem bestimmten Tier oder einer bestimmten

Pflanze eng verbunden (intimately associated)»,[57] und zwar mit den Pflanzen und Tieren, deren Transformationen sie sind. «Mit anderen Worten: Jedes wichtige Individuum gehörte einmal zu einem Totem, dessen Name natürlich von demjenigen Tier oder derjenigen Pflanze stammt, deren Transformation der Mann oder die Frau darstellt.»[58] Nach dem Schöpfungsakt verwandeln sich die Totem-Götter in Eidechsen, heißt es am Ende des Mythos, d. h. sie ziehen sich wieder in sich selbst zurück, weil sie nur für sich selber existieren und niemandem sonst verantwortlich sind. Bei Spencer und Gillen hören wir also einen ausführlichen Bericht über die Mischwesen, ihre Urformen und ihre Möglichkeiten, in eine menschliche, eine tierische oder eine pflanzliche Existenz einzugehen.

Mit Recht macht Richard Merz darauf aufmerksam, daß die europäische Forschung mit ihren Ordnungsprinzipien bei der Fixierung der Aranda-Mythen nicht unbeteiligt gewesen sein kann, jedenfalls was ihre logischen Abläufe und ihre Analysen betrifft. In ihr komme «das typisch europäische Vorgehen des Zusammensehens der Einzelteile zur Gewinnung eines Allgemeinen zum Ausdruck», und darin sei «zugleich auch die fragwürdige Aussage enthalten, daß die auf diese Weise sichtbar gemachten Strukturen von den Eingeborenen selbst als solche angenommen würden».[59] Damit wird natürlich ein grundsätzliches Problem der Religionswissenschaft und der Ethnologie angesprochen, das sich mit dem ethnojournalistischen Schlagwort «Eurozentrismus» nicht erklären läßt, sondern die Denkstrukturen und die Wissenschaftskategorien betrifft, die sich die internationale Forschung im Laufe der Zeit zu eigen gemacht hat. Mit anderen Worten, es ist die Frage, ob die herkömmlichen Forschungsmethoden ausreichen, um tribale Kulturen und Mythen zu erklären. Gerade in der Totemismusforschung[60] spüren wir unser Unvermögen, uns mit unserem Realitätsverständnis oder unseren am Evolutionismus geschulten Sinnen an Probleme wie Magie und Ritus heranzuwagen, die für die Altvölker auf einer Ebene liegen, die uns aber offenbar nicht oder nicht mehr zugänglich ist. Wenn man allerdings glaubt – und im Ethnojournalismus gibt es zahlreiche Beispiele dafür –, das mythische Bezugssystem rekonstruieren zu können, um die Bedeutung von Riten in actu zu verstehen oder um sich gar mit dem Denken der Altvölker zu identifizieren, so verkennt man die Tatsache, daß auch der Forscher bis hin zu seiner Biographie an die Denkkategorien seiner Kultur gebunden bleibt. Und es ist abzusehen, daß solche Verstehensversuche früher oder später scheitern werden beziehungsweise in einem Romantizismus enden müssen, den wir heute in vielen Lobeshymnen über die sogenannte «Naturverbundenheit» der Stammesgesellschaften vor uns haben (vgl. das Schlußkapitel).

Die Vorfahren – halb Tier – halb Mensch

Die Totemvorfahren der Aranda, Alcheringa, werden von den Ethnologen B. Spencer und F. J. Gillen immer wieder als «transformations», «Verwandlungen», bezeichnet. Sie seien «die tatsächlichen Verwandlungen von Tieren und Pflanzen oder von unbeseelten Dingen wie Wolken, Wasser, Feuer, Wind, Sonne, Mond und Sternen»[61] und folglich als «halb Mensch», «halb Tier» oder «halb tierische Ahnen» (semi-animal ancestors) einzustufen.[62] Sie seien «die direkten Abkömmlinge oder Transformationen der Tiere, deren Namen sie tragen».[63] Die halb-tierischen Ahnen stellen also ihrerseits schon eine zweite Entwicklungsstufe auf dem Wege zur Mensch- und Tierwerdung dar. Vor ihnen muß es ein Wesen gegeben haben, das weder Mensch noch Tier noch Pflanze gewesen sein kann, das vielmehr «alles was lebt» in sich «organisch» vereinigte bis zu dem Zeitpunkt, an dem sich die Selbstschöpfung in Form von Emanationen vollzog. Dieses Urwesen, das in der Uhrzeit lebte, trug demnach alle Möglichkeiten zur Gestaltung des Lebens, alle Species in sich, was man mit einer Entelechie vergleichen könnte: Im Totem-Urwesen der Aranda ist also bereits alles angelegt, was einmal entstehen und werden soll. Allerdings bezeugen alle Forscher, «daß ‹im Anfang› nicht das – in unserem Sinne – ‹reine› tierische Totemphänomen stand, sondern der merkwürdige Urahne, der wie die Verkörperung der entsprechenden ‹Ursubstanz› wirkt, die alle Erscheinungsmöglichkeiten, die tierische und die menschliche, umfaßt und in sich trägt».[64] Wie dieses Urwesen aussah, wissen die Aranda nicht zu sagen. Und was vor ihm war, darüber reflektieren sie nicht. Einen Deus Absconditus, einen verborgenen Gott, kennt man nicht. Die «Urstufe» des Lebens fehlt.[65]

Aus dem Totem-Urwesen gingen zunächst die tierischen Ahnen hervor, von denen die Menschen abstammen.[66] Es handelt sich also um ein Mischwesen, aus dem sowohl Menschen wie Tiere werden können: Die beiden Totem-Götter, die Ungambikula, die die ungestalteten Inapertwa-Hominiden zu vollständigen Menschen bildeten, verwandelten sich nach dem Schöpfungsakt in Eidechsen. Spencer und Gillen hatten noch bei der Entstehung der Totem-Vorfahren sowie bei der Mensch- und Tierwerdung Stufen feststellen wollen, die sie im evolutionistischen Sinne deuten; aber – wie wir hier sehen – handelt es sich nicht nur um eine «Evolution vom Tier zum Menschen»[67], sondern auch um eine «Evolution vom Menschen zum Tier», wenn wir die Funktion der Mischwesen Ungambikula ernstnehmen wollen, also um eine «Evolution im absteigenden Sinne».

Hier wird deutlich, daß die Kategorie «Evolution», wie sie in der Forschung gebraucht wird, auf mythische Zusammenhänge, wie wir sie in den Schöpfungsgeschichten der Aranda vor uns haben, nicht mehr anwendbar ist.[68]

Einblick in das magische Denken

Wir kommen noch einmal auf die Bedeutung der Inapertwa-Wesen zurück,[69] die von Spencer und Gillen als «unvollständige Menschen» bezeichnet werden und die erst in lebensfähige, handelnde sensitive Männer und Frauen verwandelt werden müssen. Dieser Schöpfungsvorgang, den die Ungambikula vollziehen, gilt bei den Aranda als der Ursprung des Lebens überhaupt, nicht etwa nur des menschlichen Lebens; denn dem australischen Aborigin macht es keinerlei Schwierigkeiten, sich vorzustellen, daß ein Tier oder eine Pflanze direkt in einen Menschen verwandelt werden kann.[70]

In diesem Sinne wird auch die Kosmologie gesehen: Die Welt ist das Ergebnis eines Transformationsvorgangs. Am Anfang stand keine creatio ex nihilo, keine Schöpfung aus dem Nichts, die auf das Wirken eines Demiurgen zurückzuführen wäre – allenfalls wird von der noch leeren Erde, der Dunkelheit und den in Wasserlöchern schlafenden Vorfahren erzählt –, vielmehr setzen die Mythen von der Mensch- und Tierwerdung sofort ein und verdrängen völlig die Ansätze einer kosmologischen Spekulation. Immer geht es um einen konkreten Fall, um die Herkunft eines bestimmten Klans oder einer bestimmten Tierart, die im Mythos reflektiert werden. Dabei werden alle für Menschen und Tiere erforderlichen Lebensbedingungen als selbstverständlich vorausgesetzt.[71] Eine Entwicklungsfolge, die von der Kosmogonie zur Anthropogonie führt, ist den Aranda fremd, weil sie nicht entwicklungsgeschichtlich, sondern mythisch denken. Und *im Mythos liegen Anfang und Ende, Zeit und Ewigkeit, Leben und Tod nebeneinander, auf ein und derselben Ebene, ohne ein Vorher und ein Nachher. Sie sind nur Ausdruck ein und desselben Geschehens und deshalb miteinander austauschbar.* In diesem Sinne sind auch Menschen, Tiere, Pflanzen und die unbelebte Natur, alles organische und anorganische «Leben», Seinsmächte, die miteinander verwandt, aufeinander bezogen und austauschbar sind. Alle Seinsmächte entstammen ein und demselben Ursprung und bilden daher einen gemeinsamen Biokosmos. Das Problem der Menschwerdung bei den Aranda ist nur eines von vielen Problemen, die uns nur über den Mythos zugänglich sind; aber die Menschwerdung ist hier das Paradigma für die Entstehung von Leben uberhaupt. Mit ihr «stellt sich ... ein wesentlicher Vorgang von Entstehung und Leben in einer Weise dar, die für unsere diesbezüglichen Vorstellungen kaum verständlich ist».[72]

Die Menschwerdung ist zugleich auch das Paradigma für mythische Gleichzeitigkeit und Identität. Wenn der Lebenskeim (R. M. Berndt: spirit-children), bei den Nordaustraliern allgemein guruwari genannt, in eine schwangere Frau eingedrungen ist und damit der Foetus beseelt ist, kommt es nun darauf an, an welcher Stelle und von welchem Tjurunga aus diese Beseelung stattgefunden hat. Es besteht also eine direkte Verbindung zwischen dem Geist, der die Beseelung des Kindes übernimmt, und den dafür in Frage kommenden Numina, die als Tjurunga intermediäre Bedeutung haben.[73] Die Identität des menschlichen Individuums fällt dabei mit der Identität des betreffenden Tieres oder Baumes zusammen, wo sie ihren Ursprung hat. Das Totem eines jeden Menschen ist darum identisch mit dem Menschen, der es seit seiner Animation in sich trägt.[74] «Das Totem, der Totem-Vorfahre und der Totem-Abkömmling ... erscheinen in den tjurunga-Liedern als eine Einheit», schreibt Carl Strehlow, der viele dieser Lieder übersetzt und aufgeschrieben hat.[75]

Anders als in anderen Reinkarnationsvorstellungen, zum Beispiel der hinduistischen, bedeutet *Reinkarnation* bei den Aranda «*die völlige Identifikation eines lebenden Individuums mit seinen ursprünglichen totemistischen Ahnen*».[76] Das geschieht bei allen Gelegenheiten des täglichen Lebens: Einer, der sich als Reinkarnation eines Bandicoot (Känguruh)-Ahnen versteht, betrachtet sich selbst ebenfalls als Bandicoot und die Bandicoots als seine Brüder.[77] Das geht sogar so weit, daß sich Stammesmitglieder selbst mit den Schwächen und Krankheiten ihrer Totemtier-Ahnen identifizieren. Wenn dem jungen Mann anläßlich seiner Initiation vom Häuptling erzählt wird, daß sein Totemtier-Ahne (zum Beispiel ein Känguruh-Mann) ein gebrochenes Bein gehabt habe, so folgt daraus für den Initianden, daß auch er diese Schwäche geerbt habe und an einem gebrochenen Bein leiden müsse und daher nicht so schnell laufen könne wie die anderen. Die Geschichte seines totemistischen Ahnen ist für den Aborigin seine eigene Geschichte, darin sind seine eigenen Taten und Werke enthalten; denn er selbst war es, der einst in grauer Vorzeit als dieses Totemtier geschaffen wurde und es bis zum heutigen Tage ist. Er selbst ist darum Vergangenheit, Gegenwart und Zukunft, ist ewig. Er selbst ist Tier und Mensch, Pflanze und Mensch, Stein und Mensch, Erde und Mensch. Er selbst ist Teil der Natur und trägt darum – wie ein Teil das Ganze – die gesamte Natur in sich.

Im Ritual, der Initiation, dem Tanz, dem Traum werden die Taten und Handlungen der Totem-Vorfahren als Bewegungen nachgeahmt. Der Aborigin stellt dann seinen Ahnen dar. Der Darsteller ist im Augenblick der Darstellung das Totem oder das Totemtier oder beides zusammen. Ronald M. Berndt hat solche «Darstellungen» auf zahlreichen Abbildungen festgehalten. Dazu gehört zum Beispiel – um nur einige besonders eindrucksvolle Bilder zu nennen –, der «Wildententraum», bei dem die Männer, mit den entsprechenden Kennzeichen ausgestattet, tanzend die Wildenten nachahmen, oder der «Schlangentraum», bei dem die Männer das Wesen der Schlange meditieren,[78] oder die rituelle Darstellung des mythischen Känguruhs, wobei der Darsteller auf der Spitze seines Kopfschmucks eine Tjurunga trägt, oder die Darstellung des mythischen Emu-Vorfahren, die zwei Aranda-Männer mit den überdimensionalen Kennzeichen des Straußenvogels in tiefer Meditation zeigen,[79] und viele andere mehr.

Die Darsteller glauben, dadurch ungewöhnliche Kräfte zu erhalten, Kräfte, die auch den Totemtieren zugeschrieben werden: Fruchtbarkeit, Jagdglück, Schnelligkeit, die Fähigkeit zu fliegen und sich unsichtbar zu machen. In jedem Falle ist es das Ziel, das Totem zu vermehren und lebendig zu erhalten. Zauberformeln und magische Lieder begleiten jeweils die Handlungen.

Diese Weise der mythischen Identifikation, in der die Aranda ihre totemistische Abstammung erleben, sich der Taten der Vorfahren «als der eigenen erinnern» und sich befähigt fühlen, im Ritus weitere Nachkommen ihrer Totemgattung hervorzubringen, zeigt, daß es widersinnig ist, wenn die evolutionistische Forschung nach Zwischengliedern zwischen Tier und Mensch oder zwischen Vorfahre und Nachkommen sucht. Die evolutionistische Methode mit ihrem naturwissenschaftlichen Wirklichkeitsverständnis läßt sich angesichts eines mythischen Wirklichkeitsverständnisses, wie es uns im Denken und in den Ritualen der australischen Aborigines begegnet, nicht reproduzieren.

Der Traum als zweite Wirklichkeit

Mehrfach schon ist der Traum als Voraussetzung für totemistisches Denken erwähnt worden. Die Altvölker wissen etwas von der Realität der Traumerfahrungen, und ihre Stammesmitglieder versetzen sich über den Traum in die Urzeit, das Alcheringa-Zeitalter, in der ihr Totem-Ahne lebte, von dem sie und ihr Stamm herkommen. Der Traum und – durch den Traum projiziert – der «Totemismus» gibt Antwort auf die Probleme, denen sich der Aborigin in seinem Alltag gegenübersieht.[80] Carl Strehlow, der – wie wir gesehen haben – altjira, einen der Schlüsselbegriffe der Aranda-Mythologie, mit «Gott» übersetzt hat, deutet das dazugehörige Verb altjirerama als «träumen»; «abgeleitet von altjira (Gott) und rama (sehen), also: ‹Gott sehen›». «Träumen» ist nach C. Strehlow gleichbedeutend mit «Gott sehen»[81], den Totem-Gott sehen, während Alchera für Spencer und Gillen lediglich «in the far mythic times», in weitzurückliegende mythische Zeiten reicht, also nicht mit einem Numen oder einer individuellen Gottheit verbunden ist.[82] Aber diese «far mythic times» sind nichts anderes als die sakrale Urzeit, in der der Mensch mit seinem Totem-Ahnen noch vereinigt beziehungsweise in diesen integriert war, und als noch nicht ausgemacht war, ob aus dem Totem-Ahnen Menschen, Tiere oder Pflanzen hervorgehen würden. Im Traum wird der Mensch der sakralen Urzeit ansichtig und schaut, woher er stammt und wer seine Vorfahren sind.

Der «Vorgang des Geistsehens» als Rückkehr zum Ursprung vollzieht sich auf einer mythischen Ebene der Wirklichkeit. Aber auch diese Ebene der Wirklichkeit ist real und nicht un-wirklich: «Die Wahrheit des Mythos ist die Wahrheit des Lebens», hat Raffaele Pettazzoni gesagt. Ihre Wirklichkeit «ist die Voraussetzung und unerläßliche Bedingung der jetzigen Wirklichkeit».[83] Oder: «Die Wahrheit der Beschreibung des Urzeit-Vorganges beruht auf der wahren Erkenntnis des Wesens der lebendigen Wirklichkeit, die in unmittelbarer Anschauung gewonnen ist.»[84] Die Vorfahren der Urzeit haben für den, der sich im Zustand «des unbewußten, visionären Sehens» (A. Worms / H. Petri, 139) befindet, reale Existenz: «Er (gemeint ist ein von T. G. H. Strehlow interviewter Aranda) hat sie mit seinen eigenen Augen im Traum gesehen, und für den Eingeborenen war der Traum eine ebenso wirkliche und realistische Erfahrung wie Essen, Laufen und Jagen.»[85]

Für uns haben Essen, Laufen und Jagen Relevanz nur, insofern sie sich nachprüfen und verifizieren lassen, für den Aranda haben die Träume als Vorgänge des Geistsehens die gleiche Relevanz, auch wenn sie auf einer anderen Realitätsebene liegen: In ihnen begegnet er seinen Totem-Vorfahren wirklich. Der Traum gehört nicht in das Reich der Phantasie und Illusion, so wie der Mythos nicht in das Reich der Phantasie und Illusion gehört. Der Begriff «Traum» hat für den Australier «eine Bedeutung, für die uns unsere eigene Kultur nicht vorbereitet», schreibt A. P. Elkin.[86] Für das Traumgeschehen, wie es bei den Altvölkern des Pazifischen Raumes geschieht, hat weder die westliche Wissenschaft noch das westliche Denken ein Äquivalent. Es muß uns von daher eine fremde Kategorie des Daseins und ein Paradigma aus einer fremden Kultur bleiben.

Das aber kann keineswegs bedeuten, daß die Altvölker «in einer ... dämmrig, ungestaltet erlebten Welt dahinvegetieren»,[87] daß sie sozusagen Kinder sind, die sich träumend in ihr Spiel versenken und die Realität um sich herum vergessen – vielmehr ist ihre Welt eine in sich geordnete und sozial organisierte Welt, eine Welt, in der sie ihr Leben meistern oder – wie wir auch – darunter leiden. Nur die Tatsache, daß sie sich über ihre Totems oder Totem-Vorfahren, sowohl der menschlichen wie der tierischen und pflanzlichen Welt zugehörig fühlen und als Stammesangehörige an menschlichen, tierischen und pflanzlichen Erscheinungsweisen (den Tjurunga) teilhaben, macht sie uns in ihrem Denken und Verhalten fremd. Die tiermenschliche Mischgestalt und die so selbstverständliche Identifikation des Menschen mit seinem Totemobjekt lassen uns das Wirklichkeitsverständnis der Aranda ebenso heterogen erscheinen wie ihr Verhältnis zu Mythos und Realität. Selbstverständlich sind auch den Aranda die unterschiedlichen Erscheinungsweisen geläufig, d. h. sie sehen natürlich den Menschen als Menschen, das Tier als

Tier und die Pflanze als Pflanze an; sonst könnten sie sich ja nicht der (unserer!) Wirklichkeit entsprechend verhalten und die Tiere jagen, die Pflanzen nutzen und die Früchte ernten. Die biologischen Vorgänge sind ihnen durchaus bekannt.[88]

Aber die biologischen Vorgänge genügen ihnen nicht. Im Ritus des sakralen Tanzes, des sakralen Traumes, der Initiation und der Reinkarnation in den Ahnen erhalten sie vielmehr die Gewißheit, daß Vorfahren und Nachfahren eins sind und eine biologische und zeitliche Trennung an sie nur von außen herangetragen wird. Im Ritus erleben sie ihre Unio Mystica, indem sie sich mit ihren Ahnen identifizieren, weil diese sich in ihnen reinkarnieren.[89] Im Ritus schließlich erfahren sie, daß die Urzeit nie abgeschlossene Vergangenheit ist, sondern immer wieder gegenwärtig wird, indem sie sich neu ereignet. «Hinter dem Ritus findet man den Mythos, der dem Ritual Leben und Inhalt verleiht ... Denn im Ritus liegt eine erlebte Realität, die im Mythos konkretisiert ist»;[90] oder – wie R. M. Berndt es ausdrückt[91]: «Der Mensch erfährt seine Identität durch die Mythen und identifiziert sich selbst mit ihnen; tatsächlich rührt sein Wesen (character) als Person von diesem Ursprung her».

Die Einheit von Mensch, Tier und Pflanze, wie sie in den Totem-Ahnen gegenwärtig ist, wird im Traum geschaut und hat als Traumgeschehen konkrete Realität. Wenn der Aranda im Traum seinen Ahnherrn sieht, wird der Mythos Wirklichkeit und bleibt es. Das Ritual des Träumens sorgt dafür, daß der Traum nicht der Vergangenheit angehört und damit abstirbt. Für den westlichen Beobachter und Forscher tun sich hier unüberbrückbare Verstehensschwierigkeiten auf, die ihre Ursache in den «heteronomen Denkstrukturen» der Altvölker und ihrer Kulturen haben.[92] Aber warum soll es nur die Alternative Traum *oder* Wirklichkeit *geben?* Warum muß beides auf zwei unterschiedlichen Ebenen geschehen? Warum kann der Traum nicht *als* Wirklichkeit verstanden werden und der Mythos als eine im Ritus erlebte konkrete Realität? Die westliche Wissenschaft, die auf naturwissenschaftlichen Voraussetzungen basiert, muß hier bereit sein, umzudenken und zu lernen. Denn «es gibt keine absolute Wahrheit, auf die sich der wissenschaftliche Fortschritt zubewegte, wenn man darunter verstünde, daß es eine Wahrheit *an sich* gäbe ... Die Wissenschaft ist vielmehr nur eine», durch apriorische Elemente «geschichtlich bedingte *Art und Weise,* die Wirklichkeit zu interpretieren und zu bewältigen. Alles, was sie erkennt, alles was sie entdeckt, enthüllt deswegen auch nicht irgendeine Wirklichkeit *an sich,* sondern es zeigt nur, wie uns die Wirklichkeit notwendig erscheint, wenn wir auf wissenschaftliche Weise an sie herantreten. So ist ihre Realität ... nichts anderes als der Ausdruck des Wirklichkeitsverhältnisses einer Epoche». Diese Sätze Kurt Hübners[93] treffen in besonderer Weise auf das Denken und Verstehen der australischen Stammesgesellschaften zu.

Kapitel 7

Welche Botschaft hat die «Göttin Natur» für uns?

Die Welt des Lebens erfüllend wächst der altschinesischen Baum des Universums empor. Mit der großen Laubkrone umfaßt er die Sphären von Tieren, Menschen und Vögeln bis zum Himmel.

Ich habe dieses Buch mit einer Meditation begonnen; ich will es mit einer Reflexion beenden.

Der Begriff «Botschaft» bezeichnet hier eine religiöse Wirklichkeit und setzt religiöse Reflexion voraus: Wer eine Botschaft zu übermitteln hat, macht sich zum Medium zwischen Auftraggeber und Empfänger. Wenn ich behaupte, daß die *Natur* eine Botschaft für uns bereithält, dann gestehe ich ihr eine Sensibilität zu, mit der sie auf ein Agieren reagiert und diese Reaktion auch den Menschen übermittelt. Es kommt zu einer Ich-Du-Beziehung, und Beziehung ist «Gegenseitigkeit» und macht «Begegnung» möglich, wie wir von Martin Buber wissen. In ihrem Biokosmos, in welchem auch die Menschen «zu Hause» sind, muß sich das Wohlbefinden der Natur ebenso wie ihr Leiden und Erleiden auf die Menschen übertragen und sie zu Reaktionen herausfordern. Bei der Dea Natura der Griechen ist das im höchsten Maße der Fall. In den Hymnen, die an sie gerichtet werden, erfahren wir, daß sie für die Lebewesen, die sie ja alle in sich trägt, richtungweisend wirkt, ja, daß selbst die Götter sie brauchen, um sich durch sie den Menschen zu offenbaren. Die Göttin Natur ist also nicht nur der Urgrund allen Daseins, indem sie nach zyklischen Gesetzen ihre Schöpfermacht entwickelt; sie ruft nicht nur Pflanzen, Tiere und Menschen ins Leben, sie lenkt und leitet sie auch, sie stiftet Frieden, schenkt Gesundheit; durch sie, die selber unvergänglich ist, wird der Tod bedeutungslos. Die Physis ist ein «Urwort», von dem aus sich die Welt erschließt. Aber dieses Urwort ist kein Mantra, das man vor sich hinmurmelt, sondern ist ein Gegenstand der Anbetung und der Anrufung: Der Mensch steht zur «Göttin Natur» in einem Ich-Du-Verhältnis.

Und das heißt: Die Natur ist nicht stumm, sondern antwortet, redet, wird sensibilisiert durch das Verhalten der Menschen – das übrigens ganz im Gegensatz zum Verständnis der Natur in den *biblischen Religionen*. Dort ist die Natur nur Mittel zum Zweck der Anbetung, hier ist sie selber Gegenstand der Anbetung. Dort ist die Natur entgöttert und enthält allenfalls Spuren, die auf das Wesen Gottes verweisen –, hier ist sie voller Götter, ja, auf Grund ihrer zyklischen Wiederkehr ewig und unvergänglich. Dort offenbart sich Gott – «anthropozentrisch-einseitig», wie Hubertus Mynarek zurecht sagt –[1] nur dem Menschen,[2] um dessen Erlösung es geht –, hier offenbart er sich auch der Natur auf mannigfaltige Weise. Und schließlich: Dort gebührt nur Gott selber die Anrede «Du», hier werden auch Bäume und Tiere als Inkarnationen Gottes verstanden, die man darum verehren und anrufen kann. – In den «Naturreligionen» *redet* die Natur: Die Geister der Bäume antworten den Menschen, und der Herr oder die Herrin der Tiere erhört oder verweigert die Bitten der Jäger; in den biblischen Traditionen hingegen ist die Natur das Werk des Schöpfergottes und damit selber nur Geschöpf und so dem Vergehen unterworfen. Ihr kommt keine Eigenständigkeit zu, wie sie in polytheistischen Religionen selbstverständlich ist. Sie vermag nur zu «seufzen» (Römer 8), nicht aber auf die Gebete der Menschen zu antworten, geschweige denn ihnen ein kritisches Gegenüber zu sein. Nach biblischem und koranischem Verständnis steht die Natur passiv und stumm zwischen Gott und den Menschen, nach den Zeugnissen der «Natur»- und Stammesreligionen ist sie das «Haus» der Menschen, das diese mit den numinosen Wesen gemeinsam haben.

Nur *die Mystik in den biblischen Religionen* macht hier eine Ausnahme. Sie ist keine Alleinheits-Mystik, in der Natur und Mensch mit Gott völlig verschmelzen,[3] aber sie ist eine «Mystik der Identifikation», in der die Ich-Du-Struktur durchaus noch erkennbar ist, ja überhaupt erst die Voraussetzung für ein «Gespräch des Menschen mit der Natur» bildet. Martin Bubers Baum-Meditation erschien mir daher als ein gutes Beispiel für jene Beziehung zwischen den «Geschöpfen», die durch die Sprache zur existentiellen Begegnung wird. Buber will ferner deutlich machen, daß ein Baum oder ein Tier über die Partnerschaft mit dem Menschen durch das «ewige Du» verbunden, substantiell eins ist. Gewiß vollziehen sich solche existentiellen Begegnungen zwischen Menschen und «unbeseelter» Natur zunächst latent. Aber die Natur kann auch aus ihrem «schweigenden Verpuppungszustand» heraustreten und zum Beispiel auf Störungen empfindlich reagieren: Ausbeutung und hemmungslose Jagd werden gleichsam zur Beleidigung, und die Ich-Du-Struktur zwischen Mensch und Natur entartet wieder zur Ich-Es-Struktur.

Martin Bubers mystisches Konzept läßt sich ohne weiteres auf die naturreligiösen Verhaltensmuster von Altvölkern und Stammesreligionen übertragen. Das ist auch der Grund, weshalb seine religionsphilosophische Meditation am Anfang dieser Ausführungen steht.

Die Beziehung zwischen den Objekten innerhalb der Natur, zu denen auch der Mensch gehört, *wird zur Begegnung,* wenn diese Objekte als Wohnsitz von Geistern und Ahnen oder gar als Gottheiten verehrt werden. Das ist bei *heiligen Bäumen* der Fall, die dadurch den Status von «Lebensbäumen» erhalten. Der heilige Baum beziehungsweise der heilige Hain ist der Tempel, unter oder in dem die Menschen ihre Götter anrufen. Im Zentrum des heiligen Hains steht der Urbaum, die axis mundi, das Weltsymbol (der Kalevala-Baum, die Weltesche Yggdrasil, der Aśvattha-Baum, die Diengiei-Eiche), das die Verbindung zwischen Menschen und Göttern herstellt: Blattwerk und Triebe zeigen das Wohlbefinden beziehungsweise die Nöte der in seinem Bereich lebenden Wesen an. Damit gibt der Baum die Botschaft der in ihm wohnenden Numina weiter: Grünt und wächst er, dann signalisiert das eine gute Ernte, stirbt er ab, dann ist das ein Zeichen für Dürre, Gefahr und Krieg. Der heilige Baum ist für Menschen und Tiere ein Barometer ihrer Freuden und Leiden; und er wird von ihnen als eine Art Seismograph angesehen, der diese Freuden und Leiden vorhersagt, der die Zukunft prognostiziert. Die Beziehung zwischen dem Numen Baum und dem Menschen beziehungsweise dem Tier beruht auf Interdependenz.

Das Symbol des Weltenbaumes kennzeichnet die Einheit der Natur.
Die Bäume sind beseelt und bedürfen daher einer besonderen kultischen Pflege. Durch bestimmte Rituale oder Tabus werden sie geschützt und ihr Bestand gesichert: Man schlägt nicht einfach wahllos Nutzholz, sondern trifft eine Auswahl, man holt die Erlaubnis der Geister ein, trägt ihnen die Notwendigkeit einer Fällung vor, entschuldigt sich für die Tötung durch einen Entschuldigungsritus; erst dann wird der Baum geschlagen und sein Holz verwendet. Fruchtbäume hingegen tragen ihren symbolischen Wert in sich; sie gelten als mütterliche, nährende Pflanzen, deren Bestand lebenswichtig ist für Menschen und Tiere. Die Abholzung eines solchen Baumes ist ein Sakrileg, nicht nur, weil damit der Mythos – die Gottheit des Baumes – verletzt wird, sondern weil damit die Existenz der Stammes- oder Klan-Gemeinschaft gefährdet ist.

Das Symbol des Lebensbaumes kennzeichnet die Unvergänglichkeit in der Natur.
Von einer *archaischen* beziehungsweise einer *unbewußten* Ökologie kann man dort sprechen, wo Angehörige von Altvölkern oder Stammesreligionen intuitiv eine Bedrohung der Natur und damit ihres Lebensraumes befürchten und

deshalb den Mythos von der Göttin Natur immer wieder im Ritus erneuern und lebendig erhalten. Denn nur im Ritus kann sich die Interdependenz innerhalb der Natur vollziehen, und nur im Ritus läßt sich die kosmische Ordnung aufrechterhalten. Werden die Riten unterbunden – wie im oben genannten Falle der alten litauischen Religion, der australischen Aranda, oder der mittelamerikanischen Lakandonen –, dann stirbt der Mythos, und mit dem Mythos geht die Weltordnung zugrunde. Geht die Weltordnung zugrunde, dann verliert der Mensch seine Identität. Pessimistische Endzeitperspektiven der Altvölker machen an der Zerstörung beziehungsweise an der Entfremdung ihres Biokosmos deutlich, wie der Abfall von den Göttern schrittweise zum Verlust der natürlichen Lebensbedingungen, der Verlust der natürlichen Lebensbedingungen zum Verlust der Heimat von Mensch und Tier und damit zum Verlust der Identität führt. Daß die heiligen Bäume ihre heilenden Kräfte verlieren könnten, liegt wie ein Alptraum über den Völkern. Daß die beseelte Natur seelenlos werden könnte, gehört zu den dunklen Ahnungen, die die Eschatologie seit Menschengedenken überliefert hat. *Die Botschaft, die die Natur für uns bereithält, enthält eine deutliche Warnung vor einer Entgötterung der Natur.*

Der Abschnitt über *das heilige Tier* will zeigen, wie diese Interdependenz, die wir in der Natur zwischen Menschen und Pflanzen antreffen, zu einer Ich-Du-Begegnung «auf gleicher Ebene» wird, wenn Menschen und Tiere einander als Geschwister gleichen Ursprungs begegnen. Aber es wäre eine Illusion, den gleichen und gemeinsamen Ursprung, die Verwandtschaft zwischen Menschen und Tieren, zum Ausgangspunkt einer biokosmischen Harmonie zu machen. Zwar stehen die Einheit der Lebewesen und die biokosmische Ordnung in einem wechselseitigen Verhältnis zueinander; aber die gemeinsame Geschichte von Menschen und

Tieren ist immer zugleich eine Geschichte der menschlichen Schuld gewesen; das heißt, die Ordnung des Biokosmos zerbrach in dem Maße, in dem die Beziehungen zwischen Menschen und Tieren zerbrachen. Allerdings geschah das nicht durch einen «Sündenfall», sondern beruhte auf einem langen *Prozeß der Entfremdung* zwischen Menschen und Tieren.

Es sind die naturreligiösen *Altvölker*, die diese Entwicklung im Mythos vor Augen haben und im Tierkult bzw. Tierritual aufzuhalten suchen. Dabei kommt dem «Mythos von der animalischen Weisheit» eine Schlüsselrolle zu: Tiere sind Bindeglieder zwischen Menschen und Göttern und tragen von daher ein unerschöpfliches Potential an Möglichkeiten für den Menschen in sich. Allerdings ist die sich aus dem Mythos ergebende Tier-Symbolik in der Regel nicht zu universalisieren; sie richtet sich nach kulturspezifischen Besonderheiten, die unter scheinbar gleichen Bedingungen unterschiedliche Bedeutungszusammenhänge ergeben. In diesem Sinne ist sowohl die Symbolik einzelner Tiere (Schlange, Adler) als auch die Symbolik im Totemismus und der tier-menschlichen Mischwesen zu verstehen, nämlich als ein jeweils besonderer und eigener Bedeutungszusammenhang. Gemeinsam und universal ist dabei jedoch das Ziel kultisch-rituellen Handelns. Und dieses Ziel ist auf «die Erhaltung der Art» gerichtet. In diesem Sinne rufen die zirkumpolaren Jäger-Völker den «Eigner der Tiere», den Herrn oder die Herrin der Bären, die Herrin der Wale an und erbitten die Erlaubnis zum Abschuß eines Tieres. Die Gottheit überwacht also den Wildbestand, legt die «Abschußquoten» fest und teilt sie dem Jäger oder dem Schamanen mit. Stärker noch als die göttlichen Weisungen sind die Bindungen des Blutes: Das begehrte Jagdtier ist mit dem Jäger verwandt oder gilt gar als Begründer des Stammes. Um es zu erlegen, bedarf es umfangreicher Rituale und Zeremonien, die das Tabu aufheben. Das Zubereiten und Essen des

Tieres wird zu einer heiligen Handlung, einer Kommunion, die der Versöhnung mit dem getöteten Tier und seinem Eigner dient. Zwischen Jäger und Beute besteht ein Bund, der die kosmisch-sittliche Ordnung garantiert. Nur auf diese Weise kann das Gleichgewicht in der Natur wiederhergestellt werden.

Im «Glauben an den gemeinsamen Ursprung» haben Altvölker – Wildbeuter und Ackerbauern – das *Modell des Totemismus* entdeckt und mit ihm nicht nur einen für alle Lebewesen verbindlichen Schöpfungsmythos gefunden, sondern auch einen Mythos, der das Gleichgewicht zwischen Menschen und Tieren herstellt, indem er Tabus setzt: Die Bewahrung des Totemtiers dient also nicht nur der Bewahrung von Sippe und Stamm, sondern ist zugleich immer ein Indiz dafür, daß die gesamte Ordnung der Natur keinen Schaden genommen hat. Wer die Tabus nicht achtet, die Totemgesetze auf der Jagd verletzt, wer keine Ehrfurcht vor dem Leben hat und die Natur ausbeutet, ohne die Götter zu fragen, der muß es erleiden, daß die Sippenordnungen zerbrechen, daß Stammesfehden auftreten, daß niemand mehr die Gebote hält oder die Riten vollzieht. Wer sich der Schöpfungsordnung des Totemismus widersetzt, der widersetzt sich der Weltordnung und bereitet ihren Untergang vor. Menschen, Tiere und Pflanzen leben in einer ständig sich erneuernden oder sich zerstörenden Gemeinschaft, einer Interdependenz, in der keiner ohne den anderen sein kann. Die Mythologie der Völker hat eine solche Interdependenz – offenbar unabhängig von kulturellen Zusammenhängen – in Bild und Form von sogenannten «Mischwesen», therio-anthropomorphen beziehungsweise dendro-anthropomorphen Numina, ausgedrückt: die Aranda in Australien, indem sie an den Anfang ein Urwesen stellten, das alle Wesen enthält, und aus dem alle Wesen wie in einer Metamorphose entstanden sind, die *Ägypter* (und die Griechen) indem sie in den Sphingen Metaphern des

Heiligen oder Hieroglyphen ihrer Götter sahen, Symbole jenseitiger Weisheit und Macht.

Im Ritus wird der Mythos lebendig und das numinose Mischwesen reproduziert: Der Aranda stellt nicht nur das Känguruh dar, im Vollzug des Ritus *ist* er das Känguruh selbst; denn im Ritus fallen Mythos und Wirklichkeit zusammen, wird die Zeit zur zeitlosen Ewigkeit. *Die «Traumzeit» reproduziert die kosmische Ordnung der Urzeit.* Im Ritus wird auch für den Alten Ägypter der Mythos lebendig: Die Götter können in Tiergestalt auftreten beziehungsweise sich in Tieren inkarnieren. Das Numinose läßt sich nur in Paradoxien darstellen. Aber diese Paradoxien sind notwendig, damit der Gläubige sich dem Geheimnis seiner Götter hingeben und damit in die «Wirklichkeit» des Mythos eintreten kann, der die Weltordnung gegenwärtig macht. Die Sphingen als Metaphern des Heiligen lassen es zwar nie zu einer Unio Mystica des Gläubigen mit seinen Göttern kommen; dennoch macht gerade das mischgestaltige Wesen deutlich, wie sehr Mensch und Tier im Alten Ägypten aufeinander bezogen sind. Und die Tatsache, daß die Verehrung bestimmter Tiere die «Erhaltung der Art» zur Folge hatte, zeigt, wie eng das Verhältnis zwischen Mensch und Tier gewesen sein muß.

Der Unterschied zwischen monotheistisch-biblischer Religion und den «Naturreligionen» tritt überall deutlich zutage. Während dort die Natur stumm ist und nicht zur Verantwortung herangezogen werden kann, redet sie hier mit dem Menschen, berät ihn, verwarnt ihn, verweigert sich ihm. Während sie in Bibel und Koran allenfalls Spuren Gottes an sich trägt und nur ein matter Abglanz ist von dem, was Jahwe und was Allah in ihrer Schöpfermacht bewirken können, wird sie in den Antiken Religionen und bei den Altvölkern zur Inkarnation der Gottheit selbst. Es ist ein großer Unterschied, ob die Natur nur mediale Funktionen ausüben darf und nur kraft ihres geschöpflichen Wesens Gott loben kann, oder ob sie auf Grund ihrer numinosen Struktur selber Gott ist beziehungsweise an Gott teilhat, ob sie quasi zum Lobe Gottes verpflichtet ist (Psalm 150,6: «Alles, was Odem hat, lobe den Herrn!») oder selber gelobt und angebetet wird. Eine Natur, die ihrem Wesen nach passiv sein muß und nur auf Grund ihrer spurenhaften Teilhabe zum Lobe Gottes fähig ist, kann darum auch nur unter ihrer Vergänglichkeit seufzen. Loben und Seufzen sind für die Bibel das Paradigma für eine Welt, die zugleich unter der Verheißung und unter dem Fluch steht; in ihrer Gegensätzlichkeit verweisen sie auf das Schicksal des Menschen, das sich äußerlich von dem der Kreatur nicht unterscheidet. Aber der Mensch ist verantwortlich, und nur er ist verantwortlich: Wenn er Gott lobt, dann lobt er ihn aus verantwortlichem Gehorsam gegenüber seinem Schöpfer, wenn er seufzt, dann seufzt er unter der Last seiner Sünde, für die er die Verantwortung trägt. Dort aber, wo die Natur und die Kreatur unmittelbar teilhaben an der numinosen Gestalt der Gottheit oder gar Inkarnationen der Gottheit sind, wie in den «Naturreligionen», empfindet die Gottheit selbst; denn sie ist selbst die Natur und die Kreatur. Sie bedient sich ihrer nicht als Medien, sondern als Offenbarung. Mit anderen Worten und theologisch ausgedrückt: In den Antiken Religionen und in den Religionen der Altvölker und der Stämme zeigt sich Gott als Deus Revelatus, ist er nie der verborgene Gott, sondern in der Natur und in der Kreatur immer «offenbar». Natur und Kreatur sind keine Medien, an denen man höchstens die vestigia Dei, die Spuren Gottes, erkennen kann (Römer 1), sondern sie offenbaren Gott unmittelbar. Sie *sind* Gott. Insofern bedeuten ihre Reaktionen, ihr «Loben» und ihr «Seufzen», Botschaften, die sie unmittelbar an die Menschen richten: Diese reichen vom «Mythos vom gemeinsamen Ursprung» bis zur Konsultation der Götter bei Jagd- und Waldkulten. Im Mythos, der im Ritus lebendig wird, wird sich der Mensch seiner Verwandtschaft mit der Natur bewußt: Er erfährt in ihr, daß die Tiere seine Geschwister sind und die Pflanzen sein Leben garantieren.

Aber die Botschaft der Natur kann auch eine endzeitliche sein, das heißt, sie kann auch zu den Menschen von den Dingen sprechen, die den Weltuntergang einleiten: Das geschieht – wie wir gesehen haben – in den Visionen vom Untergang des Waldes und der Zerstörung der Götterhaine und in den Träumen von einer Jagd auf Wild, das für den Stamm tabu ist, von einer Jagd, die die «Herren und Herrinnen der Tiere» verboten haben, um die Tiere zu schonen und ihre Art zu erhalten. Die Botschaft, die die «Göttin Natur» an die Menschen richtet, ist ebenso ambivalent wie die Natur selbst. Über die «Göttin Natur» beziehungsweise die in der Natur waltenden Gottheiten und Numina wird der Mensch in seiner Verantwortung angesprochen. Zwar ist diese Verantwortung integriert in den Ritus und erscheint – verfremdet – in einer Unzahl von Ritualen; aber indem der antike Mensch und der Stammesangehörige den Mythos im Ritus zur Sprache bringen, machen sie deutlich, daß in ihnen ein «ökologisches Unbewußtes» vorhanden ist, dessen Weisungen sie widerspruchslos vertrauen, und dessen Geboten sie intuitiv folgen. *Die Anfänge eines ökologischen Bewußtseins in der Menschheitsgeschichte liegen im Unbewußten.*

An dieser Stelle erheben sich *zwei Fragen* zugleich. *Die erste* bezieht sich auf die Themen dieser religionsgeschichtlichen Untersuchung. Die Frage ist: Sind diese Themen überhaupt relevant genug, um Rückschlüsse auf die ökologische Situation der Gegenwart zu ziehen? Reicht ihr Gegenstand aus, um Vergleiche mit der ökologischen Situation der Gegenwart anzustellen? Halten sie solche Vergleiche überhaupt aus? Läßt sich aus der Retrospektive unserer

Zeit und den brennenden ökologischen Fragen unserer Zeit die magische Welt der Antike und der Altvölker erschließen und gleichsam ein «ökologischer Mythos» der Vorzeit in einem «ökologischen Ritus» der Neuzeit lebendig machen? Einfach gesagt: Lassen sich Mythen, die es einmal mit der Bewahrung der Natur zu tun hatten, auf unsere modernen Fragestellungen übertragen? Erhoffen wir womöglich Antworten der Vorzeit auf Fragen der Jetztzeit?

Damit hängt die *zweite Frage* zusammen, die zugleich eine Teilantwort auf die erste gibt: Sind die Antiken Völker und die Altvölker, die Stammesreligionen und die Naturreligionen, nicht allesamt gescheitert in ihrem Glauben an eine biokosmische Ordnung? Haben sie nicht allesamt das Schicksal der Aranda erfahren oder erfahren es gerade? Läßt sich also dieses «Aranda-Syndrom» auf alle Versuche übertragen, eine Interdependenz zwischen der «belebten» beziehungsweise der «unbelebten» Natur und dem Menschen herzustellen? Hat womöglich der Untergang der Antiken Religionen auch etwas mit dem Untergang und dem Absterben der Idee von einer «Einheit der Natur»[4] zu tun? Es ist ja doch nicht zufällig, daß der weitaus größte Teil derjenigen Religionen, bei denen sich Anfänge eines ökologischen Bewußtseins finden, untergegangen sind! Inwiefern können uns untergegangene Religionen und abgestorbene religiöse Ideen überhaupt noch hilfreich sein für die Entwicklung eines neuzeitlichen Ökologiebewußtseins? Inwiefern können sie uns also Botschaften hinterlassen oder Traditionen, in denen sich Botschaften verschlüsselt finden, wenn Mythos und Ritus, die tragenden Ideen aller Antiken und aller Naturreligionen, abgestorben sind und keine schriftlichen Traditionen vorhanden sind, die solche Ideen auch heute lebendig machen könnten? Wo also nehmen wir das Recht her, Mythen und Riten, die nur durch die Forschung ans Licht gekommen sind, zu Botschaften zu erheben, die auch *uns* gelten sollen?

Sowohl die Frage nach der Verbindlichkeit religiöser Aussagen der Vorzeit als auch die Frage nach der Kompetenz untergegangener Religionen in der Gegenwart muß jeden Religionsforscher bewegen, der von der Relevanz seines Forschungsgegenstandes überzeugt ist, zumal wenn es sich um einen Forschungsgegenstand handelt, von dem möglicherweise Impulse ausgehen könnten auf die Gegenwart. Die zweite Frage enthält jedoch nur eine Teilantwort auf die erste: Untergegangene Religionen und abgestorbene religiöse Ideen lassen sich womöglich nicht repristinieren, weil sie ihre Verbindlichkeit nicht mehr unter Beweis stellen können. Dennoch zeigt gerade ein Blick auf die sogenannten Schriftreligionen, daß allein die Verlebendigung der Traditionen genügt, um den Mythos nicht nur zu bewahren, sondern ihn auch zu aktualisieren. Was hier die Schrifttradition übernimmt, übernimmt dort der Ritus. Indem er den Mythos lebendig erhält, aktualisiert er ihn auch, so daß er von der Urzeit in die Jetztzeit übergeht und an jedem Punkt dieses Zeitablaufs in der magisch-mythischen Wirklichkeit des Traumes neu erfahren wird. In der Verwirklichung des Mythos im Ritus haben wir eine zutreffende Parallele zur Interpretation von religiösen Schrifttraditionen und deren Aktualisierung.

Das Problem wird sicherlich schwieriger, wenn wir die assyrische, die ägyptische oder die griechische Religion auf die Aktualisierung bestimmter religiöser Ideen befragen wollten. Hier können wir uns nur mit dem Hinweis begnügen, daß die Versuche, Menschen, Tiere und Pflanzen und dazu die Mischwesen als «Hieroglyphen der Götter» und damit als «Botschafter der Götter» (Eugen Drewermann) zu begreifen, entweder der «Göttin Natur» entstammen oder einer Meta-Natur, in der das Paradoxe zugleich auch das Heilige ist.

Eindrucksvoll sagt Eugen Drewermann von der «ewigen Wahrheit der Alten Ägypter»: «Alles ist nur ein Gleichnis, nicht mehr und nicht weniger; alles ist eine Erscheinung im Übergang, eine magische Chiffre der Verwandlung allen Lebens in die Sphäre des Göttlichen.»⁵

Um es noch einmal zu sagen: Die hier vorgestellten Modelle eines frühen ökologischen Bewußtseins in der Religionsgeschichte sind keine Ökologie in unserem heutigen Sinne. Sie wollen vielmehr Elemente des Glaubens aus vorbiblischen und stammeskulturlichen Religionen vorstellen, an denen erkennbar wird, daß es offenbar schon in der Vorzeit, vielleicht seit Menschengedenken, ein ökologisch verantwortliches Handeln gibt, welches *unbewußt*, aber eben im Einklang mit den Göttern, geschieht. So wie der Mythos immer wieder durch den Ritus erklärt und dadurch aktualisiert wird, so geschah und geschieht der Schutz der Natur, die Erhaltung der Arten, die «Bewahrung der Schöpfung» in ständiger Absprache mit den Göttern, das heißt im Rahmen der von ihnen bestimmten und sich als notwendig erweisenden Tabus und durch die von ihnen verordneten Rituale. Und so wie der Mythos im Ritus eine andere Ebene der Wirklichkeit markiert, so markiert auch *das unbewußte Einhalten der Götterordnungen* eine mythische Ebene der Wirklichkeit, die im Glauben, im Ritual, in der Begegnung mit dem Heiligen erfahren wird: Das Numen, das einen Baum beseelt, ist für den archaischen und den antiken Menschen ebenso Wirklichkeit wie für den Naturwissenschaftler die Tatsache, daß Bäume auf Umwelteinflüsse empfindlich reagieren. Zudem hat sich dieses unbewußte Einhalten der Götterordnungen im Leben des archaischen und des antiken Menschen tausendfach bewährt. Ihr Glaube erfuhr sozusagen seine Bestätigung durch die Reaktion der Natur auf das Handeln der Menschen: Wenn die Brandrodung nicht verantwortungsbewußt durchgeführt wurde, das heißt, wenn die Baumgeister nicht vorher um ihre Genehmigung gefragt wurden, mußte man innerhalb kürzester Zeit mit einer Erosion der abgebrannten Fläche rechnen. Wenn trotz ausdrücklicher Weisung der Herrin der Tiere die Abschußquoten des jagdbaren Wildes nicht eingehalten wurden, kam es zu einer verhängnisvollen Dezimierung des Wild- oder Fischbestandes, wenn der Bund zwischen Jäger und Wild vom Jäger mißbraucht wurde oder die Verwandtschaft von Mensch und Tier in Frage gestellt wurde, verlor man den Sinn für die Zusammengehörigkeit im Biokosmos, und die natürliche Ordnung geriet ins Wanken. *Das Einhalten der Götterordnungen hatte die Ehrfurcht vor dem Leben zur Folge.* Wer sich von den Götterordnungen lossagte, der sagte sich auch von dem Ehrfurchtsgebot gegenüber dem Leben los und verkehrte den Biokosmos in ein Biochaos.

Die Frömmigkeit mit ihren Riten und ihren magischen Handlungen war der natürliche Bezugsrahmen, in dem sich der antike Mensch wie der Stammesangehörige vorfanden, und nach dem sie sich richteten. Innerhalb dieses Rahmens geschahen seine Handlungen; innerhalb dieses Rahmens wußte er sich verantwortlich für die ihm anvertraute Natur; innerhalb dieses Rahmens war er geschützt durch die Götter und zugleich ihrer Kontrolle unterworfen. Seine Frömmigkeit, mit der er seinen Göttern diente, gab ihm auch die Weisungen vor, nach denen er sich beim Umgang mit der Natur zu richten hatte. Ohne die Naturgesetze erforscht zu haben, und ohne die logischen Zusammenhänge von Ursache und Folge untersucht zu haben, tat er – unbewußt – das Richtige. *Die Weisheit des Stammespriesters nimmt geradezu das Wissen des Forschers vorweg; der kultische Umgang mit den Göttern der Antiken Welt bestätigt die Erkenntnis der modernen Wissenschaft:* daß es offenbar genügt, im Einklang mit der Natur zu leben und unbewußt die «Götterordnungen» einzuhalten, wenn Menschen den Ursachen ökologischer Katastrophen begegnen wollen.

Natürlich darf eine solche «unbewußte Ökologie», wie wir ihr in der Religionsgeschichte und in der Religionsethnologie begegnen, nicht zu einer *Romantisierung* vorzivilisatorischer Zustände führen. In der gegenwärtigen Ökologiediskussion werden solche Romantisierungstendenzen immer häufiger. Das kann nicht Absicht dieser Untersuchung sein. Wer angesichts der Baumkulte bei den Germanen, Slaven und Lakandonern und des Totemismus bei den Tungusen, Ainu und Aranda in eine Euphorie ausbricht und meint, in den Stammesgesellschaften endlich *das* gefunden zu haben, wonach er so lange suchte, der verkennt die Tatsache, daß Naturzerstörungen, wie sie durch die Brandrodung in Südamerika und in Südostasien betrieben werden, oder die Ausrottung seltener Tierarten, wie sie in Afrika täglich geschieht, schon seit alters auch durch die «Naturvölker» geschehen sind. Wir dürfen nicht verkennen, daß die «Göttin Natur» immer auch feindliche, dem Menschen gegenüber sogar lebensfeindliche Züge trägt. Um ihrer Herr zu werden, haben die Naturvölker ihren Lebensraum nie nur als liebenswerte Heimat angesehen, sondern immer auch als einen Raum, den es für sie zu beherrschen und zu erobern galt. Von den vorderorientalischen Kulturen, deren Lebensraum durch die Wüste begrenzt war, ist uns das seit langem bekannt: Die Wüste ist ihnen nie zur Heimat geworden; sie war – im Gegenteil – dem Menschen immer feindlich gesonnen; sie wurde bekämpft, und der Mensch versuchte, sein Kulturland gegenüber den Gefahren, die aus der Wüste kamen, gegenüber den Sandstürmen und den wilden Tieren, zu schützen und zu verteidigen.

Wenn es hier um den Versuch gegangen ist, frühen Formen eines ökologischen Verhaltens in Stammesreligionen und Antiken Kulturen nachzuspüren, so geschah das aus religionswissenschaftlichem Interesse, allerdings einem engagierten Interesse. Es geschah nicht aus einem heute vielfach geäußerten Verlangen heraus, das Verhalten von

Stammeskulturen und Stammesgesellschaften gegenüber der sie umgebenden Natur auf unsere Verhältnisse zu übertragen. Das ist nicht unser Anliegen gewesen, und es wäre auch von Grund auf falsch, aus dem Verhalten von Völkern, die sich einer Naturreligion verpflichtet wissen, ein neues Paradigma abzuleiten, das der von der Zivilisation geprägte moderne Mensch ohne weiteres übernehmen könnte. Solche geheimen Wünsche, und mögen sie noch so berechtigt sein, haben keine Aussicht auf Verwirklichung. Sie schwimmen auf einer ganzen Welle von Naturschwärmereien, die sich im Westen als Alternative zur Technik ausgeben. Doch Schwärmereien und Romantisierungen haben in einer Welt keinen Platz, in der es um die Abwendung von Gefahren und die Bewahrung der Natur geht. Schwärmereien und Romantisierungen tragen eher die Gefahr der Verharmlosung und der Verdrängung in sich, als daß sie die Probleme unserer Zeit zu bewältigen helfen.

In diesen Zusammenhang gehört auch die Diskussion um eine Wiederbelebung der «Naturreligion» oder um die Begründung einer «Ökologischen Religion». Hubertus Mynarek[6] u. a.[7], die sich um ein «neues» religiöses «Verständnis der Natur» bemühen, sehen zum Beispiel in einer «Ökologischen Religion» das Ende der bisherigen Religionen und den Anfang einer Neubesinnung auf die naturreligiösen Elemente, die den Kern jeder Religion bilden, aber durch dogmatische und kirchlich-institutionelle Strukturen verschüttet worden sind. Die «Ökologische Religion», so sagen sie, kehrt zu den religiösen Ursprüngen zurück und befreit die Religionen der Menschheit gleichsam zur Naturreligion, «auf einer höheren Entwicklungsstufe des menschlichen Bewußtseins.»[8] Die zentralen Thesen Mynareks lauten daher: «Alle Religionen sind latent Naturreligionen... Ökologische Religion als Vollenderin der Religionen legt heute wieder den vielfach verdeckten und verschütteten Tiefen-Sinn und Kern zahlreicher Impulse und

Weisheiten der frühchristlichen Religion frei, so wie sie das analog auch bei anderen Religionen macht ... Diese Ökologische Religion erfüllt den eigentlichen und tiefsten Sinn von Religion, schält heraus, befreit und verwirklicht jenen Kern, den alle Religionen insgeheim immer schon intendierten ... Ökologische Religion ist Universalreligion, ist *die* Welt- und Wirklichkeitsreligion schlechthin, weil sie der Totalität und Universalität der Natur als dem umfassendsten Seins- und Wirklichkeitsganzen zugewandt ist und am weitesten entspricht ... Ökologische Religion bedeutet einerseits das Ende, andererseits die Vollendung aller Religionen.»[9]

Mit diesen Thesen propagiert Mynarek das *Zeitalter der Ökologischen Religion.* Er hat Recht, wenn er die latenten Strukturen naturreligiöser Frömmigkeit in allen Religionen betont und in ihnen gleichsam das kleinste gemeinsame Vielfache entdeckt. Aber er irrt, wenn er – unwillig über die «Ökologie-Vergessenheit» des Christentums – diese naturreligiöse Frömmigkeit zum Zentrum des Glaubens und Hoffens macht und die Ansicht vertritt, die «Ökologische Religion» verkörpere «ein höheres, soweit zu sehen ist, das höchste, reflexeste Bewußtsein, das expliziteste Wissen darum, daß der Kern, die Sinnmitte, das Grundanliegen aller echten Religionen im Fundament ökologischer Natur ist.»[10] Er irrt auch, wenn er seine Ökologische Religion eine Religion der Liebe, der Güte und des Wohlwollens für alle Wesen nennt, wo er doch wissen muß, daß alle Natur ambivalent ist und ihre dunklen Aspekte hat, daß in ihr Kampf, Leiden und Tod herrschen und Friede, Harmonie und Symbiose durchaus nur Utopien sind. Das ist ja eben der Grund, weshalb sich die Religionen ethischen Problemen zuwenden oder die Frage nach der Gerechtigkeit der Götter, nach dem Sinn des Lebens und der Möglichkeit eines ewigen Lebens stellen. Eine Ökologie, die zur Religion erhoben wird, kann auf ethische und metaphysische Fragen keine

Antworten geben, welche über das «Stirb und Werde» hinausgehen. Es ist darum eine inhaltliche und substantielle Verkürzung, wenn Hubertus Mynarek sein Ökologiekonzept als «Religion» bezeichnet und so tut, als würde diese auch auf ethische und metaphysische Fragen Antwort geben. Wir sollten vielmehr im Umgang mit der gegenwärtigen Ökologie-Diskussion bescheidener werden, sonst geraten wir in Schwärmereien und verfallen einer Romantisierung, die der Ambivalenz der Natur nicht gerecht wird.

Damit ist das Problem der Intention angesprochen, und das heißt auch der Absicht dieses Buches. Hier möchte ich nicht verschweigen, daß ich mir von den Ergebnissen einer religionsökologischen Forschung eine *Bereicherung der Ökologiediskussion* und der *ökologischen Praxis* erhoffe, die zur Zeit in und unter den christlichen Kirchen geführt beziehungsweise durchgeführt wird. Ich glaube, daß beide einer dringenden Ergänzung durch Erfahrungen bedürfen, welche die Antiken Religionen ebenso wie die Stammesreligionen gemacht haben. Und selbst wenn diese ausgestorben sind, im Aussterben begriffen oder vom Aussterben bedroht sind, so haben sie uns doch ihre Erfahrungen mit der Natur hinterlassen, die wir nicht hoch genug einschätzen können. Diese zum Teil archaischen Erfahrungen mit der Natur sind wie Botschaften, die uns aus einer fernen Zeit, einer «Traumzeit», erreichen. Sie könnten vielleicht Antworten sein auf Fragen, nach denen das Christentum und die anderen großen Religionen unserer Zeit vergeblich suchen. Das würde allerdings bedeuten, daß zum Beispiel das Christentum bereit sein müßte, soche Antworten, die aus vorchristlichen und außerchristlichen Kulturen stammen, zu akzeptieren. Mit anderen Worten: Das würde bedeuten, daß das Christentum zumal bereit sein müßte, sich durch ein Stück «Heidentum» ergänzen zu lassen. An einigen Stellen dieses Buches erschien mir diese Ergänzung geradezu geboten.[11] In einer Welt, die so klein geworden ist, daß alle Lebewesen aufeinander angewiesen und voneinander abhängig geworden sind, kommt es auf jede Hilfe, auf jedes Fünkchen Hoffnung an, gleich, woher diese Hilfe und diese Hoffnung kommen mögen: Die Botschaft, welche die Natur für uns hat, ist unabhängig von Rechtgläubigkeit und Ketzerei; sie ist auf Veränderungen aus. Sie will den einzelnen in seinen Überzeugungen und in seinem Tun verändern und mit der Veränderung des einzelnen auch die Verhältnisse. Wenn die hier vorgestellten religionsökologischen Modelle dies wenigstens andeuten können und eine solche Botschaft artikulieren, so ist das ein Zeichen dafür, daß sie die Zeiten überdauert haben und manchmal selbst ihre eigene Religion. Sie bedürfen nur der Verifikation, um auch jetzt gültig zu sein, und beweisen damit, daß es so etwas wie ein religiöses Kontinuum gibt, welches von der Vorzeit bis zur Jetztzeit und Gegenwart reicht. Dann hat auch der Mythos seine Gültigkeit unter Beweis gestellt.

Das ökologische Verhalten in den archaischen Kulturen bildet die Grundlage für alle Forschungen dieser Art im Bereich der Religionswissenschaft. Ich selbst möchte in einer weiteren Arbeit zeigen, wie sich auch die sogenannten «Hoch- und Weltreligionen» mit den Fragen der ökologischen Verantwortung auseinandersetzen und nach gültigen Antworten suchen. Denn erst dann wird es sich erweisen, ob religiöse Antworten überhaupt ausreichen, um der säkularen Kritik standzuhalten und auch auf Fragen zu reagieren, die von außen an die Religionen herangetragen werden. Und erst dann wird es sich erweisen, ob es zutrifft, daß auch die großen Religionen der Gegenwart eine Botschaft an die Welt weiterzugeben haben, die ihnen die «Götter» auftrugen.

Anhang

Anmerkungen

Kapitel 1
Die Natur – Göttin und Mutter aller Wesen

1 *Hymnenbuch (Orphei Hymni)* hg. v. Wilhelm Quandt, Berlin 1941 Hymne 10, S. 10 ff.

2 XXVII, 12 heißt sie «Die Mutter der Götter».

3 Sie ist *kybernéteia*.

4 *kosméteira theón.*

5 Eigentlich: Selbst-Vater.

6 Welche *advaitam*, «ohne ein Zweites» ist, würde hier der *Vedānta* sagen; vgl. *Chāndogya-Upanishad* 6,2,2 (Paul Deußen, *Sechzig Upanishad's des Veda*, Darmstadt ⁴1963, 160); *Māndūkya-Karika Upanishad* 1,29; 3,13 f.

7 Vgl. Mircea Eliade, *Der Mythos der ewigen Wiederkehr*, Düsseldorf 1963.

8 *Simplikios* (Aristoteleskommentar), Ad Phys. 39, 18. Vgl. Demeter oder Rhea Kybele.

9 *Papyri Graecae Magicae* I, Leipzig 1928.

10 K. Preisendanz IV, 2786.

11 Bezeichnenderweise spielt in diesem Zusammenhang das Ewigkeitssymbol der sich in den Schwanz beißenden Schlange eine besondere Rolle.

12 «Die Göttin Natur», *Eranos Jahrbuch* VIII, 1946, S. 49.

13 *Odyssee* X, 304 f., vgl. K. Kerényi, S. 49 f.

14 Aristoteles, *Metaphysik*, △ 4, leitet die Bedeutung «Geburt», «Entstehen», «Genesis» von der Wurzel *phy* ab.

15 Heraklit bei Hermann Diels, *Die Fragmente der Vorsokratiker*, hg. v. W. Kranz, Berlin ⁶1951, S. 123.

16 Ebenda.

17 Vgl. K. Kerényi, a. a. O., S. 55 f., 58.

18 Parmenides, *Fragmente* 12, 3–6: «... in der Mitte aber ist die Göttin, die alles steuert *(kybernaī)*.»

19 *Fragment* 35, 3–7. Ihr Gegenüber ist Neikos, der Streit, der die Tren-

nung von Himmel und Erde und auch die Zeugung bewirkt; vgl. W. Staudacher, *Die Trennung von Himmel und Erde*, Tübingen 1942.

20 *Hymnen*, 14.

21 W. Burkert, «Griechische Religion der archaischen und klassischen Epoche», in: *RM* 15, Stuttgart 1977, S. 238–243, bes. S. 241, 277.

22 Übersetzung nach Hermann Diels, *Die Fragmente der Vorsokratiker*.

23 *Fragment* 12, 3–6.

24 K. Kerényi, a. a. O., S. 63. Alle diese Eigenschaften besaß bereits Rhea Kybele, die Große Mutter, die Phrygische Mutter; dazu Henri Graillot, *Le culte de Cybèle*, Paris 1912, und C. H. E. Haspels, *The Highlands of Phrygia*, Princeton 1976.

Kapitel 2
Klassische Formen der mystischen Identifikation

1 In: *Werke* Bd. 1. Schriften zur Philosophie, München und Heidelberg 1962, S. 81.

2 Ebenda.

3 Ebenda, S. 82.

4 Ebenda, S. 82.

5 Ebenda, S. 81.

6 Ebenda, S. 81.

7 Ebenda, S. 85. Der Abschnitt lautet: «Das Grundwort Ich-Du kann nur mit dem ganzen Wesen gesprochen werden. Die Einsammlung und Verschmelzung zum ganzen Wesen kann nie durch mich, kann nie ohne mich geschehen. Ich werde am Du; Ich werdend spreche ich Du. – Alles wirkliche Leben ist Begegnung.»

8 Ebenda, S. 81.

9 Ebenda, S. 103.

10 Ebenda, S. 81.

11 Ebenda, S. 147.

12 Ebenda, S. 96.

13 Ebenda, S. 143 f.

14 Ebenda, S. 143.

15 Ebenda.

16 Ebenda, S. 79.

17 Ebenda, S. 81.

18 Ebenda, S. 144.

19 Ebenda, S. 144.

20 Ebenda, S. 145; vgl. S. 89: «Das Es ist die Puppe, das Du der Falter. Nur,

daß es nicht immer Zustände sind, die einander reinlich ablösen, sondern oft ein in tiefer Zwiefalt wirr verschlungenes Geschehen.»

21 Ebenda, S. 161 f.
22 Ebenda, S. 162.
23 Ebenda, S. 162.
24 Ebenda.
25 Ebenda.
26 Ebenda, S. 162.
27 Ebenda, S. 163.
28 *Über den Tod hinaus*, Olten 1983 (Düsseldorf 1989), S. 91 ff.
29 *Das geheime Leben der Pflanzen*, Bern u. München[2] 1974, S. 34–56.
30 Das gleiche gelte für das Verhältnis von Tier und Pflanze. Auch da gäbe
   es eine Kommunikation, die offenbar über die bloße symbiotische
   Gemeinsamkeit hinausginge und eine Art Ur-Kontakt symbolisierte.
31 M. Buber, a. a. O., S. 145: «Nur ein Du hört seinem Wesen nach nie auf,
   uns Du zu sein... Ob man Gott als Er oder als Es beredet, es ist immer
   Allegorie. Sprechen wir aber Du zu ihm, dann ist die ungebrochene
   Wahrheit der Welt von sterblichem Sinn gewortet.»

Kapitel 3
Der heilige Baum – Mittler des Irrationalen

1 Gertrud Höhler, *Die Bäume des Lebens. Baumsymbole in den Kultu-
  ren der Menschheit*, Stuttgart 1985, S. 14.
2 Vgl. nur die Literatur bei Stephen J. Reno, *The Sacred Tree as an Early
  Christian Literary Symbol*, Saarbrücken 1978, S. 201–229; Mircea
  Eliade, *Die Religionen und das Heilige*, S. 310 ff., 377 ff.; Friedrich
  Heiler, *Erscheinungsformen und Wesen der Religion: Die Religionen
  der Menschheit (RM* 1), Stuttgart 1961, S. 67 ff.; James George Frazer.
  The Golden Bough (GB). A Study in Magic and Religion, pt. I, vol. 2,
  London[2] 1963, S. 7–58, 359–375; vgl. die im *Handwörterbuch des
  Deutschen Aberglaubens (HWDA)*, hg. von E. Hoffmann-Krayer
  und Hanns Bächthold-Stäubli, Berlin / Leipzig 1927, repr. 1987, zu den
  einzelnen Spezies angeführte Literatur.
3 Das bezieht sich auch auf die grünen oder blühenden Zweige der
  heiligen Bäume: Die Zweige des Ölbaums und des Lorber galten den
  Griechen als heilige Friedenszeichen. Erntezweige wurden vor die
  Apollotempel gepflanzt, Rebzweige wurden beim Weinlesefest mitgeführt, Palmenzweige beziehungsweise Weidenkätzchen dienen im
  Norden Europas in den christlichen Kirchen als Zeichen des Einzugs

Jesu in Jerusalem und seiner Auferstehung am Ostermorgen. Der Zweig der heiligen Esche wurde in Rom und in der germanischen Religion als «Wünschelrute» *(virgula divina* beziehungsweise althd. *wunschiligerta)* verwendet (vgl. Cicero, *De officio* I, 158; Fr. Heiler, a. a. O., S. 68). Die persischen Mazdā-Verehrer benutzten heilige Zweige als Sühnemittel in ihren Tempeln. Das gleiche erlebt man noch heute im japanischen Shintō-Schrein, besonders in den vom Shintō beeinflußten «Neuen Religionen», wenn der Priester die Gläubigen (und die Besucher) mit einem Wedel des Hinoki-Baumes oder einem Papierwedel reinigt. Ähnliche Bedeutung hatten die sogenannten *strena* in der römischen Religion, die als Träger von Heil und Gesundheit galten und die Kräfte des heiligen Baumes zu den Gläubigen brachten. In diesem Zusammenhang ist auch die Bedeutung des Kranzes zu erwähnen, der ja – wie die Zweige – die Kraft und den Segen des Baumes, von dem er stammt, vermittelt.

4 Aus: Basil Johnston, *Und Manitu erschuf die Welt. Mythen und Visionen der Ojibwa,* Köln [3] 1984, S. 40 f.

5 Johnston, S. 42.

6 So in der Zeichnung des «Weißen Bären» *Kacha Hónaw;* vgl. Frank Waters, *Das Buch der Hopi,* Düsseldorf und Köln 1980, S. 64. Dort ist es eine Fichte, der eine große «magnetische Kraft» zukommt.

7 B. Johnston, S. 42.

8 Peter Jones, *History of the Ojebway,* London 1858, S. 104. Ganz ähnlich verhielten sich die Irokesen. Sie verbanden ihr Schicksal mit dem der kanadischen Pappel und führten den Niedergang ihres Volkes u. a. auf das Schlagen dieser Bäume zurück (vgl. J. G. Frazer, *GB* I, 163). Der Evolutionist Frazer tut allerdings nicht gut daran, wenn er dieses Verhalten als einen Ausdruck primitiver Leichtgläubigkeit bezeichnet.

9 Pamela R. Frese und S. J. M. Gray: *ER* 15 S. 15,26.

10 *Deutsche Mythologie,* Bd. 1, S. 53 ff. Es ist hier nur ein Ausschnitt aus der bunten Palette der Beispiele, die Grimm bietet, möglich.

11 Vgl. P. Wagler, *Die Eiche in alter und neuer Zeit,* Bd. 2, Berlin 1891, S. 2 ff.; A. B. Cook, «Zeus, Jupiter, and the Oak», in: *Classical Review* XVII (1903), S. 178 ff.

12 J. G. Frazer, *GB* I, 2, 359.

13 *Vita Sancti Bonifacii.* G. H. Pertz, *Monumenta Germaniae historica* II, S. 343ff. Die Eiche von Geismar wird dort *robur Jovis* genannt, was natürlich so viel wie «Eiche Donars» bedeutet.

14 Ebenda, S. 373.

15 Ebenda, S. 350.

16 Ebenda, S. 373 f.

17 Vgl. Peter Gerlitz, *Religion und Matriarchat. Zur religionsgeschichtlichen Bedeutung der matrilinearen Strukturen bei den Khasi von Meghalaya,,* Wiesbaden 1984, S. 102. Diese kultische Verehrung beschränkt sich aber, soweit mir bekannt ist, hier nur auf die Bestattungsriten.

18 *HWDA* 2, S. 646 (Heinrich Marzell). Das wird auch von der Buche gesagt *(HWDA* 1, S. 1962, Marzell).

19 In der Tat haben naturwissenschaftliche Untersuchungen die hohe Sensibilität der Eichen gegenüber Blitzschlag bestätigt (E. Stahl, Blitzgefährdung der verschiedenen Baumarten, 1912, S. 59f.), während die Buchen meist verschont bleiben.

20 Frazer, *GB,* ebenda, S. 372. Frazer spricht in diesem Zusammenhang von einem *God of lightning* (S. 374).

21 HWDA 2, S. 649–651.

22 Heinrich Marzell gibt in *HWDA,* 2, S. 651, folgenden Zauberspruch wieder: «Eichbaum, ich klage dir, / die Gicht, die plaget mir; / Ich wünsche, daß sie mir vergeht / und in dir besteht.» Vgl. P. Wagler, *Die Eiche,* II, S. 40 ff. Zur apotropäisch-therapeutischen Wirkung der Buche siehe *HWDA* 1, S. 1693.

23 Das geschah auch dadurch, daß man zum Beispiel von der Menge ihrer Früchte auf eine gute oder eine schlechte Ernte schloß *(HWDA* 2, S. 653f.).

24 vgl. Max Höfler, *Wald- und Baumkult in Beziehung zur Volksmedizin Oberbayerns,* München 1894, S. 102.

25 Jan de Vries, *Keltische Religion: RM* 18, Stuttgart 1961, S. 190.

26 *Geographica* XII, 5, 1.

27 Jan de Vries, ebenda, S. 187.

28 Hans Hartmann, *Über Krankheit, Tod und Jenseitsvorstellungen in Irland,* Halle 1942; S. 47 f.

29 De Vries, S. 188. Die Lebensdauer der Welt beträgt nur 59049 Jahre!

30 Vgl. Elard Hugo Meyer, *Germanische Mythologie,* Berlin 1891, S. 258. Eiben und andere immergrüne Koniferen symbolisieren das ewige Leben bzw. die Wiedergeburt (vgl. *ER* 15, S. 32).

31 «Vor Eiben kann kein Zauber bleiben», lautet ein im Spessart gebräuchlicher Spruch; vgl. *HWDA,* 2, S. 645.

32 Ebenda.

33 *De Vita Martini* II, S. 256 ff.

34 Walter Burkert, *Griechische Religion der archaischen und klassischen Epoche: RM* 15, Stuttgart 1977, S. 61,76–78 vgl. G. Bötticher, *Der Baumkultus der Hellenen,* Berlin 1856; Ludwig Weniger, *Altgriechischer Baumkultus,* Leipzig 1919. Zum orientalischen Baumkul-

tus, speziell dem der Dattelpalme, siehe Hélène Danthine, *Le pal-mier-dattier et les arbres sacrés*, Paris 1937.

35 W. Burkert, S. 61.

36 Marcel Detienne, «L'olivier, un mythe politico-religieux», in: *Revue d'Histoire des Religions* (=*RHR*) 178 (1970), S. 5−23.

37 W. Burkert, S. 144.

38 Vgl. die keltischen Göttinnen von Quellen und Flüssen; bei J. de Vries, S. 114 ff.

39 Plinius, *Historia naturalis* XV, 77; Tacitus, *Annales* XIII, 58. Übri-gens haben wir ein ähnliches Phänomen im Tausendjährigen Rosen-stock von Hildesheim, dessen fast völlige Vernichtung in der Bom-bennacht im März 1945 und dessen wunderbarer Wiederaustrieb als ein «Stirb und Werde» der ganzen Stadt gedeutet wurde.

40 Romulus, 20.

41 In der Übers. von K. F. Geldner, *Der Rig-Veda aus dem Sanskrit ins Deutsche übersetzt:* Bd. 1, Cambridge, Mass.,[2] 1951, S. 346; Bde. 2−4, 1951−57.

42 Zu Bäumen und Baumgeistern, die Kinder «spenden», vgl. J. J. Meyer, *Trilogie altindischer Mächte und Feste der Vegetation*, I−III, Zürich-Leipzig 1937; hier Bd. I, S. 98.

43 *ER* 15, S. 27.

44 Seelenwesen, deren Element das Wasser ist, und deren Aufgabe es ist, bei den Menschen für Zeugung und Fortpflanzung zu sorgen. Nach *Jaiminiya-Brāhmana I*, 259, steht ihnen ein eigener Weltbaum zur Verfügung.

45 Nymphen, deren Elemente Waser, Wald und Luft sind. Sie sind von ambivalentem, z. T. feindlichem Wesen, wie *Atharvaveda − samhitā* 4,37 sagt.

46 Jan Gonda, *Die Religionen Indiens I: RM* 11, Stuttg. 1960, S. 100.

47 So L. M. Cadière, *Croyances et pratiques religieuses des Viêtnamiens*, Bd. 2, Saigon 1955, S. 9−17,44.

48 «Notes sur le culte des arbres au Tonkin», in: *Bulletin de l'Ecole française d' Extrême-Orient (BEFEO)* IX, 4, S. 757.

49 Louis Bezacier, *Die Religionen Vietnams: Die Religionen Südost-asiens: RM* 23, Stuttg. 1975, S. 338.

50 J. de los Reyes y Florentino, Die religiösen Anschauungen der Iloca-nen (Luzon), in: *Mitt. der k. k. Geograph. Gesellschaft in Wien XXXI* (1888), S. 556.

51 Frazer, *GB* I, 2, S. 19, 36 f.: «Der Priester hat es uns befohlen, es ist nicht unsere Schuld ... » Frazer gibt eine ebenso bemerkenswerte wie lustige Geschichte aus Sumatra wieder, wo die Mandeling während

der holländischen Besatzungszeit die Schuld am Fällen der Bäume der holländischen Regierung anlasteten und sich damit freisprachen. Ein Mandeling, der die Axt an einen hohen Baum im Urwald anlegte, sprach zuvor den Baum an mit den Worten: «Geist, der du in diesem Baume wohnst, nimm es mir nicht übel, daß ich deine Behausung abhaue; denn es geschieht nicht auf meinen eigenen Wunsch, sondern auf Befehl der Regierung» (S. 36). Wollte jemand ein Stück Urwald roden, dann mußte er sich zuvor mit den Waldgeistern einigen. Er trat dabei in die Mitte des betreffenden Geländes, entfaltete ein Stück Papier und las laut eine Verordnung der holländischen Verwaltung vor, die ihm gebot, das Gebiet sofort freizulegen. Die Lesung beziehungsweise Ermahnung an die Geister endete dann mit den Worten: «Ihr habt das gehört, Geister. Ich muß sofort mit der Arbeit beginnen, sonst werde ich erhängt» (S. 36).

52 Frazer, *GB* I, 2, S. 35.

53 A. a. O. S. 35 f.

54 Frazer, *GB* I, 2, S. 39.

55 *ER*, 15, S. 30.

56 A. B. Ellis, *The Ewe-speaking Peoples of the Slave Coast*, London 1890, S. 49 ff.

57 Ernst Dammann, *Die Religionen Afrikas: RM* 6 (1963), S. 69.

58 Frazer, *GB* I, 2, S. 17 f.

59 A. a. O., S. 51,69.

60 «Die Ehrerbietung der Dschagga-Neger gegen ihre Nutzpflanzen und Haustiere», in: *Archiv für die gesamte Psychologie* 48 (1924), S. 123–146, bes. S. 128.

61 *Nuer Religion*, Oxford[2] 1962, S. 72.

62 Frazer, a. a. O., S. 19.

63 Studenten, die mich in Westdeutschland besuchten und sich dezidiert zum «Atheismus», wie sie sagten, bekannten, wunderten sich doch darüber, daß die Bäume in Europa keine Geister mehr beherbergen.

64 Tokyo 1984 (1. Aufl. 1962), S. 98.

65 A. a. O., S. 98.

66 A. a. O., S. 99.

67 *ER* 15, S. 29.

68 «Eine Esche weiß ich, sie heißt Yggdrasil / Von dort kommt der Tau, der in Täler fällt / Von dort kommen Frauen, vielkundige / Drei aus dem Born, der beim Baume liegt: / Urd hieß man eine, die andre Werdandi / Sie schnitten ins Scheit – Skuld die dritte. / Lose lenkten sie, Leben koren sie / Menschenkindern, Männergeschick.» *(Die Edda*, Stuttgart / Hamburg o. J., S. 44 f.).

69 *ER* 15, S. 32; vgl. Frazer, *GB* I, 2, S. 51.

70 D. Chwolsohn, *Die Ssabier und der Ssabismus*, St. Petersburg 1856, Bd. 2, S. 36, 251. Muhammad verbot später die künstliche Befruchtung der Palmen und bezeichnete sie als Aberglauben. (D. S. Margoliouth, *Mohammed and the Rise of Islam*, London u. New York 1927; bei Frazer, *GB* I, 2, S. 25, Anm. 1).

71 Von mir häufig in Schlesien erlebt.

72 Frazer, *GB* I, 2, S. 28 (dort Lit. Hinweise).

73 London 1860; S. 198; vgl. Frazer, *GB* I, 2, S. 12,16.

74 *ER* 15, S. 29.

75 In: *Arbeitsmaterialien zur Religionsgeschichte* 5, hg. v. Hans-J. Klimkeit, Bonn / Köln 1981.

76 Ebenda, S. 63 f.

77 Ramses Riad Moftah, «Die uralte Sykomore und andere Erscheinungen der Hathor», in: *Ztschr. für ägypt. Sprache und Altertumskunde* 92, Leipzig / Berlin 1965, S. 40 ff. Es handelt sich um den ägyptischen Maulbeerfeigenbaum, *ficus sycomora*, der die altägyptische Landschaft beherrschte. Der Baum wird bis zu 20 m hoch, und die Äste können eine Ausdehnung bis zu 9 m erreichen. Sein Holz, das außerordentlich hart und schwer zu bearbeiten ist, diente der Herstellung von Gegenständen der Tempelkunst und vor allem der Anfertigung von Sarkophagen. Es ist nahezu unbegrenzt haltbar. Die Früchte sind Feigen, die in dichten Büscheln im Baum wachsen. Vor der endgültigen Reife müssen sie angeschnitten werden, damit sie süß werden. Sie sind nach wie vor ein begehrtes Nahrungsmittel und gehörten einst zu den wichtigsten Opfergaben im Tempel. Der Saft des Baumes, «Milch der Sykomore», wurde als Medizin verwandt. Sykomoren standen an Teichen und in den heiligen Hainen der Nekropolen. (E. Hermsen, *Lebensbaumsymbolik*, S. 72 f.). Dadurch wurde die enge Verbindung von Lebensbaum und Lebenswasser evident und für das Fortleben nach dem Tode von allergrößter Wichtigkeit.

78 Vgl. die Abbildungen bei Hermsen, S. 153–158.

79 Ebenda, S. 154, Abb. 3.; dazu S. 101 f.

80 Vgl. *The Egyptian Coffin Texts*, ed. Adriaan de Buck, Chicago 1935 ff., Bd. IV, S. 182 f.

81 «The Goddess of the Egyptian Tree Cult», in: *Journal of Near Eastern Studies*, Bd. VI, Chicago 1947, 92.

82 Die Baumgöttin (hier ist es Nut) sagt z. B. zu dem Toten: «Ich gebe dir das Wasser des Lebens» (Hermsen, S. 119); vgl. G. Höhler, *Die Bäume des Lebens*, S. 147.

83 Bei Hermsen Abb. 4 (S. 155). Das können Früchte des betreffenden

Baumes sein, Sykomorenfeigen oder Datteln, aber auch – wie man sieht – andere Nahrungsmittel.

84 Abb. 5 und 7 (S. 155 und 156).

85 Abb. 6 (S. 156).

86 Ramses Riad Moftah, *Die heiligen Bäume im Alten Ägypten*, Diss., Göttingen 1959, S. 10.

87 Moftah, *Die Heiligen Bäume*, RM, S. 139; Hermsen, S. 120.

88 Von Hathor, Isis und Nut ging übrigens in frühchristlicher Zeit die Verehrung auf Maria über: Die Legende erzählt, Maria habe sich mit dem Jesuskind auf der Flucht im hohlen Stamm einer Sykomore verborgen (Moftah, S. 22 f.) Noch heute verehrt man die Sykomore in Äthiopien als Marienbaum.

89 *ER* 15, S. 29.

90 Aber auch in Malaysia, Japan usw., wie Frazer, *GB* I, 2, S. 21, anführt.

91 Frazer, *GB* I, 2, S. 47; vgl. die Einstellung der Mundari in Nordost-Indien: Die Häuptlinge untersagten streng das Fällen eines Baumes im heiligen Hain, weil die Waldgeister sonst den Regen zurückhalten würden (Frazer GB I, 2, S. 46, nach E. T. Dalton).

92 W. Foy in: ARW X (1907), S. 551.

93 Frazer, *GB* I, 2, S. 57 f. Fruchtbarkeit setzt Gesundheit bei Pflanzen, Menschen und Tieren voraus. Der Baum liefert häufig auch die Medizin für Menschen und Tiere. Das Wort für «Baum» bedeutet in Zulu und Herero gleichzeitig «Medizin» (*umuthi* bzw. *omuti*); vgl. Ernst Dammann, *Die Religionen Afrikas: RM* 6 (1963), S. 51.

94 Bei Wilhelm Mannhardt, *Letto-Preußische Götterlehre*, Riga 1936, S. 219.

95 Mannhardt gibt S. 136 und 218 (unter Berufung auf Simon Grunau *Cronica und beschreibung*, hg. v. M. Perlbach: *Simon Grunaus Preußische Chronik*, Leipzig 1876–89) Berichte von heiligen Hainen in Skandinavien und dem Baltikum wieder, die die Attribute einer Göttertriade umgaben. In Uppsala war es Thor mit dem Szepter, der ityphallische Fricco und Wotan mit den Insignien des Mars. Der heilige Hain setzte sich aus heiligen Bäumen zusammen, von denen ein Baum besondere Verehrung genoß, weil seine Zweige im Sommer wie im Winter grünten (eine Eibe oder die heilige Eiche von Rikojot?). Der Baum war durch einen an der Spitze angebrachten Umgang oder durch eine deutlich sichtbare Kette gekennzeichnet (zu vergleichen mit dem heiligen Strohseil, das ausgewählte Bäume in den japanischen Shintōhainen umgeben). Hier wurden zu Ehren der Götter auch Menschen geopfert.

96 Aeneas Sylvius, *Opera*, Basel 1571(5), S. 418; «De Lituania», in: *Historia de Europa*, cp. XXVI, hg. von Th. Hirsch: *SS.R.* Pr. IV, S. 237–239; W. Mannhardt, *Letto-Preußische Götterlehre*, S. 136; vgl. S. 220.

97 G. Höhler, a. a. O., S. 18.

98 Ähnlich die Altai-Völker, die sibirischen Vasyugan-Ostjaken, Kalmücken und Burjäten; vgl. Mircea Eliade, *Schamanismus und archaische Ekstasetechnik*, Zürich, o. J., S. 259 f.

99 *ER* 15, S. 27.

100 E. A. S. Butterworth, *The Tree at the Navel of the Earth*, Berlin 1970, S. 7; Mircea Eliade, *Schamanismus*, S. 259; G. Höhler, a. a. O., S. 17 ff.

101 Eliade, *Schamanismus*, S. 259.

102 Stephen J. Reno, *The Sacred Tree*, S. 74, unter Hinweis auf Eliades *Schamanismus u. archaische Ekstasetechnik*.

103 Z. B. Joachim Gaus, «Wege, Methoden und Probleme der Symbolforschung», in: *Symbolon. Jahrbuch für Symbolforschung*, Köln 1986, S. 9–34; Kurt Hübner, *Die Wahrheit des Mythos*, München 1985, S. 71–76.

104 Reno, S. 72. Für die Ngayu Dayak auf Kalimantan/Borneo, die eine ähnliche Symbolik kennen, siehe Hans Schärer, *Ngaju Religion: The Conpeption of God among South Borneo*, The Hague 1963, S. 96 f.

105 J. Warneck, *Die Religion der Batak*, Leipzig 1909, S. 49f; vgl. Ph. Lumbantobing, *The Structure of the Toba-Batak Belief in the High God*, Amsterdam 1956; Jutta Meyer, «Batakscher Toten- und Ahnenkult», in: Dieter Becker (Hg.), *Mit Worten kocht man keinen Reis. Beiträge aus den Batak-Kirchen auf Nordsumatra*, Erlangen 1987, S. 85 ff.

106 Daß nur Stamm und belaubte Krone des Waringin-Baumes sichtbar sind, deutet auf den Zusammenhang zwischen Menschen und Göttern; denn die Menschen stammen von den Göttern ab.

107 A. a. O.; vgl. Peter Gerlitz, «Rückkehr zum Ursprung. Das Problem der Revitalisierung von Stammesreligionen, dargestellt am Beispiel der christianisierten Batak», in: *Geographia Religionum* 7, hg. von G. Rinschede und K. Rudolph, Berlin 1989, S. 72f.

108 S. Barkataki, *The Khasis, Pathsala / Gauhati*, Calcutta 1977, 90 ff. Zum Ganzen vgl. Peter Gerlitz, *Religion und Matriarchat*, Wiesbaden 1984, S. 101 f. Dort auch Literatur.

109 Woher kommt es? Die Khasi-Stämme haben nie Berührung mit dem Meer gehabt.

110 Mehrfach wird in dem Märchen darüber geklagt, daß die Brandrodung, das sogen. *jhum*, nicht mehr möglich war.

111 Ich habe früher (vgl. *Religion und Matriarchat*, S. 103) die Meinung vertreten, es handle sich dabei «um einen Fruchtbarkeitstanz»; denn «der Rishot Blei ist unleugbar ein Phallussymbol und dient als Zeichen für die Fruchtbarkeit und die künftige Dauer der Familie des Syiem» (des Stammeskönigs). Ich bin heute unsicher geworden, ob diese These noch aufrechtzuerhalten ist und ob der rishot blei nicht vielmehr die Symbolik des kosmischen Baumes, also der *axis mundi*, reproduziert.

112 *Totemism and Exogamy. A Treatise on Certain Early Forms of Superstition and Society*, London 1910, repr. 1968,Bd. II, S. 321.

113 «Die Nongkrem-Pūja in den Khasi-Bergen, in: *Anthropos* 4 (1909), S. 893.

114 Rune Z (vgl. Reno, a. a. O., S. 70 f.).

115 Nicht, wie Reno, S. 71, meint, «an imperfect situation for mankind».

116 *ER* 15, 29 (Frese / Gray).

117 Übers. Karl Friedrich Geldner, *Der Rig-Veda*, Teil 1, Cambridge / Mass. u. Leipzig 1951, S. 25; vgl. R. V. 10,82,5. Zum *arbor inversa* s. auch G. Höhler, a. a. O., S. 24 f.

118 Vgl. Adolf Jacobi, «Der Baum mit den Wurzeln nach oben und den Zweigen nach unten», in: *Zeitschr. f. Miss.kunde u. Religionswissenschaft*, Bd. 43 (1928), S. 78–85; Ananda C. Coomaraswamy, «The Inverted Tree», in: *The Quarterly Journal of the Mythic Society*, Bangalore, Bd. 29, 2 (1938), 1–38.

119 M. Eliade, nach Reno, S. 69.

120 *Die Bhagavadgītā*, Sanskrittext u. Übers. von S. Radhakrishnan, deutsch von S. Lienhard, Wiesbaden, o. J., S. 374 f. Die sich nach unten ausbreitenden Wurzeln sind Nebenwurzeln, welche die Seele als Karma mit sich führt.

121 Jan Gonda, *Die Religionen Indiens I: RM 11*, Stuttgart 1960, S. 208.

122 *Die Edda*, übertragen von Felix Genzmer, Stuttgart / Hamburg o. J., S. 43., vgl. *Germanische Götterlehre*, Hg. Ulf Diederichs, Köln [2] 1987, S. 27.

123 Āke V. Ström, *Germanische Religion: RM 19,1*, S. 243. Ström übersetzt: «Ich erinnere mich an neun Welten / neun im Baume (oder neun Heime) / des ruhmvollen Meßbaums / unter der Erde.»

124 Am Weltenbaum Yggdrasil hat sich Odin geopfert, eine Tat, hinter der sich wahrscheinlich ein alter Initiationsritus verbirgt, durch den der Myste vom Tod ins Leben zurückkehrt:

«Ich weiß, daß ich hing am windigen Baum
neun ganze Nächte,
vom Speer verletzt und Odin gegeben,

ich selbst mir selbst,
an dem Baum, von dem keiner weiß,
aus wessen Wurzel er entsprang.»
Übersetzung von Ström, a. a. O., S. 116; vgl. S. 117; dort Literatur zum
Odinsopfer am Baum.

125 Uno Holmberg-Harva, «Der Baum des Lebens», in: *Annales Academiae Scientiarum Fennicae*, Series B, vol. XVI, Helsinki 1922 / 1923,
S. 40–55; *Grimnirlied*, Str. 27; *Der Seherin Gesicht (Volospá)*, Vers 13.

126 *Der Seherin Gesicht (Volospá)*, Vers 13 (in Diederichs, *Germanische
Götterlehre*, S. 28). Eine andere Version beschreibt die Esche mit drei
Wurzeln: Niflheimr oder Hel befinden sich unter der einen, Utgardr,
das Reich der Riesen und Dämonen, unter der zweiten, und Midgardr
unter der dritten Wurzel. Auf dem Wipfel der Yggdrasil sitzt der Adler,
Odins Wappentier (vgl. auch *ER* 15, S. 27).

127 M. Eliade, *Schamanismus und archaische Ekstasetechnik*, S. 259 ff.
Auch bei sibirischen Völkern wird der Adler mit dem kosmischen
Baum, der Weltenbirke, in Beziehung gesetzt.

128 Reno, S. 68.

129 *Edda, Grimnirlied*, a. a. O., S. 80 f. Diederichs, *Germanische Götterlehre*, S. 47 (Str. 28).

130 Reno, S. 70.

131 Ebenda.

132 Holmberg-Harva, *Der Baum des Lebens*, S. 50–67; G. Höhler, a. a. O.,
S. 37–65.

133 *Patterns in Comparative Religion*, Cleveland 1963, S. 267.

134 Düsseldorf 1963.

135 «Methodological Remarks of the Study of Religious Symbolism. The
History of Religions, in: *Essays in Methodology*, ed. M. Eliade / Joseph
M. Kitagawa, Chicago, 1959, S. 94.

136 Ebenda. Auch das Folgende.

137 Abgedruckt in: *Indische Märchen*, hg. von Joh. Hertel, Düsseldorf /
Köln 1973, S. 8.

138 Bei K. F. Geldner, Bd. 3, S. 306.

139 Hingewiesen sei nur auf Heinz Genge, «Zum Lebensbaum in den
Keilschriftkulturen», in: *Acta Orientalia* 33 (1971); E. A. S. Butter-
worth, *The Tree at the Navel of the Earth*, Den Hague 1970 / 71. Das
Folgende bei Geo Widengren, «The King and the Tree of Life in
Ancient Near Eastern Religion», in: *Uppsala Universitets Arsskrift*,
Bd. IV, Uppsala 1951, Kap. 1.

140 E. Dhorme, *Les religions de Baylonie et d'Assyrie, Mana II*, 1945,
S. 32 ff; Reno, S. 73.

141 vgl. auch Helmer Ringgren, «Die Religionen des Alten Orients», in: *Grundrisse zum AT, ATD-Ergänzungsreihe*, Göttingen 1979, S. 140.

142 Geo Widengren, *Religionsphänomenologie*, Berlin 1969, S. 331. Das Waser strömt zwischen den Wurzeln des Baumes hervor (S. 334).

143 vgl. August Wünsche, «Die Sagen vom Lebensbaum und Lebenswasser», in: *Altorientalische Mythen. Ex Oriente Lux*, 1 (1905), S. 15–45; E. O. James, «The Tree of Life and the Water of Life», in: Religion und Religionen: Festschrift für Gustav Mensching, Bonn 1967, S. 118–130.

144 Das ist übrigens bei unserem Maibaum-Symbol der Fall, über das Frazer, *GB* I, 2, S. 59 ff. (Deutsche Übers. von Helen Bauer: *Der goldene Zweig*, Frankfurt / Berlin / Wien 1977, S. 175–197) referiert: Die Fruchtbarkeitsriten sind beinahe lückenlos erhalten geblieben, aber es fehlt die Begründung durch den Mythos (vgl. Fr. Heiler, *Erscheinungsformen*, S. 69).

145 Eine anschauliche Schilderung bieten Christian Rätsch / Kayum Ma'ax in ihrem Buch *Ein Kosmos im Regenwald. Mythen und Visionen der Lakandonen-Indianer*, Köln 1984, S. 13 f., ein Buch, das man allerdings wegen seines zum Teil tendenziösen Ethnojournalismus kritisch lesen muß.

146 Das wäre nach den Angaben von Chr. Rätsch, S. 282, aber erst 1983 der Fall gewesen, also ein viel zu kurzer Zeitraum für die Mythenbildung!

147 Chan K'in ist der Gewährsmann von Christian Rätsch. Der nachfolgende Text in der Übersetzung von Rätsch / Kayum Ma'ax, a. a. O., S. 283 f.

148 Es wäre zu leichtfertig, davon zu sprechen, daß sie die Religion der verhaßten Conquistadores haben, also ein aggressives naturfeindliches Christentum verträten, mit dem sie einst das klassische Mexiko unterjochten. Wir dürfen in solche ekstatischen Reden sicher nicht zu viele Vermutungen hineingeheimnissen.

149 Pamela R. Frese / S. J. M. Gray schreiben *temple,* was sehr unwahrscheinlich ist, denn da würde es sich ja um einen buddhistischen Tempel handeln, in dessen Umkreis andere Bäume, der *ficus* zum Beispiel, als Göttersitze bekannt sind.

150 Frese / Gray, *Trees: ER* 15, 30. In der japanischen Baumsymbolik spielt die Weide und ihr biegsames Holz eine besondere Rolle. Sie ist in den heiligen Hainen der Schreine häufig anzutreffen und ebenso wie der immergrüne Sakaki-Baum Göttersitz, Wohnung der Kami.

151 Jetzt handelt es sich um einen (buddhistischen) Tempel, dem die Weide geopfert werden soll, nicht um einen Schrein, dem die Weide kultisch zugeordnet ist. Shintōismus und Buddhismus stehen bis

245

zum heutigen Tage in Japan in einer (synkretistischen) Wechselbeziehung.

152 Die «belebte» wie die «unbelebte» Natur.

153 Und natürlich die Tiere.

154 Daß die Frau noch erwacht und mit ihrem Manne sprechen kann, ja, sogar noch zu ihrem Baum zurückkehren kann, dient natürlich der Ausschmückung des Märchens oder ist redaktionelle Emendation.

155 Richard Merz, «Die numinose Mischgestalt. Methodenkritische Untersuchungen zu tiermenschlichen Erscheinungen Altägyptens, der Eiszeit und der Aranda in Australien», in: *Religionsgeschichtliche Vers. u. Vorarbeiten,* Bd. 36, Berlin und New York 1978, S. 163, 189.

156 Vgl. Ernest A. Worms / Helmut Petri, *Australische Eingeborenen-Religionen: RM* 5,2, Stuttgart 1968, S. 140 f., 149.

157 R. Merz, ebenda, S. 164.

158 Melbourne 1947, S. 28.

159 «Mythen, Sagen und Märchen des Loritja-Stammes. Die totemistischen Vorstellungen und die Tjurunga der Aranda-Loritja», in: *Veröffentlichungen aus dem Städtischen Völker-Museum Frankfurt / Main,* Frankfurt / Main 1907–1920, Bd. 2, S. 75.

160 C. Strehlow, ebenda, S. 76.

161 Ebenda, S. 81.

162 *Aranda Traditions,* S. 18; vgl. R. Merz, a. a. O., S. 195.

163 Dies und das Vorangegangene bei C. Strehlow, «Mythen, Sagen und Märchen des Loritja-Stammes», 2, S. 80 u. 81 f. Bei den Loritja heißen die Tjurunga auch *kuntanka,* «die geheimen Dinge».

169 Nach Vorstellung der australischen Aborigines ist auch der Erdboden und das, was er enthält, von Geistern besetzt, die Bestandteile bzw. «Mitglieder» der Stammesgemeinschaft sind.

165 *Aranda Traditions,* S. 18.

166 Ebenda, S. 116; vgl. S. 119.

167 Es handelt sich bei diesem Vorgang um eine Identitätsmystik, wie sie uns auch in den sogenannten «Hochreligionen» begegnet, zum Beispiel in den Gesprächen des Uddālakka mit seinem Sohne Śvetaketu, *Chāndogya-Upanishad* 6 (P. Deussen, 60 *Upanishad's des Veda,* S. 159–170): «Was jene Feinheit ist, daraus besteht das Weltall. Das ist das Reale, das ist die Seele, das bist du.»

168 Übersetzung aus dem engl. Text: T. H. G. Strehlow, a. a. O., S. 119; Vgl. auch C. Strehlow, «Mythen, Sagen und Märchen des Loritja-Stammes», S. 82 f.: Bei den Loritja wird der Initiand zu der Steinhöhle geführt, in der seine *kuntanka (tjurunga)* aufbewahrt wird. Sie wird ihm mit den Worten gezeigt: «Dieses ist dein Körper geworden. Diese

246

kuntanka sollst du für deinen eigenen Leib ansehen. Hüte dich, daß du dir keine andere *kuntanka* zueignest! Diese gehört dir für immer!»
C. Strehlow sagt dazu: «Solange diese *kuntanka* in der Steinhöhle in Sicherheit liegt, ist auch das Wohl des mit ihr verbundenen Individuums garantiert. Wird die *kuntanka* jedoch verloren oder von Feinden gestohlen, so wird der *woltara* (der Besitzer und Geist der *kuntanka*) zornig, kommt aus seinem unterirdischen Aufenthaltsort hervor und sticht seinen Schützling mit den Zauberhölzern, wodurch Krankheit, ja sogar der Tod des Pflichtvergessenen verursacht wird. Wenn dagegen die *kuntanka* von weißen Ameisen zerfressen wird, so ist Gefahr vorhanden, daß Feinde den mit der *kuntanka* Verbundenen erschlagen.» Beim Tode des *kuntanka*-Besitzers wird das Numen aus seiner Steinhöhle geholt und bis zu zwei Jahren an einem anderen Ort aufbewahrt.

169 Baldwin Spencer / F. J. Gillen, *The Native Tribes of Central Australia*, London 1899, S. 138; Art. «Totemism» (Roy Wagner) in: *ER* 12, S. 573.

170 *Australian Aboriginal Religion*, Leiden 1974, Fasc. 2, 9; Fasc. 4, 11; vgl. auch Spencer / Gillen, a. a. O., S. 652; vgl. R. Merz, a. a. O., S. 197.

171 Vgl. C. Strehlow, «Mythen, Sagen und Märchen», a. a. O., 2, S. 53: «Geht eine Frau an einem Platz vorbei, an dem der verwandelte Leib eines Vorfahren steht, so geht ein *ratapa* (ein Kinderkeim, ein ungeborenes Kind), der schon nach ihr ausgeschaut hat, durch ihre Hüfte in ihren Leib ein ... Wird das Kind dann geboren, so gehört es dem Totem des betreffenden *altjirangamitjina* an. Ist die Frau zum Beispiel an einem *ilia* (Emu)-*knanakala* vorbeigegangen und hat dort die ersten Zeichen der Schwangerschaft wahrgenommen, so ist ein *iliaratapa* in sie eingegangen, so daß das Kind dem *ilia*-Totem angehören und einen mit dem Totemnamen zusammenhängenden Rufnamen, wie *iliakurka*, kleines Emu, oder *iliapa*, Emufeder, erhalten wird. Da nun die Schwarzen ein Wandervolk sind, die heute hier leben, in einigen Monaten vielleicht viele Meilen entfernt ihren Lagerplatz aufgeschlagen haben, so kommt es nicht selten vor, ja ist sogar die Regel, daß die Kinder einer Familie den verschiedensten Totems angehören.» C. Strehlow macht aber ausdrücklich darauf aufmerksam (S. 56), daß die Aborigines nicht etwa glauben, das Tier oder die Pflanze (oder der Stein) gingen leibhaftig in eine Frau ein, vielmehr: Wenn zum Beispiel eine Frau beim Anblick eines Känguruhs die ersten Zeichen der Schwangerschaft verspürt, dann deutet das daraufhin, daß dieses Känguruh ein Totemvorfahre ist, der in diesem Augenblick lediglich Känguruhgestalt angenommen hat. «Durch bloßes Essen eines Totemtieres oder einer Totempflanze findet ... keine Empfängnis statt.»

172 *ER* 15, S. 30.

173 Kürzlich ist eine Dissertation von Marion Franz-Morawietz unter dem Titel «Krise und religiöse Bewegung. Ein Beitrag zur Religionsgeschichte des Alten Ägypten der 1. Zwischenzeit und der Irokesen unter Handsome Lake» *(Forschungen zur Anthropologie und Religionsgeschichte, Bd. 9)*, Saarbrücken 1988, erschienen. Die Vf. beschreibt (S. 58 ff.) den Niedergang der Irokesen im Zusammenstoß mit der westlichen Zivilisation und den tragischen Lebenslauf ihres Häuptlings Handsome Lake (S. 72 ff.).

Kapitel 4

Das heilige Tier – Verkörperung des Irrationalen

1 Christian Rätsch, K'ayum Ma'ax, *Ein Kosmos im Regenwald*, S. 232. Die Interpunktion des Gedichtes stammt von mir.

2 Basil Johnston, *Und Manitu erschuf die Welt*, Köln[3] 1984, S. 58 ff., nennt die Tiere auch «Unsere Älteren Brüder».

3 vgl. J. G. Frazer, *Totemism and Exogamy. A Treatise of Certain Early Forms of Superstition and Society*, London 1910 (repr. 1986).

4 Wie der alte auf eine Eisscholle ausgesetzte Inuit (Eskimo) vom Eisbären.

5 Bei Johnston, S. 63. Dort (S. 62–67) die Tierfabel, auf die ich im Folgenden Bezug nehme.

6 Johnston, S. 58.

7 Johnston, S. 67.

8 Johnston, S. 63.

9 Johnston, S. 66.

10 Johnston, S. 63.

11 Johnston, S. 66 f. Wie die Ojibwa, so haben auch die anderen nordamerikanischen Altvölker ihre Mythen vom gemeinsamen Ursprung aller Wesen und dem Beginn der Feindschaft zwischen Mensch und Tier. Der Mythos der Cherokees ähnelt dem der Ojibwas fast wörtlich: «In grauer Vorzeit, als die Tiere noch eine Sprache hatten, lebten sie mit den Menschen in Freundschaft zusammen. Die Ausbreitung der Menschen aber verdrängte die Tiere in die Wälder und Wüsten der Erde, und nach der Erfindung von todbringenden Waffen begann der Mensch Massenschlachten unter den Tieren anzurichten wegen ihres Fleisches und ihrer Häute, und trat auf die kleineren Tiere mit Verachtung. Die Tiere nun, zur Verzweiflung getrieben, beschlossen daraufhin Vergeltungsmaßnahmen.»

Die ersten, die sich trafen, waren die Bären, angeführt von dem alten Weißen Bären, ihrem Häuptling. Nachdem mehrere Sprecher die Menschheit wegen ihres blutdürstigen Verhaltens angeklagt hatten, wurde einstimmig der Krieg gegen die Menschen beschlossen, und man sprach eingehend über die Art der menschlichen Waffen. Man entdeckte, daß Pfeil und Bogen die hauptsächlichen Waffen der Menschen seien, und man beschloß, ein Muster anzufertigen, um zu sehen, ob sich nicht die Waffen des Menschen gegen den Menschen selbst richten lassen könnten. Man schaffte ein Stück Holz herbei, das für diesen Zweck geeignet schien, und einer der Bären opferte sich, um die Tiere mit Darmsaiten für Bogensehnen zu versorgen. Als der Bogen fertig war, entdeckte man, daß die Tatzen der Bären dem Abschuß des Pfeiles im Wege standen. Einer der Bären beschnitt seine Klauen und traf mit Erfolg das Ziel. Aber der Häuptling, der alte Weiße Bär, schaltete sich ein mit der Bemerkung, daß man die Tatzen nötig hätte, um damit auf Bäume zu klettern, und daß alle verhungern würden, wenn sie sich die Klauen abschneiden würden.

Darauf wurde die nächste Versammlung von den Hirschen abgehalten, unter der Leitung ihres Häuptlings Kleiner Hirsch. Sie beschlossen, jeden Jäger, der einen von ihnen erschlüge, mit Rheumatismus zu bestrafen, es sei denn, er bäte in geeigneter Weise um Verzeihung. Sie (die Hirsche) gaben daraufhin ihren Beschluß der nächsten Indianersiedlung bekannt und unterrichteten sie auch darüber, worin die Sühne zu bestehen hätte, wenn die Indianer gezwungen würden, einen aus dem Stamm der Hirsche zu töten. Wenn nun ein Hirsch von einem Jäger getötet wurde, rannte Kleiner Hirsch zu der Stelle, beugte sich über die blutende Wunde und fragte den Geist des Hirsches, ob er das Gebet des Jägers um Verzeihung gehört habe. Wenn die Antwort ‹ja› war, dann war alles in Ordnung, und Kleiner Hirsch verschwand wieder. Aber wenn die Antwort ‹nein› lautete, spürte er dem Jäger nach bis er seine Hütte erreicht hatte und schlug ihn mit Rheumatismus, so daß er ein hilfloser Krüppel wurde. Manchmal, wenn Jäger nicht die richtige Formel der Abbitte gelernt hatten, versuchten sie, Kleinen Hirsch von seiner Verfolgung abzubringen, indem sie Feuer hinter sich auf den Pfad legten.

Dann hielten die Fische und Reptilien eine gemeinsame Versammlung ab und beschlossen, die Menschen, die sie quälten, mit gräßlichen Träumen heimzusuchen, etwa von Schlangen, die sich um sie herumschlangen, oder von verwesten Fischen, die sie essen mußten.

Schließlich versammelten sich auch die Vögel und Insekten zusammen mit den kleineren Tieren zu diesem Zweck, und den Vorsitz hatte eine Raupe. Jeder gab seine Meinung auf seine Weise kund, und man stimmte gegen die Menschheit. Sie ersannen und nannten verschiedene Krankheiten, mit denen sie die Menschen strafen wollten.»

Die Fabel endet damit aber nicht, sondern nun treten die Pflanzen auf den Plan und schwächen die Strafen ab, mit denen die Tiere die Menschen belegt hatten. Die Pflanzen werden damit zu den eigentlichen Rettern der Menschen.

Der Text lautet wie folgt:

«Als jedoch die Pflanzen, die den Menschen freundlich gesonnen waren, davon hörten, was von den Tieren angeordnet worden war, da beschlossen sie, ihre bösen Pläne zu vereiteln. Jeder Baum, Strauch und jedes Kraut bis hinunter zu den Gräsern und Moosen waren sich einig darüber, daß sie Hilfe bringen wollten, wenn jemand an den genannten Krankheiten litt. So entstand die Medizin, und so kam es, daß die Pflanzen das Gegengift erfanden, um den bösen Ränken der rachsüchtigen Tiere entgegenzuwirken. Seitdem gilt: Wenn der Schamane Zweifel hat, welche Behandlung er für einen Patienten anwenden soll, dann schlägt ihm der Geist der Pflanze ein geeignetes Mittel vor.» (Aus: J. Mooney, «Myths of the Cherokees», in: *Reports of the US Bureau of Ethnology*, 19, Washington 1900; Text auch in *ERE* 4, S. 738).

12 *ER* 1 («Animals», v. Stanley Walens), S. 291.

13 Ebenda, S. 291.

14 Ebenda, S. 292.

15 Ebenda, S. 296.

16 Auch hier begegnet uns eine wahre Flut an Literatur, wie Friedrich Heiler, *Erscheinungsformen und Wesen der Religion: RM* 1, Stuttgart 1961, S. 77 ff.; Hans Findeisen, *Das Tier als Gott, Dämon und Ahne*, Stuttgart 1956; Angelo de Gubernatis, *Zoological Mythology*, 2 Bde., London 1872; *HWDA* 8: «Tier» (S. 778 ff.); «Tierkult» (S. 850–864); «Tieropfer» (S. 901 ff.); «Tierorakel» (S. 912 ff.); «Tiersprache» (S. 939 ff.; vgl. die Artikel zu den einzelnen Tieren im *HWDA*); *ERE* 1, S. 483–535 (N. W. Thomas); Ebermut Rudolph, *Schulderlebnis und Entschuldung im Bereich säkularer Tiertötung*, Bern u. Frankfurt a. M. 1972; Mareile Kohn, *Das Bärenzeremoniell in Nordamerika*, Hohenschäftlarn 1986, u. a. zeigen.

17 *HWDA* 7, S. 1183 f.

18 *ERE* 1, S. 526; so in Frankreich und Bulgarien.

19 *ERE* 1, S. 526.

20 Arnold van Gennep, *Tabou et Totémisme à Madagascar*, Paris 1904, S. 273, 275, 277.

21 *ERE* 1, S. 526.

22 Ebenda.

23 Ebenda.

24 Bd. 7, S. 1115–1199.

25 *HWDA* 7, S. 1155 ff.

26 Ebenda, 7, S. 1144 f.

27 *HWDA* 8, S. 267, 270, 269.

28 Ebenda, 8, S. 272 f, 275 f.

29 *ERE* 1, S. 528.

30 Ebenda, 1, S. 528.

31 A. W. Howitt, *The Native Tribes of Southeast Australia*, London 1904, S. 388.

32 Gerardus van der Leeuw, *Phänomenologie der Religion*, Tübingen² 1956; Nathan Söderblom, *Der lebendige Gott im Zeugnis der Religionsgeschichte*, München 1942; Rudolf Otto, *Das Heilige*, München, 31.–35. Aufl., 1963; Friedrich Heiler, *Das Gebet*, München und Basel ⁵1969, sowie sein Buch *Erscheinungsformen und Wesen der Religion: RM* 1, Stuttgart 1961; Mircea Eliade, *Die Religionen und das Heilige*, Salzburg 1954.

33 *Märchen der Brüder J. und W. Grimm*, repr. München 1975; Bd. 1, S. 33.

34 I. Bregenzer, *Tier-Ethik*, Bamberg 1894, Bd. 1, S. 113.

35 *Volkstümliches aus Schwaben*, Freiburg i. Br. 1861/62, Bd. 1, S. 335.

36 Paul Drechsler, *Sitte, Brauch und Volksglaube in Schlesien*, Leipzig 1903–1906, Bd. 2, S. 76.

37 Joh. Bolte / Georg Polivka, *Anmerkungen zu den Kinder- und Hausmärchen der Brüder Grimm*, Leipzig² 1913–18 (Hildesheim³ 1982), Bd. 3, S. 283.

38 Möglicherweise vermutete man sogar eine einheitliche Sprache aller Lebewesen, die aber seit dem Sündenfall auseinandergebrochen ist.

39 Berlin ⁴1875–78 (Leipzig 1943, Bd. 2, S. 560, 948, Anm. 1); vgl. P. Drechsler, *Sitte, Brauch und Volksglaube in Schlesien*, 2, S. 206 f.; Max Gerhardt, *Der Aberglaube in der französischen Novelle des 16. Jh.*, Diss., Berlin 1906, S. 69 ff.

40 *HWDA* 8, S. 780, 939, ff.

41 *The Conference of the Birds*, Interlaken 1988. Ich verweise hier auf die Tierpredigten in den Religionen, mit denen ich mich in einer späteren Arbeit befassen möchte.

42 *HWDA* 8, S. 780, 941 f.

43 J. Grimm, *Deutsche Mythologie*, Bd. 3, S. 188; Heinrich Wlislocki, *Aus dem Volksglauben der Magyaren*, München 1893, S. 32; *HWDA* 8, S. 943.

44 *HWDA* 8, S. 783. Bei Homer weissagt das Roß Xanthos den Tod seines Herrn (vgl. *HWDA* 8, S. 939).

45 *HWDA* 8, S. 783.

46 Vgl. K. Kerényi, *Die Mythologie der Griechen*, Bd. 2, München ⁹1987, S. 226 ff.

47 Wilhelm Wundt, *Völkerpsychologie*, Bd. 1, Leipzig ³1920, S. 146.

48 J. Grimm, *Deutsche Mythologie*, Bd. 2, S. 571 f.

49 *ARW* 17 (1914), S. 422 ff.

50 Für Sumatra und die Toba-Batak vgl. Peter Gerlitz, «Rückkehr zum Ursprung. Das Problem der Revitalisierung von Stammesreligionen, dargestellt am Beispiel der christianisierten Batak auf Sumatra», in: *Geographia Religionum* 7, S. 69.

51 *HWDA* 8, S. 795–802. Dort auch die Nennung der Arten. Es ist bezeichnend, daß es sich im europäischen Kulturraum zunächst häufig um «Luftdämonen» handelt, also um Vögel, und erst später um Säugetiere, wie Wolf, Hund, Pferd usw.

52 vgl. J. Grimm, *Deutsche Mythologie*, 3, S. 442.

53 *HWDA* 8, S. 808 f.; vgl. Johannes Jühling, *Die Tiere in der deutschen Volksmedizin alter und neuer Zeit*, Mittweida 1900.

54 Friedrich Lauchert, *Geschichte des Physiologus*, Straßburg 1889, 1, S. 41, 65 f, 79 ff. Trotz der ablehnenden Haltung solcher heilkundlicher Sammlungen durch die mittelalterliche Kirche bediente sich die Kunst und die Literatur *(Nibelungenlied*, Str. 894) bis zum 14. Jhdt. der im *Physiologus* (älteste Handschrift aus dem 10. Jhdt.) überlieferten Tiereigenschaften, wie man im Lexikon der Symbole oder in jedem Kunstführer leicht feststellen kann. Vgl. O. Seel, *Der Physiologus*, Zürich 1960; neueste Übers. v. Ursula Treu, Berlin ³ 1987, vgl. S. 111 ff.

55 Vgl. *HWDA* 8, S. 943 («Tiersymbolik»).

56 Friedrich Heiler, *Erscheinungsformen und Wesen der Religion*, S. 77 (dort auch eine Fülle an Literatur zum «heiligen Tier» und der Tiersymbolik in der Religionsgeschichte). Ich teile allerdings Heilers Meinung nicht, daß sich die Heiligkeit des Tieres «aus der Scheu des Menschen vor dem Anthropomorphismus» erklärt (ebenda).

57 *Germanische Götterlehre*, Hg. Ulf Diederichs, Köln ² 1987, *Wafthrudnirlied*, Str. 37 (S. 40).

58 Ebenda, *Grimnirlied*, 17 (S. 46).

59 Ebenda, *Prosa-Edda*, *Der Skaldenmet*, S. 182 f.

60 Ebenda, *Der Seherin Gesicht*, Str. 42 (S. 32).

61 Stanley Walens: *ER* 1, S. 292f.

62 «... the linkage between the mundaneness of everyday life and the

divinity underlying cosmos», wie es Stanley Walens ausdrückt (ebenda, S. 292).

63 Otto Keller, *Thiere des classischen Alterthums in culturgeschichtlicher Beziehung*, Innsbruck 1887, Leipzig[2] 1909–1913 (Hildesheim 1963, 2 Bde., unter dem Titel *Die Antike Tierwelt*; hier zitiert nach der alten 1. Ausgabe v. 1887, S. 238 f., 433, Anm. 43) 443; Pauly-Wissowa, *REAW* 1893, I, S. 373; Carl Sittl, «Der Adler und die Weltkugel als Attribute des Zeus», Leipzig und Bonn 1913 (*Jb. f. klass. Philologie*, Suppl. Bd. 14).

64 Jacob Grimm, *Deutsche Mythologie*, Berlin [4]1875–78 (Leipzig 1943) hg. von C. H. Meyer, Bd. 3, S. 193. «Den himmlischen Adler, den großen Vogel, ... den Sarasvat, rufe ich zum Beistand an», heißt es *Rig Veda* 1, 164, 52; vgl.: «Die Adler haben ihre Stimme gen Himmel erhoben ...» (*RV* 19, 94, S. 5).

65 Otto Keller, ebenda, S. 432, Anm. 29.

66 Elard H. Meyer, *Germanische Mythologie*, Berlin 1891, S. 183.

67 Otto Keller, ebenda, S. 239, und Hermann Usener, *Kleine Schriften VI*, Leipzig und Bonn 1913, S. 466, 489, 491 ff.

68 *HWDA* 1, S. 175.

69 Keller, ebenda, S. 241, 251, 252; Franz Cumont, *Die orientalischen Religionen im römischen Heidentum*, Leipzig[2] 1914 (Darmstadt 1959), S. 35 ff.

70 *HWDA* 1, S. 177.

71 Ludwig Hopf, *Thierorakel und Orakelthiere in alter und neuer Zeit*, Stuttgart 1888, S. 87–90. Keller, ebenda, S. 245 ff., 262; Angelo de Gubernatis, *Die Thiere in der indogermanischen Mythologie*, (übers. v. M. Hartmann) Leipzig 1874, S. 491; J. Grimm, a. a. O., Bd. 2, S. 948. Der Kanzler Friedrich II. von Hohenstaufen, Michael Scotus, sagt, daß die Auguren «volatus et cantus considerantur» (L. Hopf, ebenda, S. 89). Die Flugrichtung ist dabei bedeutungsvoll: Von rechts kommt das Glück, von links das Unglück: L. Hopf, S. 88, 90.

72 O. Keller, ebenda, S. 268; *REAW* 1, S. 372, Anm. 50; Conrad Ges(s)ner, *Vogelbuch*, dtsch. v. R. Heusslin, Zürich 1557, IVb.

73 *Gylfaginning*, cp. 16; J. Grimm, *Deutsche Mythologie*, Bd. 2, S. 664; E. H. Meyer, *German. Mythologie*, S. 112; Robert Eisler, *Weltenmantel und Himmelszelt*, München 1910, Bd. 1, S. 577 Anm.. 3, 580, 583, 590.

74 John Batchelor, *The Ainu and their Folk-lore*, London 1901, S. 432 f.; vgl. J. G. Frazer, *GB* II, 5, S. 200. Auch Falken werden von den Ainu in Käfigen gehalten, bis sie als Opfertiere Verwendung finden. Das an sie gerichtete Gebet enthält die Bitte um Übertragung der Macht: «O

göttlicher Falke, du bist ein kundiger Jäger, laß deine Geschicklichkeit auf mich übergehen!» (J. Batchelor, ebenda, S. 438; J. G. Frazer, ebenda, S. 200).

75 Nach Basil Johnston, *Und Manitu erschuf die Welt*, S. 70 f.

76 Ebenda, S. 296.

77 Vgl. E. Otto, «Beiträge zur Geschichte der Stierkulte», in: *Unters. zur Geschichte und Altertumskunde Ägyptens*, 13, Leipzig 1938, S. 32.

78 Siegfried Morenz, *Ägyptische Religion: RM* 8, Stuttgart 1960, S. 150 f. Auch Dionysos wurde als Stier bezeichnet und sein Stierbild in Kyzikos angebetet, und auch die Cimbern verehrten eine Stiergottheit, wie uns Plutarch berichtet *(Marius* 23).

79 *Germaniae* 9, 10.

80 *HWDA* 8, 858; vgl. *Vita episcopi Bambergensis* II, S. 22.

81 L. Alsdorf, *Beiträge zur Geschichte von Vegetarismus und Rinderverehrung in Indien*, Wiesbaden 1962.

82 Friedrich Heiler, *Erscheinungsformen*, S. 91.

83 Ich werde darauf im 2. Band eingehen.

84 Jakob Grimm, *Deutsche Mythologie*, 3, S. 197.

85 Zum Tierkult gehören auch die *Tiertänze,* bei denen sich die Tänzer in Tierfelle kleiden, als Tiere maskieren und die Bewegungen der Tiere nachahmen. Solche pantomimischen Tänze dienen als Jagdzauber: J. G. Frazer, *Totemism and Exogamy*, 1, S. 38 f.; so bei den nordamerikanischen Völkern, oder als Vegetationszauber im Frühling (so die Tiermasken und Tiertänze während der Fastnachtsumzüge) oder sind Bestandteil der Initiationsriten (so bei den Aranda in Nord-Australien und in vielen afrikanischen Stämmen): Immer begleiten Tiere den Jahreszyklus und die Lebensstadien der Menschen. Überall wird deutlich, wie eng der Zusammenhang ist zwischen Mensch und Tier und wie sehr beide auf Gedeih und Verderb aufeinander angewiesen sind.

86 *Mythus u. Religion*, III, Leipzig[2] 1914–15, S. 429, 467 f.

87 *HWDA* 6, S. 1652 f.

88 *HWDA* 8, S. 902 f.

89 *HWDA* 8, S. 908.

90 Joseph Virgil Grohmann, *Aberglauben und Gebräuche aus Böhmen und Mähren*, Bd. 1, Leipzig 1864, S. 56,143.

91 Bd. 8, S. 911.

92 *HWDA* 1, S. 881; O. Schrader, *Reallexikon der indogermanischen Altertumskunde*, Straßburg[2] 1901, Bd. 1, S. 81.

93 Hermann Meerwarth / Karl Soffel, *Lebensbilder aus der Tierwelt Europas*, Bd. 1, Leipzig [4]1920, S. 72; *HWDA*, ebenda.

94 Otto Keller, *Thiere des classischen Alterthums in kulturgeschichtli*

cher Beziehung, Hildesheim 1963, S. 110; vgl. die Lappen *(HWDA* 1, S. 881).

95 *HWDA* 1, S. 881, Vielleicht ist das der Grund, daß dafür Namen aus der Tiersage wie «Meister Petz» und «der Braune» eintraten. Marianne Sz. Bakré-Nagy, *Die Sprache des Bärenkults im Obugrischen,* Budapest 1979, S. 126.

96 Pauly-Wissowa, *REAW,* Stuttgart 1893 ff., Bd. 2, S. 1344, 1434.

97 Ebenda.

98 Ebenda, 2, S. 1434; Otto Keller, a. a. O., S. 114.

99 Ignaz von Zingerle, *Sagen aus Tirol,* Innsbruck[2] 1891, S. 381; *HWDA* 1, S. 899.

100 W. Krickeberg, *Indianermärchen aus Nordamerika,* Jena 1924, S. 52, 82, 373; *HWDA* 1, S. 882.

101 Otto Keller, *Die antike Tierwelt* (Titel der 2. Aufl. des Buches *Thiere des class. Alterthums ...*), Bd. 1, S. 177; vgl. die Bärenverehrung bei den Alten Japanern: Karl Florenz, *Die historischen Quellen der Shintoreligion,* Leipzig 1919, 4, Nr. 18.86.; Jakob Grimm, *Deutsche Mythologie,* Bd. 3, S. 191.

102 O. Keller, *Die antike Tierwelt,* Bd. 1, S. 137.

103 *HWDA,* 1, S. 886 (ältere Lit.).

104 August Löwis of Menar, *Russische Märchen und Sagen. Die Baltischen Provinzen,* Bd. 5, Berlin 1916, S. 214; auch schon Angelo de Gubernatis, *Die Thiere in der indogermanischen Mythologie,* S. 431; J. W. Wolf, *Beiträge zur deutschen Mythologie,* Göttingen und Leipzig 1852 / 1857, Bd. 2, S. 67 f.

105 Ebenda, Bd. 2, S. 64 f. Auch die Skoltlappen leiten ihre Herkunft aus einer solchen Verbindung ab; desgl. die Koreaner: Walter Leifer, «Bärenverehrung im eurasisch-nordamerikanischen Raum», in: *Religion, Kultur und Gesellschaft* 19, Saarbrücken 1984, S. 138.

106 Hecuba 375 (vgl. Karl Kerényi, *Die Mythologie der Griechen,* Bd. 1, München [10]1988, S. 117) schildert das Geschehen noch als Tierhochzeit! Vgl. Walter Leifer, a. a. O., S. 117 f. Johann Jacob Bachofen, *Der Bär in den Religionen des Altertums,* Basel 1863, der S. 16, 20, 23 von der «Verstirnung der Bärin und ihres Sohnes» (Kallisto = Arktos, Arkas = Arkturos) spricht, geht natürlich zu weit, wenn er im Bärenkult so etwas wie eine neue Lichtreligion erkennen will.

107 Karl Kerényi, *Die Mythologie der Griechen,* Bd. 2, S. 98; Apollodorus Mythographus 3. 12. 5 (Kerényi, ebenda, S. 247); vgl. *HWDA* 1, S. 887, 903.

108 Will-Erich Peuckert, *Rübezahlsagen,* Jena 1926, S. 17; *HWDA* 1, S. 893.

109 Paul Drechsler, *Sitte, Brauch und Volksglaube in Schlesien,* Leipzig

1906, Bd. 1, S. 310 f.; Theodor Bindewald, *Oberhessisches Sagenbuch*, Frankfurt / Main 1873, S. 137; *HWDA* 1, S. 890.

110 *HWDA*, 1, S. 899–903.

111 Ivar Paulson, *Die Religionen der nordasiatischen (sibirischen) Völker: RM* 3, Stuttgart 1962, S. 65 f.

112 Kyosuke Kindaichi, «The Concepts behind the Ainu Bear Festival», in: *Southwestern Journal of Anthropology*, Albuquerque 1949, 4 / 5, S. 345 ff. J. G. Frazer, *GB*, V, 2, S. 180; vgl. J. J. Rein, *Japan*, Leipzig 1881–86,Bd. 1, S. 446; H. von Sicbold, *Ethnologische Studien über die Ainu auf der Insel Yesso*, Berlin 1881, S. 26.

113 *The Ainu and their folk-lore*, London 1901, S. 176 ff. Die *inao* sind geschnitzte, heilige Stäbe. B. bezeichnet sie als Fetische unterschiedlicher Grade von Macht und Ansehen (ebenda, S. 92).

114 J. Batchelor, ebenda, S. 8 ff.

115 Auch der mythische Ahne der Koreaner, Dan-gun, ist aus einer solchen Ehe hervorgegangen (Walter Leifer, *Bärenverehrung*, S. 138). Die Tötung eines Bären von der Gottheit zu erflehen, zeige – so Leifer, S. 131 – «den hohen Grad religiöser Verantwortung allem Lebenden gegenüber».

116 Ebenda, S. 483 J. G. Frazer, *GB* V, 2, S. 182 f.

117 B. Scheube, «Bärencultus und die Bärenfeste der Ainos», in: *Mitt. der deutschen Gesellschaft b. S. und S. Ostasiens*, Yokohama, Heft XXII.

118 Die folgende Rede hat J. Batchelor angehört (ebenda, S. 485 f.): «O, du Göttlicher, du wurdest zu uns auf die Erde geschickt, damit wir dich jagen. O du teure, kleine Gottheit, wir beten dich an. Bitte, höre unser Gebet. Wir haben dich gefüttert und dich mit viel Mühen und Sorgen aufgezogen. Alles nur, weil wir dich so lieben. Nun, da du groß geworden bist, wollen wir dich zu deinem Vater und deiner Mutter senden. Wenn du zu ihnen kommst, bitte, sprich gut über uns, und sage ihnen, wie freundlich wir gewesen sind. Bitte, komme wieder zu uns, und wir wollen dich opfern.»

119 Walter Leifer, *Bärenverehrung*, S. 111.

120 Frazer, ebenda, S. 184, 187.

121 Offenbar damit es sich immer wieder vermehre.

122 Frazer, ebenda, S. 737.

123 Batchelor, *The Ainu*, S. 496.

124 P. Labbé, *Un bagne Russe. L'Isle de Sakhaline*, Paris 1903, S. 227, 232–258.

125 *The Golden Bough*, deutsche Übers. von Helen von Bauer, *Der goldene Zweig. Eine Studie über Magie und Religion*, Bd. 2, Frankfurt / Berlin / Wien 1977, S. 741.

126 Aber auch Dankgebete sind überliefert. Sie werden unmittelbar nach der Tötung gesprochen. Eines lautet: «Wir sind froh, daß du dich so gutwillig hast senden lassen. Dafür danken wir dir ... Jetzt erweisen wir dir die höchsten Ehren. Wir geben dir viele Geschenke mit und senden dich zum Lande deiner Eltern zurück. Sie warten auf dich. Es ist weit bis dorthin. Gib wohl acht, daß du dich nicht verirrst.» (W. Laufer, ebenda, S. 134).

127 *Die Ainu – ein Volk im Untergang*, Fulda 1964, S. 55.

128 *The Concepts*, S. 345 ff.

129 Ivar Paulson, ebenda, S. 76 (nach Leo Sternberg).

130 Leopold von Schrenck, *Reisen und Forschungen im Amur-Lande*, St. Petersburg 1891, Bd. 3, S. 696–731.

131 Frazer, *GB* V, 2, S. 191 f.

132 Ähnliche Bärenfeste werden von den finnischen Völkern berichtet: Ivar Paulson, *Die Religionen der finnischen Völker: RM* 3, Stuttg. 1962, S. 190 f., und den Lappen, bei denen der Eigner der Bären einer besonderen Versöhnung durch einen Schamanen bedarf: Åke Hultkrantz, *Die Religionen der Lappen: RM* 3, S. 288 f.

133 John Batchelor, *The Ainu and their folk-lore*, (hier gekürzt wiedergegeben).

134 Zum ganzen Komplex vgl. Hans-Joachim Paproth, *Studien über das Bärenzeremoniell. Bärenjagdriten und Bärenfeste bei den tungusischen Völkern*, Diss., Uppsala 1976.

135 Irving Hallowell, «Bear Ceremonialism in the Northern Hemisphere», in: *American Anthropologist* 28,1 (1926), S. 156 ff., 161 ff.

136 Mareile Kohn, *Der Bär im Jagdritual und in der Vorstellungswelt der Montagnais-Naskapi-East Cree und der Chippewa-Ojibwa*, Hohenschäftlarn 1986.

137 Ebenda, S. 11; nach K. J. Narr, «Bärenzeremoniell und Schamanismus in der älteren Steinzeit Europas», in: Saeculum 10(3), 1959, S. 233–272.

138 Hallowell, ebenda, S. 60 f.; Frank G. Speck, *Naskapi. The Savage Hunters of the Labrador Peninsula*[2] 1977 (*The Civilization of the American Indian Series* 10), S. 100.

139 Mareile Kohn, ebenda, S. 31, 32 ff. Übriglassen des Fleisches würde Hungersnöte oder gesundheitliche Schäden zur Folge haben. (S. 36 f.).

140 Ebenda, S. 77, 115 f. 171.

141 Ebenda, S. 111 f., vgl. S. 186.

142 Ebenda, S. 113.

143 Ebenda, S. 172, 174 f., 187.

144 Ebenda, S. 206, 267.

257

145 Ebenda, S. 261 f. Keine Parallele findet jedoch die Aufzucht des jungen Bären, wie sie Ainu und Tungusen praktizieren, im nordamerikanischen Bärenritual.

146 R. A. Mercer, «Catalogue of a few remarkable Coincidences, which induce a belief in the Asiatic Origin of North American Indians», in: *Transactions of the Historical Society of Quebec* 1, Quebec 1829, S. 250.

147 A. Irving Hallowell, *Bear Ceremonialism*, S. 156 ff., 161 ff.; M. Kohn, a. a. O., S. ?

148 Z. B. die Hypothese von der «zirkumpolaren Schneeschuhkultur», wie sie G. Hatt, «Moccasins and their Relation to Arctic Footwear», in: *Memoirs of the American Anthropological Association* III (37), 1910; A. Irving Hallowell, a. a. O., S. 157 f.; Laszlo Vajda, *Untersuchungen zur Geschichte der Hirtenkulturen*, Wiesbaden 1968, S. 265. u. a. vertreten, vgl. M. Kohn, a. a. O., S. 6–9.

149 Vgl. M. Kohn, S. 4.

150 Hans Findeisen, «Zur Geschichte der Bärenzeremonie», in: *ARW* 37, Leipzig 1941, S. 196–200; ders., *Das Tier als Gott, Dämon und Ahne*, S. 35.

151 Merkwürdigerweise ist in den Riten nie von Eisbären *(thalarctos)* die Rede, einer Spezies, die doch mehr als alle anderen vom Aussterben bzw. Überjagen bedroht ist.

152 Vgl. M. Kohn, a. a. O., S. 256 ff.

153 Vgl. M. Kohn, a. a. O., S. 252 f., 264 f.; das gleiche gilt für die Lappen: Åke Hultkrantz, *Die Religionen der Lappen: RM* 3, S. 288 f.

154 Ebermut Rudolph, *Schulderlebnis und Entschuldung im Bereich säkularer Tiertötung*, Bern und Frankfurt / Main 1972 (Diss.), S. 67; vgl. seine Diskussion um Hultkrantz' und Paulsons' Einführung des Begriffs «Freiseele», «Schutzseele», auf S. 61 ff.

155 Åke Hultkrantz, *Die Religionen der amerikanischen Arktis: RM* 3, S. 389. Wenn das Volk Hunger leidet, unternimmt der Schamane eine ekstatische Reise zum Eigner der Bären und bittet ihn, die Rentiere (eine bestimmte Zahl?) für die Jagd freizugeben.

156 Ebenda, S. 391.

157 Ivar Paulson, «Schutzgeister und Gottheiten des Wildes in Nordeurasien», in: *Stockholm Studies in Comparative Religion*, Bd. 2, 1961, S. 240.

158 wie E. Rudolph, a. a. O., S. 68 f., meint.

159 Völlig unsinnig ist es, die Zufriedenheit des «Herrn der Tiere» von einer «möglichst quallosen Weise ihrer Tötung» abhängig zu machen, wie E. Rudolph vermutet (ebenda, S. 69). Gerade dies ist ja bei der

rituellen Bärentötung nicht der Fall, wie wir gesehen haben. Die Brutalität des Tötens von Tieren läßt sich hier im übrigen ebenso wenig mit dem Hinweis auf Sadismus erklären, wie Leiden und Schmerzempfindung bei Tieren von den Altvölkern als Problem empfunden wird. Bei der rituellen Tiertötung gelten nur kultische Maßstäbe, nicht die Grundsätze unseres heutigen Tierschutzes. Vgl. Ä. Hultkrantz, a. a. O., S. 382.

160 Ivar Paulson, *Die Religionen der nordamerikanischen (sibirischen) Völker: RM* 3, S. 67.
161 Ä. Hultkrantz, a. a. O., S. 385.
162 Ä. Hultkrantz, ebenda.
163 Waldemar Jochelson, «The Yukaghir and the Yukaghirized Tungus», in: *Memoirs of the American Museum of Natural History* 9, New York 1926, S. 146.
164 Die Tierseele, «Schatten»- oder «Freiseele», ist nichts anderes als das Tier selbst, nur besitzt sie eine außerkörperliche Erscheinungsform (Ivar Paulson, a. a. O., S. 66).
165 *ER* 1, S. 294 (Art. «Animals»).
166 Ebenda.
167 Ebenda.
168 Ebenda.

Kapitel 5
Die Theriomorphie im Alten Ägypten als Ausdruck transzendenter Mächte

1 Siegfried Morenz, *Ägyptische Religion: RM* 8, Stuttgart 1960, S. 18.
2 Ebenda, S. 21.
3 Zur Totemismusdiskussion im Alten Ägypten siehe hier S. Morenz, a. a. O., S. 18; H. Bonnet, *RÄRG*, S. 822 f.; Helmer Ringgren, *Die Religionen des Alten Orients*, Göttingen 1979, S. 13.
4 Walter Beyerlin (Hg.), *Religionsgeschichtliches Textbuch zum Alten Testament*, Göttingen 1975, S. 72.
5 R. O. Faulkner, *The Ancient Egyptian Pyramid Texts*, Oxford 1969; Kurt Sethe, *Die altägyptischen Pyramidentexte*, Darmstadt [2]1960.
6 R. O. Faulkner, *The Ancient Egyptian Coffin Texts* 1–3, Warminster 1973–78.
7 R. O. Faulkner, *The Book of the Dead*, New York 1972; G. Kolpaktchy, *Ägyptisches Totenbuch*, Weilheim 1955, [2]1970.
8 H. Ringgren, *Die Religionen des Alten Orients*, S. 60.

9 Vgl. Ringgren, ebenda.

10 Ebenda.

11 *Der Götterglaube im Alten Ägypten*, Leipzig 1941, S. 4–83.

12 H. Kees, ebenda, S. 7, 8, 15. Die Löwin war «Herrin der Mündung des Wüstentales»; das Krokodil war «Herr des Nils»: H. Kees, *Das ägyptische Totenbuch der 18.–20. Dynastie*, Berlin 1886, Kap. 13; Kurt Sethe, *Die altägyptischen Pyramidentexte*, S. 507–510; Diodor, bibl. hist. I, 89.

13 Der liegende Hund war Zeichen des 17. oberägyptischen Gaus. Er symbolisierte im allgemeinen in der kulturgeschichtlichen Entwicklung die Domestizierung von Wildtieren durch nomadisierende Hirtenvölker (vgl. W. Beltz, *Die Mythen der Ägypter*, Düsseldorf 1982, S. 189).

14 Bei H. Kees, Abb. Tafel V,c; «die mit ausgebreiteten Flügeln», «die die Bogen (das Sinnbild der Völker) zusammenbindet»; vgl. Kees, S. 41, 42, 44. Er war Urbild des Gottkönigs: vgl. *Totenbuch*, Kap. 113; *Pyramidentexte*, S. 1652; W. Beltz, *Die Mythen der Ägypter*, S. 194. Es war Ba: Beltz, a. a. O.

15 Zum Ibis als Inkarnation des Gottes Thot vgl. Patric Boylan, *Thot, The Hermes of Egypt*, Oxford 1922.

16 H. Kees, Tafel V, Abb. c und VII, Abb. a; ders., *Religionsgeschichtliches Lesebuch «Ägypten»*, Tübingen 1928, S. 25; ders., *Der Götterglaube*, S. 55 f. Die Schlange ist aber hauptsächlich Inkarnation weiblicher Gottheiten, ebenso der Skorpion; aber auch der Frosch, der als die Göttin Heket ein Symbol der Fruchbarkeit darstellt.

17 F. J. Dölger, ΙΧΘΥΣ – Ichthys. Das Fischsymbol in frühchristlicher Zeit, Neumünster 1928, Bd. 2, S. 101 f; Kees, *Der Götterglaube*, S. 66.

18 Plutarch, *De Iside et Osiride*, 56; zum Widder vgl. A. Badawi, *Der Gott Chnum*, Berlin 1937; auch W. Beltz, a. a. O., S. 181; H. Kees, *Lesebuch*, Nr. 21. Zur Katze vgl. Ovid, *Metamorphosen* V, 330; Th. Hopfner, *Der Tierkult*, Wien 1913, S. 35 f.; Beltz, a. a. O., S. 190 f. In der Spätzeit des Reiches wurde die löwenköpfige Katzengöttin zur Liebesgöttin; auch Kees, *Der Götterglaube*, S. 82.

19 *LÄ* VI, S. 571; Erik Hornung, *Der Eine und die Vielen. Ägyptische Göttervorstellungen*, Darmstadt 1971, S. 127.

20 So richtig Hans Bonnet, *RÄRG*, S. 813.

21 *LÄ* VI, S. 572. Zu den drei Gruppen von heiligen Tieren vgl. Theodor Hopfner, *Der Tierkult der Alten Ägypter*, S. 12; Literatur dazu auch *LÄ* VI, S. 581.

22 Der Falke ist z. B. der «Ba» der Götter Ptah, Rê, Apis, Osiris, Horus, Isis (*LÄ* VI, S. 572).

23 Was in speziellen Aufzuchtstätten, z. B. im Ibistropheion, geschah (vgl. *LÄ* VI, S. 577).

24 Was offenbar nicht ohne Schwierigkeiten vor sich ging, wie wir hören: *Polyaen* VII, 11, 7; H. Bonnet, a. a. O., S. 817.

25 Siehe H. Bonnet, a. a. O., S. 817.

26 Mit «Majestät» ist offenbar der Ba gemeint; vgl. *LÄ* VI, S. 578.

27 Vgl. S. Morenz, *Ägyptische Religion: RM* 8, S. 208–218.

28 Herodot, hist. II, 66; Diodor, bibl. hist. I, 84.

29 *Die Alten Ägypter,* Stuttgart u. a.² 1976, S. 42.

30 Eugen Drewermann, *Ich steige hinab in die Barke der Sonne,* Olten u. Freiburg i. Br. ⁴1991, S. 241.

31 Zu den Pervertierungen siehe Hopfner, *Der Tierkult,* S. 120; S. Morenz, a. a. O., S. 62; Quellen sind Diodor I, 83, und Aelian, *De natura animalium XI,* 27; vgl. Bonnet, a. a. O., S. 821.

32 Aufzählung der bekanntesten in *LÄ* VI, S. 579 f.

33 Vgl. Wallis Budge, *Miscellaneous Coptic Texts in the Dialect of Upper Egypt,* London 1915, S. 445; *LÄ* VI, S. 577.

34 Ebenda, S. 13.

35 Er wird «König der Götter» genannt. Vgl. auch W. Beltz, a. a. O., S. 185 f.; Quellen: Plutarch, *De Iside et Osiride,* Kap. 20; Diodor I, 85; *Pyramidentext* 625.

36 *LÄ* VI, S. 147.

37 Ebenda.

38 In Edfu wurde er schließlich nur noch durch die geflügelte Sonnenscheibe symbolisiert.

39 Bei W. Beyerlin, a. a. O., S. 41 f., und H. Ringgren, a. a. O., S. 19 f.; vgl. den Hymnus Echnatons an Aton: W. Beyerlin, ebenda, S. 43 ff. Zu Horus: *RÄRG,* S. 307 ff.; vgl. J. G. Griffiths, *The Conflict of Horus and Seth,* Liverpool 1960.

40 H. Ringgren, a. a. O., S. 16 f. Zum Widdergott Chnum: A. Badawi, *Der Gott Chnum,* Berlin 1937; Emma Brunner-Traut, *Gelebte Mythen,* Darmstadt 1981, S. 41 (Abb.).

41 E. Brunner-Traut, a. a. O., S. 76 (Abb.). Zu Thot vgl. Adolf Erman, *Die Literatur der Ägypter,* Leipzig 1923, S. 377. Zum Ganzen: Patric Boylan, *Thot, The Hermes of Egypt,* Oxford 1922; Claas J. Bleeker, *Hathor and Thot,* Leiden 1973, bes. S. 106 ff.

42 Maj Sandman-Holmberg, *The God Ptah,* Lund 1946. Zum Totengott Anubis siehe *RÄRG,* S. 40 ff.; W. Beltz, *Die Mythen,* S. 187; E. Brunner-Traut, a. a. O., S. 76: Die Abb. zeigt Thot in Gestalt eines Pavians auf dem Waagebalken sitzend, Anubis mit dem Schakalkopf und den falkenköpfigen Horus, sämtlich beim Totengericht. Schon den Leichnam

des Osiris hatte Anubis bewacht und bei dessen Einbalsamierung mit-
gewirkt; vgl. H. Ringgren, a. a. O., S. 24, und Beltz, a. a. O., S. 187.

43 Über die Theorien siehe R. Merz, *Die numinose Mischgestalt*, S. 6 ff.;
Adolf Erman, *Die Religion der Ägypter*, Berlin u. Leipzig 1934; Alexan-
der Scharff, «Geschichte Ägyptens von der Vorzeit bis zur Gründung
Alexandreias», in: A. Scharff und Anton Moortgart, *Ägypten und Vor-
derasien im Altertum*, München 1950, S. 18 f. («rassische Deutung»);
Eberhard Otto, «Ein Beitrag zur Geschichte der Stierkulte in Ägypten»
(Unters. zur Gesch. und Altertumskunde Ägyptens, Bd. 13), Leipzig
1938 (Hildesheim 1964, S. 438); Kurt Sethe, «Urgeschichte und älteste
Religion der Ägypter» *(Abhdlgen für die Kunde des Morgenlandes*,
Bd. 18, Nr. 4), Leipzig 1930, § 7, § 20, § 33; Siegfried Morenz, *Ägyptische
Religion: RM* 8, S. 21 («typologische Deutung»); Victor Loret, *L'Egypte
au temps du totémisme*, Paris 1905, und Samuel A. Mercer, *Études sur
les origines de la religion de l'Egypte*, London 1929 («Totemismus-
these»).

Erik Hornung hat in seinem berühmten Buch *Der Eine und die Vielen.
Ägyptische Gottesvorstellungen*, Darmstadt² 1973, S. 98, die Mischgestalt als das Ergebnis jenes Entwicklungsprozesses bezeichnet, der von
ihm die «Vermenschlichung der Mächte» genannt wird. Die Mischgestalt ist auf dem Wege vom Tier bzw. Fetisch zum Menschen entstanden. Tier, Mischform und Mensch müsse man demnach in einem
Entwicklungszusammenhang sehen. Darin eingeschlossen ist auch die
Adaption der jeweils vorangegangenen Stufe, so daß in der Mischgestalt die Tiergestalt sichtbar wird und zugleich auf die menschliche
Gestalt hinweist, die an letzter Stelle steht. Es handelt sich also –
religionsgeschichtlich gesehen – um eine «Translation», eine «Über-
lappung» oder «Interdependenz»: Die eine Entwicklungsstufe greift in
die nächstfolgende über und ist von der vorangegangenen abhängig.
Das macht deutlich, daß kein Numen ohne das andere sein kann: Das
heilige Tier ist nicht ohne die Mischform aus Tier bzw. Fetisch und
Mensch und diese nicht ohne den menschengestaltigen Gott denkbar.
Das zeigt aber ebenfalls, daß auch die Frömmigkeit eine Entwicklung
durchgemacht hat, die bei der Verehrung des heiligen Tieres beginnt,
sich über die Mischgestalt fortsetzt und beim menschengestaltigen
Gott endet. Dabei stellen wir erstaunlicherweise fest, daß trotz der
Entwicklungsphasen die alten Numina aus der Vorzeit keineswegs von
den neuen abgelöst oder verdrängt worden sind, sondern, daß wir die
verschiedenen Idole und Kultformen nebeneinander finden: Neben
anthropomorphen Gottesbildern stehen theriomorphe und immer wieder Sphingen, die beide miteinander vereinen. Der Tierkult stirbt nicht

etwa aus, sondern erlebt in der ägyptischen Spätzeit sogar eine besondere Blüte.

44 Bei Hornung, *Der Eine und die Vielen*, S. 107 (Abb. 12).

45 Heinrich Schäfer, *Von ägyptischer Kunst. Eine Grundlage*, bearb. u. herausgegeb. von Emma Brunner-Traut, Wiesbaden ³ 1963, Abb. 87; vgl. R. Merz, a. a. O., S. 61,Anm. 161, 162; Sainte Fare Garnot, *Aspects de l'Egypte antique*, Paris 1959, S. 21.

46 Vgl. Hornung, a. a. O., S. 74.

47 H. Ringgren, *Die Religionen des Alten Orients*, S. 14.

48 A. a.O., S. 66 ff.

49 *Ancient Egyptian Religion*, New York 1948, S. 12, Anm. 10; vgl. S. Morenz, a. a. O., S. 20 f.

50 Morenz, a. a. O., S. 161; vgl. P. Gerlitz «Der mystische Bildbegriff in der frühchristlichen Geistesgeschichte», in: *ZRGG* 15 (1963), 3, S. 245 ff.; ders., «Die eikonologische Bedeutung der Trinitätslehre bei Augustin»; in: *SMSR* 54 (1988), S. 81 ff.

51 *Ancient Egyptian Religion*, S. 12; Hornung, a. a. O., S. 106, der übrigens an dieser Stelle davor warnt, die ägyptischen Götterdarstellungen als «Abbilder» zu verstehen.

52 Hornung, a. a. O., S. 106.

53 Ebenda.

54 Ebenda, vgl. Anm. 20.

55 Erik Hornung macht auf ein Objekt im Louvre aufmerksam, das Hathor nebeneinander in vierfacher Gestalt zeigt: als Kuh, als löwenköpfige Göttin, Uräus und sistrumbekrönte Göttin – alle zusammen in einer einzigen Statuengruppe.

56 Oder umgekehrt: An Stelle des Tierkopfes einen Menschenkopf wie bei der Sphinx in Gizeh.

57 Das wird man auch von der Hieroglyphe für «Leben» sagen, dem «Nilschlüssel», den die großen ägyptischen Schöpfergottheiten in ihren Händen halten; vgl. Hornung, a. a. O., S. 109.

58 Vgl. Hans G. Kippenberg, in: H. G. Kippenberg / Brigitte Luchesi (Hg.), *Magie*, Frankfurt a. M. 1978, S. 34 ff.; Alasdair MacIntyre, «Läßt sich das Verstehen von Religion mit religiösem Glauben vereinbaren?», in: Kippenberg / Luchesi, S. 58 ff.; J. D. Y. Peel, «Was heißt ‹fremde Glaubenssysteme verstehen?›», in: Kippenberg / Luchesi, S. 150–173.

59 Hornung, a. a. O., S. 113 f.

60 Dieses Thema müßte auch im Zusammenhang mit den Mischwesen im Hinduismus, z. B. beim elefantenköpfigen Gott Ganesha und beim Affenkönig Hanuman diskutiert werden.

61 «Kulturreligion» ist im Sinne einer Ackerbau-Religion, einer Kultivierungsreligion gemeint, nicht etwa im evolutionistischen Sinne.

Kapitel 6

Der Glaube an den gemeinsamen Ursprung
und eine theriomorphe Gottheit am Anfang

1 Nicht aber der erste Bericht über das Vorkommen von Totems! Nach
J. F. McLennan, *On the Worship of Animals and Plants: Studies in
Ancient History*, London 1896, S. 504, ist es J. K. Long, der schon 1791
in seinen Reisebeschreibungen *(Voyages)* das Wort «Totem» gebraucht
(s. u.).

2 Dort S. 138.

3 Abgeleitet von *dotem*, vgl. *ER* 12, S. 573, «Totemism» (Roy Wagner).

4 *Das Ende des Totemismus*, Frankfurt/M. 1965, S. 29.

5 Ebenda.

6 Jones spricht noch von «Gruppen» oder «Stämmen», was wir heute als
Klane (nicht: «Clans»; es handelt sich um ein gälisch-keltisches Wort)
bezeichnen.

7 vgl. E. Sidney Hartland in: *ERE* 12, S. 394.

8 *ERE* 12, S. 394.

9 Den vor ihm noch niemand besaß.

10 Später in: *Studies in Ancient History. Comprising an Inquiry into the
Origin of Exogamy*, herausgegeben v. Eleonora A. McLennan und A.
Platt, London 1896, S. 491–569 (vorher publiziert in: *Fortnightly
Review*, 1869 u. 1870.).

11 *Praeparatio Evangelica* 1, S. 10; vgl. McLennan, a.a.O., S. 492.

12 McLennan, a.a.O., S. 492.

13 In diesem Zusammenhang fühlt sich McLennan veranlaßt, auch auf
die verwandtschaftlichen Beziehungen einzugehen, die er als «Bluts-
verwandtschaft nur durch die Mütter wegen der ungewissen Vater-
schaft» bezeichnet, also damit schon vorwegnimmt, was später J. G.
Frazer mit seiner Exogamie-Hypothese sagen wird.

14 Ebenda, S. 494.

15 Ebenda, S. 497.

16 Chicago 1922; bei McLennan, a.a.O., S. 504.

17 Long, *Voyages*, S. 86.

18 Zitat McLennan, ebenda, S. 504.

19 Der Ausdruck und die Anrede «Biber» wird von den nordamerikanischen Indianern gegenüber Menschen gebraucht, die hart und fleißig
arbeiten, ist also ein Ehrentitel.

20 Er stellt nämlich die rhetorische Frage: «Sollte man da überrascht sein,
wenn dieser drohende Bär in der Vorstellung des Mannes als ein Gott
erscheint und deshalb angebetet wird? Es ist eine Vorstellung zumal,

die sich später in der Geschichte der Bärenstämme schließlich (durch äußere Einflüsse ungestört) zu einem Herrn des Lebens im Olymp ... weiterentwickeln konnte». Wir erinnern uns an die Stadien beziehungsweise Entwicklungsstufen, die der Evolutionist McLennan der Religionsgeschichte zuschreibt: Der Totemismus ist für ihn eine primitive Durchgangsstufe, die alle Kulturen durchlaufen haben.

21 Ebenda, S. 504.

22 Ebenda, S. 511.

23 «... dessen Schrein die Schlange ist.»

24 S. 510.

25 Zum Kult des von Menschenhand gefertigten Gegenstandes vgl. Friedr. Heiler, *Erscheinungsformen und Wesen der Religion*: RM 1, S. 96–127.

26 Ebenda, S. 512.

27 Ebenda, S. 514 («Der Fetischismus, der allen Dingen ‹Seelen› zuordnet, kam zuerst.»)

28 *Totem und Tabu*, S. 116.

29 Ebenda, S. 518: «Wir haben Grund zu der Annahme, daß die höheren Rassen früher in der gleichen Lage waren, und es ist wahrscheinlich, daß auch sie einmal Totems besessen haben.»

30 Zur klassischen Totemismusdiskusion vgl. Sigmund Freud, *Totem und Tabu*, Frankfurt a. M. 1956 (seine These: Der Totemismus ist ein religiöses und ein soziales System); Claude Lévi-Strauss, *Das Ende des Totemismus*, Frankfurt a. M. 1965; franz. Titel: *Le totémisme aujourd-'hui*, Paris 1962 (seine These: Mensch und Tier haben an der gleichen Natur teil; der Totemismus ist das natürliche Ergebnis natürlicher Bedingungen); Émile Durkheim, *Die elementaren Formen des religiösen Lebens*, Frankfurt a. M. 1980; franz. Titel: *Le système Totémique en Australie*, Paris ⁵1968 (seine These: Es ist die Gesellschaft, die die Dinge heiligt und aus ihnen Totems macht, d. h. sie besetzt die sozialen Phänomene religiös).

31 *Die Aranda- und Loritja-Stämme*, 2 Bde., Frankfurt/M. 1907–08; hier Bd. 1: *Mythen, Sagen u. Märchen des Aranda-Stammes in Zentral-Australien*, S. 1.

32 Baldwin Spencer / F. J. Gillen, *The Native Tribes of Central Australia*, London 1899.

33 Vgl. zu der Debatte besonders Richard Merz, «Die numinose Mischgestalt, S. 147.

34 So spricht übrigens C. Strehlows Sohn Theodor Georg Heinrich Strehlow in seinen *Aranda Traditions*, Melbourne 1947, S. 10, vom «Great Father, who was ever from the beginning».

35 C. Strehlow, a.a.O., 1, S. 12.

36 B. Spencer / F. J. Gillen, *The Native Tribes*, S. 119.

37 Bei Merz, a.a.O., S. 150.

38 Darauf läßt auch die Übereinstimmung der Forscher schließen, die, von so unterschiedlichen Positionen wie der missionarischen und der evolutionistischen ausgehend, zu gleichen Ergebnissen kommen.

39 Ebenda, Bd. 1, S. 45 f.

40 Vgl. Merz. a.a.O., S. 155. Zu Beginn der Geschichte wird noch berichtet, daß die beiden Adler «eines Tages ... nach Westen» flogen, «um mit ihren Speeren Aroa (kleine Känguruhs) zu erlegen», ein Vorgang, der geradezu eine Kongruenz von Mensch und Tier – «Fliegen» und «Speeren» – beschreibt: Dieses Mischwesen ist in der Lage, gleichzeitig sowohl als Tier wie als Mensch zu handeln.

41 Merz, ebenda, S. 156.

42 *Tjurunga* sind hier Schwirr-bzw. Seelenhölzer, die den Geist mit seinen schöpferischen Kräften gegenwärtig machen und ihm zugleich einen Aufenthaltsort zuweisen (Ernest A. Worms / Helmut Petri, *Australische Eingeborenen-Religionen: RM* 5,2, Stuttgart 1968, S. 140 ff.).

43 T. G. H. Strehlow, *Aranda Traditions*, S. 140.

44 Ebenda, 1, S. 76, 64, 46.

45 *Aranda Traditions*, S. 7 f. Offenbar entsprechen die Wünsche und Gedanken der Totemgottheit Karora dem Schöpfungsakt, indem sie zu Taten werden.

46 Ebenda, Bd. 1, S. 6 f.; vgl. Merz, a.a.O., S. 160.

47 Merz, S. 160 f.

48 Ebenda, S. 159.

49 T. G. H. Strehlow, *Aranda Traditions*, S. 7.

50 Merz, a.a.O., S. 166, der sich hier auf Carl Strehlow beruft.

51 Vgl. Merz, S. 167.

52 Ich zitiere den Schöpfungsmythos ausführlich, weil er für den Fortgang der mythischen Entwicklung wichtig ist.

53 C. Strehlow, 1, S. 3, 6, 2.

54 C. Strehlow, 1, S. 2 ff.

55 Spencer / Gillen, *Native Tribes*, S. 387 ff.

56 Ebenda, S. 387 ff.

57 Ebenda, S. 388.

58 Ebenda, S. 388.

59 A.a.O., S. 174, nach Spencer / Gillen.

60 Aber ebenso auch in den Baum- und Pflanzenmythen, die sich in ihrer Symbolsprache auf ein paralogisches (nicht ein prälogisches!) Bezugssystem beziehen.

61 A.a.O., S. 127, 228 u. ö.

62 Ebenda, S. 228; vgl. Merz, a.a.O., S. 177.

63 Ebenda.

64 Merz, a.a.O., S. 180.

65 Ebenda, S. 179.

66 Spencer / Gillen, a.a.O., S. 388 ff.

67 Merz, a.a.O., S. 179.

68 vgl. Merz, a.a.O., S. 183.

69 Deren Herkunft ebenso im Dunkeln liegt, weil Traditionen darüber fehlen.

70 Spencer / Gillen, a.a.O., S. 127.

71 Merz, a.a.O., S. 184.

72 Merz, a.a.O., S. 188.

73 *Australian Aboriginal Religion*, Fasc. 2, 10. In diesem Zusammenhang spielen natürlich auch die Träume (des Vaters!) eine wichtige Rolle; vgl. Kap. 5, 14.

74 Spencer / Gillen, a.a.O., S. 119.

75 A.a.O., Bd. 3, 1, S. 6.

76 T. G. H. Strehlow, *Aranda Traditions*, XIV.

77 Ebenda, S. 15.

78 A.a.O., Fasc. 4, Illustrationen, Abb. 32 u. 33.

79 Ebenda, Abb. 35 u. 43.

80 R. M. Berndt, *Australian Aboriginal Religion*, «Introduction», S. 10.

81 *Mythen, Sagen und Märchen des Aranda-Stammes in Zentral-Australien*, 1. Teil, 1. Heft, S. 2., Anm. Im Gegensatz dazu Spencer / Gillen, *Native Tribes*, S. 745: «Bezeichnung ... für die ferne Vergangenheit oder Traumzeiten, in denen ihre mythischen Ahnen lebten». Ernest A. Worms / Helmut Petri, *Australische Eingeborenen-Religionen: RM 5*, 2, S. 138 f., deuten auch den Begriff *bagureigu*, dem sie in Westaustralien, Südaustralien, Neu-Süd-Wales, Victoria usw. begegnet sind, als «einen Mann (Geist) sehen», also als ein visionäres Sehen, einen «seherischen Glaubensakt,» «ein unbewußtes, visionäres Sehen, Erinnern und Wünschen». «Durch diesen psychologischen Vorgang des Geistsehens, der an eine mythische Intuition heranreicht, leitet er (der Aborigin) den Fruchtbarkeitsstrom der *bugari*-Geister in die Gegenwart zur Erfüllung aller völkischen und ökonomischen Bedürfnisse seiner selbst und seines Stammes» (S. 139).

82 *The Arunta. The Study of a Stone Age People*, 2 Bde, London 1927 (Nachdruck in *Anthropological Publications*, 1966), hier: Bd. 1, S. 306.

83 Raffaele Pettazzoni, «Die Wahrheit des Mythos», in: *Paideuma* 4 (1950), 7, 74.

84 A. E. Jensen, *Mythen und Kulte im Stadium der Anwendung: Mythos*

und Kult bei den Naturvölkern (Studien zur Kulturkunde, Bd. 10),
Wiesbaden 1951, S. 88.

85 T. G. H. Strehlow,° «Aranda Grammar», in: *Oceania* 13 (1942/1943),
S. 194.

86 Adolphus Peter Elkin, «The nature of Australian Languages», in: *Oceania* 8 (1937), S. 139, zitiert bei R. Merz, a.a.O., S. 203.

87 Merz, ebenda, S. 204.

88 So wie sie natürlich auch ein Gespür für die Zeit haben und ihnen
Zeitformen bzw. das Tempus beim Gebrauch der Verben geläufig ist.
Nur haben eben diese Zeitformen für die Aranda eine ganz andere
Relevanz als für uns, weil Vergangenheit, Gegenwart und Zukunft
keine abgeschlossenen Systeme darstellen, sondern in die rituelle Vergegenwärtigung des Mythos übergehen.

89 Vgl. Merz, a.a.O., S. 207; allerdings sind Identifikation und Reinkarnation nicht zwei verschiedene mystische Vorgänge, vielmehr ist die
Identifikation die Folge der Reinkarnation.

90 Geo Widengren, *Religionsphänomenologie*, Berlin 1969, S. 210.

91 «Traditional Morality as Expressed through the Medium of an Australian Aboriginal Religion», in: *Australian Aboriginal Anthropology*, ed.
R. M. Berndt, 1970, S. 244.

92 Dazu vgl. P. Gerlitz, «Konvergenz und Divergenz im interreligiösen
Dialog. Zur religionsgeschichtlichen Problematik des Verstehens,» in:
SMSR 52, Rom 1986, S. 129–160, bes. S. 146 ff. und 150 ff.

93 Kurt Hübner, *Die Wahrheit des Mythos*, München 1985, S. 255 f.

Kapitel 7

Welche Botschaft hat die «Göttin Natur» für uns?

1 Ökologische Religion. Ein neues Verständnis der Natur, München
²1986, S. 222.

2 vgl. P. Gerlitz, «Die Bibel – kein Leitfaden für ökologische Antworten.
Eine religionskritische Bestandsaufnahme»; in: *Religion and Environment / Religion und Umwelt* (Abhandlungen zur Geschichte der Geowissenschaften und Religion, Bd. 4), Hg. Manfred Büttner u. a., Bochum
1990, S. 19–31.

3 Wie im Hinduismus oder in gewissen Stammesreligionen.

4 So das gleichnamige Buch von Carl Friedrich von Weizsäcker, München 1971.

5 *Ich steige hinab in die Barke der Sonne*, S. 247.

6 Siehe besonders sein Buch *Ökologische Religion*. Die dort geäußerten Ideen finden sich bereits in seiner «Dokumentation» *Religiös ohne Gott! Neue Religiosität der Gegenwart in Selbstzeugnissen*, Düsseldorf 1983.

7 Z. B. die Vertreter neureligiöser Bewegungen in Nordamerika, die eine Renaissance der indianischen Naturverehrung anstreben.

8 H. Mynarek, *Ökologische Religion*, S. 244.

9 Ebenda, S. 244, 218, 247, 246, 243.

10 Ebenda, S. 243.

11 Vgl. Anm. 2 und meinen dort erwähnten Aufsatz sowie die kritischen Ausführungen, welche ich zur Strategie christlicher Missionare im mittelalterlichen Nordeuropa gemacht habe.

Literaturverzeichnis

1. Abkürzungen

ARW   *Archiv für Religionswissenschaft*, herausgegeben von Thomas Achelis, 1898 ff., repr. Vaduz 1965.

ER   *The Encyclopedia of Religion*, Hg. Mircea Eliade, New York 1987.

ERE   *Encyclopaedia of Religion and Ethics*, ed. James Hastings, Edinburgh 1909 ff., repr. 1974.

FS   Festschrift

GB   James George Frazer, *The Golden Bough. A Study in Magic and Religion*, 12 Bde, London u. New York ^{3}1920–1923 = 1963.

HWDA   *Handwörterbuch des Deutschen Aberglaubens*, Hg. Hanns Bächthold-Stäubli und Eduard Hoffmann-Krayer, Berlin und New York ^{2}1987 (repr.).

LÄ   *Lexikon der Ägyptologie*, Hg. Wolfgang Helck und Wolfhart Westendorf, Wiesbaden 1975 ff., besonders Bd. VI (1986).

LAM   *Lexikon der antiken Mythologie*, Hg. Eduard Tripp, deutsche Übersetzung von Rainer Rauthe, Stuttgart 1974.

RÄRG   *Reallexikon der ägyptischen Religionsgeschichte*, Hg. Hans Bonnet, Berlin 1952.

REAW   *Realenzyklopädie der classischen Altertumswissenschaft*, begründet von Georg Wissowa, München 1894 ff.

RM   *Die Religionen der Menschheit*, begründet v. Chr. M. Schröder, Stuttgart 1961 ff.

RV   *Der Rigveda*, deutsch, übersetzt und erklärt von Karl Friedrich Geldner, 3 Bände, Cambridge / Mass. 1951.

SMSR   *Studi e Materiali di Storia delle Religioni* (Studi Storico-Religiosi), begründet von Raffaele Pettazzoni, Rom 1925 ff.

ZRGG   *Zeitschrift für Religions- und Geistesgeschichte*, begründet von Ernst Benz und Hans-Joachim Schoeps, Köln 1948 ff.

2. Quellen, Monographien, Aufsätze, Artikel

Aelian, Claudius: *De natura animalium. Varia Historia*, Leipzig 1974; *Werke*, deutsch von E. K. F. Wunderlich und Fr. Jacobs, 1839–42.

Alföldi, Andreas: *Die zwei Lorbeerbäume des Augustus*, Bonn 1973.

Alsdorf, Ludwig: *Beiträge zur Geschichte von Vegetarismus und Rinderverehrung in Indien*, Wiesbaden 1962.

Andrae, Ernst-Walter: «Tier-, Baum-, Haus-Symbole im Alten Orient», in: *Forschungen und Fortschritte* (Nachrichtenblatt der deutschen Wiss. u. Technik), Berlin No. 13 (1937), S. 243 f.

Aristoteles: *Metaphysik (Metaphysica*, griech. und deutsch), herausgegeben von Horst Seidl, Hamburg, Bde. 1–6, 1978; Bde. 7–14, 1980.

Avesta: Übers. v. Fritz Wolff, Staßburg 1910 (Berlin und Leipzig 1924).

Bachofen, Johann Jacob: *Der Bär in den Religionen des Altertums*, Basel 1863.

Badawi, Abdurrahman: *Der Gott Chnum*, Diss., Berlin 1937.

Bakré-Nagy, Marianne Sz.: *Die Sprache des Bärenkultes im Obugrischen*, Budapest 1979.

Balys, Jonas: «Baum und Mensch im litauischen Volksglauben», in: *Deutsche Volkskunde* 4, 1942.

Barkataki, S.: *The Khasis*, Pathsala, Gauhati, Calcutta 1977.

Batchelor, John: *The Ainu and their Folk-lore*, London 1901.

Becker, Carl: «Die Nongkrem-Puja in den Khasi-Bergen», in: *Anthropos* 4 (1909), S. 892–902.

Beltz, Walter: *Die Mythen der Ägypter*, Düsseldorf 1982.

Bernatzky, Aloys: *Baum und Mensch*, Frankfurt / Main 1973.

Berndt, Ronald M.: *Australian Aboriginal Religion*, Leiden 1974.

–: «Traditional Morality as Expressed through the medium of an Australian Aboriginal Religion», in: *Australian Aboriginal Anthropology*, herausgegeben von R. M. Berndt, 1970.

Beyerlin, Walter (Hg.): *Religionsgeschichtliches Textbuch zum Alten Testament (ATD)*, Ergänzungsreihe 1, Göttingen 1975.

Bhagavadgītā: Sanskrittext und Kommentar von S. Radhakrishnan; deutsch von Siegfried Lienhard, Wiesbaden o. J.

Bindewald, Theodor: *Oberhessisches Sagenbuch*, Frankfurt / Main 1873.

Birlinger, Anton: *Volkstümliches aus Schwaben*, Freiburg im Breisgau 1861 / 1862.

Bjerke, Svein: «Ecology of Religion», in: *Science of Religion. Studies in Methodology* (Religion and Reason. Method and Theory in the Study and Interpretation of Religion), The Hague – Paris – New York 1979.

Bleeker, Claas Jouco: *Hathor and Thot*, Leiden 1973.

Bötticher, Carl: *Der Baumkultus der Hellenen*, Berlin 1856.

Bolte, Johannes / Polivka, Georg: *Anmerkungen zu den Kinder- und Hausmärchen der Brüder Grimm*, 5 Bände, Leipzig 1913–18; 3. Nachdruck,
Hildesheim 1982.

Bosch, Johannes: «Symbolik der Bäume», in: *Dichterstimmen der Gegenwart* 25, (1911), S. 429–434.

Boylan, Patric: *Thoth, The Hermes of Egypt*, London, New York 1922.

Bregenzer, Ignaz: *Tier-Ethik. Darstellung der sittlichen und rechtlichen
Beziehungen zwischen Mensch und Tier*, Bamberg 1894.

Brunner-Traut, Emma: *Gelebte Mythen*, Wiss. Buchgesellschaft, Darmstadt 1981.

Buber, Martin: *Ich und Du: Werke*, Band 1: *Schriften zur Philosophie*,
München und Heidelberg 1962.

Buck, Adriaan de (Hg.): *The Egyptian Coffin Texts*, Chicago 1935 ff., hier
Bd. 4.

Budge, Wallis: *Miscellaneous Coptic Texts in the Dialect of Upper Egypt*,
London 1915.

Buhl, Marie-Louise: «The Goddess of the Egyptian Tree Cult», in: *Journal
of Near Eastern Studies*, Bd. 6, Chicago 1947, S. 80–97.

Bündahishn, in: *Pahlavi Texts*, transl. by E. W. West, Bd. 1, Delhi 1965.

Burkert, Walter: *Griechische Religion der archaischen und klassischen
Epoche: RM* 15, Stuttgart 1977.

Butterworth, E. A. S.: *The Tree at the Navel of the Earth*, Berlin und Den
Hague 1970–1971.

Cadière, Léopold Michel: *Croyance et pratiques religieuses des Viêtnamiens*, Bd. 2, Saigon 1955.

Chadwick, Hector Munroe: «The Oak and the Thunder-God», in: *Journal
of the Anthropological Institute of Great Britain* 30, 1900.

Chwolsohn, Daniil: *Die Ssabier und der Ssabismus*, St. Petersburg, 2 Bde.,
1856.

Cicero, Marcus Tullius: *De officiis*; lat., München 1950–1956; deutsch:
Vom rechten Handeln, übers. von K. Büchner, Zürich 1953.

Cook, B.: «Zeus, Jupiter and the Oak», in: *Classical Review* XVII (1903),
S. 178 ff.

Coomaraswamy, K. Ananda: «The Inverted Tree», in: *Quarterly Journal of
the Mythic Society*, Bd. 29, Bangalore 1938, S. 1–38.

Crawley, Alfred Ernest: *The Tree of Life. A Study of religion*, London 1905.

Cumont, Franz: *Die orientalischen Religionen im römischen Heidentum*,
Leipzig ²1914 (Darmstadt 1959).

Dalton, Edward Tuite: *Descriptive Ethnology of Bengal*, Calcutta 1872, repr. 1960.

Dammann, Ernst: *Die Religionen Afrikas: RM* 6, Stuttgart 1963.

Daniélou, Jean: *La vigne et l'arbre de vie. Les symboles chrétiens primitifs*, Paris 1961.

Danthine, Hélène: *Le palmier-dattier et les arbres sacrés dans l'iconographie de l'Asie occidentale ancienne*, Paris 1937.

Davids, J. W. Rhys: «Wisdom Tree», in: *Encyclopaedia of Religon and Ethics* XII, S. 747–749.

Detering, Alfred: *Die Bedeutung der Eiche seit der Vorzeit*, Leipzig 1939.

Detienne, Marcel: «L'olivier, un mythe politico-religieux», in: *Revue d'Histoire des Religions (RHR)*, 178 (1970), S. 5–23.

Deußen, Paul: *Sechzig Upanishad's des Veda*, Darmstadt (Wiss. Buchgesellschaft) [4]1963.

Dhorme, Édouard Paul: *Les religions de Babylonie et d'Assyrie*, Mana II, Paris 1945.

Diederichs, Ulf, (Hg.): *Germanische Götterlehre*, Köln [2]1987.

Diels, Hermann: *Die Fragmente der Vorsokratiker*, herausgegeben von W. Kranz, Berlin [6]1951.

Diodorus Siculus: *Bibliotheca Historica*, griech. u. engl., London 1967.

Dölger, Franz Josef: *IXΘYC. Das Fisch-Symbol in frühchristlicher Zeit*, Neumünster 1928.

Drechsler, Paul: *Sitte, Brauch und Volksglaube in Schlesien*, Leipzig 1903–1906.

Drewermann, Eugen: *Ich steige hinab in die Barke der Sonne. Meditationen zu Tod und Auferstehung*, Olten und Freiburg i. Br. [4]1991.

Durkheim, Émile: «Les formes élémentaires de la religion», in: *Le système totémique en Australie, Paris* [5]1968, deutsch: *Die elementaren Formen des religiösen Lebens*, übers. von Ludwig Schmidts, Frankfurt / Main 1980.

Edda: übertragen von Felix Grenzmer, Stuttgart und Hamburg, o. J.

Edsman, Carl Martin: «Arbor inversa», in: *Religion och bibel* 3 (1944), S. 1–33.

Eisler, Robert: *Weltenmantel und Himmelszelt*, München 1910.

Eliade, Mircea: *Schamanismus und archaische Ekstasetechnik*, aus dem Französischen, Zürich 1954.

–: *Die Religionen und das Heilige*, Salzburg 1954.

–: «Methodological Remarks on the Study of Religious Symbolism», in: *The History of Religions: Essays in Methodology*, ed. by M. Eliade / Joseph M. Kitagawa, Chicago 1959.

273

–: *Der Mythos der ewigen Wiederkehr*, Düsseldorf 1963.

–: *Patterns in Comparative Religion*, Cleveland 1963.

–: *Geschichte der religiösen Ideen*, 4 Bde., Freiburg i. Br. 1978–1991; ein Bd. Quellentexte, Freiburg i. Br. 1981.

Ellis, Alfred Burdon: *The Ewe-speaking peoples of the Slave Coast of West Africa*, London 1890.

Elkin, Adolphus Peter: «The Nature of Australian Languages», in: *Oceania* 8 (1937).

–: *The Australian Aborigines*, Sydney 1938, ²1964.

Emblemata: *Handbuch der Sinnbildkunst des XVI. und XVII. Jahrhunderts*; ergänzte Neuausgabe, herausgegeben von A. Henkel / A. Schöne, Stuttgart 1976.

Erman, Adolf: *Die Literatur der Ägypter*, Leipzig 1923.

–: *Die Religion der Ägypter. Ihr Werden und Vergehen in vier Jahrtausenden*, Berlin und Leipzig 1934.

Evans-Pritchard, Edward Evan: *Nuer Religion*, Oxford ²1962.

Faulkner, Raymond Oliver: *The Ancient Egyptian Pyramid Texts*, Oxford 1969.

–: *The Ancient Egyptian Coffin Texts*, 1–3, Warminster 1973–1978.

–: *The Book of the Dead*, New York 1972.

Fergusson, James: *Tree and Serpent Worship*, London 1873.

Findeisen, Hans: *Das Tier als Gott, Dämon und Ahne*, Stuttgart 1956.

–: «Zur Geschichte der Bärenzeremonie», in: *ARW* 37 (1941), S. 196–200.

Firth, Raymond William: «Totemism in Polynesia», in: *Oceania*, Bd. 1, 3 und 4 (1930/31).

Florenz, Karl Adolf: *Die historischen Quellen der Shintoreligion*, Leipzig 1919.

Foy, Willy: «Melanesien / Mikro- und Polynesien», in: *ARW* X (1907), S. 129–149, S. 295–310, S. 521–559.

Frake, B.C.: «Cultural Ecology and Ethnography», in: *American Anthropologist* 64 (1962), S. 53–59.

Frankfort, Henri: *Ancient Egyptian Religion* (Lectures on the History of Religions; New Series, no. 2), New York ²1949.

Franz-Morawietz, Marion: *Krise und religiöse Bewegung. Ein Beitrag zur Religionsgeschichte des Alten Ägypten der 1. Zwischenzeit und der Irokesen unter Handsome Lake* (Forschungen zur Anthropologie und Religionsgeschichte, Bd. 9.), Saarbrücken 1988.

Frazer, James George: *The Golden Bough (GB). A Study in Magic and Religion* (bes. Teil I, Bd. 2, und Teil V, Bd. 2, London ³1963. Deutsche Übersetzung von Helen Bauer, *Der goldene Zweig*, Frankfurt / Berlin / Wien 1977.

274

–: *Totemism and Exogamy. A Treatise on Certain Early Forms of Superstition and Society*, London 1910, repr. 1968 (bes. Bd. 2).

–: *The Serpent and the Tree of Life: Essays and Studies presented to W. Ridgeway*, Cambridge 1913.

Frese, Pamela / S. J. M. Gray: «Trees», in: *ER* 15, S. 26–33.

Freud, Sigmund: *Totem und Tabu*, Frankfurt / Main 1956.

Frobenius, Leo: *Die afrikanische Baumverehrung*, Berlin 1896.

Garnot, Jean, Sainte Fare: *La vie religieuse dans l'ancienne Égypte*, Paris 1948.

–: *Aspects de l'Egypte antique*, Paris 1959.

Gaus, Joachim: «Wege, Methoden und Probleme der Symbolforschung. Ein Diskussionspapier», in: *Symbolon* 8 (Köln 1986), S. 9–34.

Geldner, Karl Friedrich: *Der Rig-Veda*, aus dem Sanskrit ins Deutsche übersetzt; Bd. 1, Cambridge, Mass. und Leipzig ²1951; Bde. 2–4, 1951–57.

Genge, Heinz: «Zum Lebensbaum in den Keilschriftkulturen», in: *Acta Orientalia* 33 (1971).

Gennep, Arnold van: *Tabou et Totémisme à Madagascar*, Paris 1904.

Gerhard, Max: *Der Aberglaube in der französischen Novelle des 16. Jahrhunderts*, Diss., Berlin 1906.

Gerlitz, Peter: *Außerchristliche Einflüsse auf die Entwicklung des christlichen Trinitätsdogmas*, Leiden 1963.

–: «Der mystische Bildbegriff in der frühchristlichen Geistesgeschichte», in: *ZRGG* 15 (1963), 3, S. 245–256.

–: *Religion und Matriarchat. Zur religionsgeschichtlichen Bedeutung der matrilinearen Strukturen bei den Khasi von Meghalaya*, Wiesbaden 1984.

–: «Konvergenz und Divergenz im interreligiösen Dialog. Zur religionsgeschichtlichen Problematik des Verstehens», in: *SMSR* 52, (1986), S. 129–160.

–: «Die eikonologische Begründung der Trinitätslehre bei Augustin», in: *SMSR* 54 (1988), S. 82–93.

–: «Rückkehr zum Ursprung. Das Problem der Revitalisierung von Stammesreligionen, dargestellt am Beispiel der christianisierten Batak», in: *Geographia Religionum* 7 (Beiträge zur Religion / Umwelt–Forschung II, herausgegeben von K. Rudolph), Berlin 1989, S. 65–81.

Ges(s)ner, Conrad: *Vogelbuch*, deutsch von R. Heusslin, Zürich 1557.

Glogau, Arthur: «Der Baum des Lebens. Kulturhistorische Betrachtungen», in: *Mitteilungen der Deutschen Dendrologischen Gesellschaft* 55 (1942), S. 182–224.

Gollwitzer, Gerda: *Botschaft der Bäume*, Köln 1984.

Gonda, Jan: *Die Religionen Indiens I: RM* 11, Stuttgart 1960.

Graillot, Henri: *Le culte de Cybèle, mère des dieux*, Paris 1912.

Griffiths, John Gwyn: *The Conflict of Horus and Seth*, Liverpool 1960.

Grimm, Jak(c)ob: *Deutsche Mythologie*, Bd. 1–3, Berlin ⁴1875–78 (Leipzig 1943).

–: *Märchen der Brüder Jacob und Wilhelm Grimm*, München 1975.

Grohmann, Joseph Virgil: *Aberglauben und Gebräuche aus Böhmen und Mahren*, Bd. 1, Leipzig 1864.

Grunau, Simon: *Cronica und beschreibung. Simon Grunaus Preußische Chronik*, herausgegeben von M. Perlbach, Leipzig 1876–1889.

Gubernatis, Angelo de: *Zoological Mythology*, 2 Bde., London 1872.

–: *Die Thiere in der indogermanischen Mythologie* (Deutsch von M. Hartmann), Leipzig 1874.

Gutmann, Bruno: «Die Ehrerbietung der Dschagga-Neger gegen die Nutzpflanzen und Haustiere», in: *Archiv für die gesamte Psychologie*, 48 (1924), S. 123–146.

Gypta, Sh. M.: *Plant Myths and Traditions in India*, Leiden 1970.

Haavio, Martti: «Heilige Bäume», in: *Studia Fennica* 8, (1959), S. 35–48.

Haekel, Josef: «Kosmischer Baum und Pfahl in Mythos und Kult der Stämme Nordamerikas», in: *Wiener völkerkundliche Mitteilungen* VI, N. F. I (1958), Nr. 1–4, S. 33–81.

Hagelstange, Rudolf / Grieshaber, H. A. P.: *Ein Gespräch über Bäume*, München 1972, ²1984.

Hallowell, Irving Alfred: «Bear Ceremonialism in the Northern Hemisphere», in: *American Anthropologist* N. S. 28,1 (1926), S. 1–174.

Hartland, E. Sidney: «Totemism», in: *ERE* 12, S. 393–407.

Hammerbacher, Hans Wilhelm: *Irminsul und Lebensbaum*, Heusenstamm 1973.

Hartmann, Hans: *Über Krankheit, Tod und Jenseitsvorstellungen in Irland*, Halle 1942.

Haspels, Caroline / Henriette Emilie: *The Highlands of Phrygia*, Princeton 1976.

Hatt, Gudmund: «Moccasins and their Relation to Arctic Footwear», in: *Memoirs of the American Anthropological Association* III, 37, Lancaster, Pa. 1916.

Heiler, Friedrich: *Das Gebet. Eine religionsgeschichtliche und religionspsychologische Untersuchung*, 1. Auflage, München 1918; 5. Auflage, repr. München und Basel 1969.

–: *Erscheinungsformen und Wesen der Religion: RM* 1, Stuttgart 1961.

Hermsen, Edmund: «Lebensbaumsymbolik im Alten Ägypten», in: *Arbeitsmaterialien zur Religionsgeschichte*, 5, Hg. H.-J. Klimkeit, Bonn und Köln 1981.

Herodotus: *Histoires (Historiae)*, griech. und franz., hg. u. übers. von Ph. E. Legrand, Paris 1963–1968.

Hertel, Johannes (Hg.): *Indische Märchen*, Düsseldorf / Köln 1962.

Hirsch, Theodor: «De Lituania», in: *Historia de Europa*, SS.R.Pr.IV (Scriptores rerum prussicarum, Leipzig 1861–1874), Frankfurt 1965, Bd. 4.

Höfler, Max: *Wald- und Baumkult in Beziehung zur Volksmedizin Oberbayerns*, München 1894.

Höhler, Gertrud: *Die Bäume des Lebens, Baumsymbole in den Kulturen der Menschheit*, Stuttgart 1985 (Lit. S. 341–352).

Holmberg, Maj Sandman: *The God Ptah*, Lund 1946.

Holmberg-Harva, Uno: «Der Baum des Lebens», in: *Annales Academiae Scientiarum Fennicae*, Series B, vol. XVI, Helsinki 1922–23.

Hopf, Ludwig: *Thierorakel und Orakelthiere in alter und neuer Zeit*, Stuttgart 1888.

Hopfner, Theodor: *Der Tierkult der Alten Ägypter nach den griechisch-römischen Berichten*, Wien 1913.

Hornung, Erik: *Der Eine und die Vielen. Ägyptische Gottesvorstellungen*, Darmstadt 1971.

–: «Die Bedeutung des Tieres im Alten Ägypten», in: *Studium Generale*, Berlin u. a., 20 (1967), S. 69–84.

Howitt, Alfred William: *The Native Tribes of South-east Australia*, London und New York 1904.

Hrouda, Barthel: «Zur Zukunft des assyrischen Lebensbaumes», in: *Baghdader Mitteilungen* 3, 1964.

Huber, Gerhard: *Die Ainu – ein Volk im Untergang*, Fulda 1964.

Hübner, Kurt: *Die Wahrheit des Mythos*, München 1985.

Hultkrantz, Åke: *Die Religion der Lappen: RM* 3, Stuttgart 1962.

–: *Die Religion der amerikanischen Arktis: RM* 3, Stuttgart 1962.

–: «Type of Religion in the Arctic Hunting Cultures: A Religio-Ecological Approach», in: H. Hvarfner, Hg., *Hunting and Fishing*, Luleå 1965.

–: «An Ecological Approach to Religion», in: *Ethnos* 31 (1966), S. 121–150.

–: «Ecology of Religion: Its Scope and Methodology», in: *Science of Religion. Studies in Methodology: Religion and Reason*, Hg. Lauri Honko, The Hague, Paris, New York 1979, S. 221–236.

Huth, Otto: «Weltberg und Weltbaum», in: Germanica 1940.

Jacobi, Adolf: «Der Baum mit den Wurzeln nach oben und den Zweigen nach unten», in: *Zeitschrift für Missionskunde und Religionswissenschaft*, Bd. 43 (1928), S. 78–85.

James, Edwin Oliver: «The Tree of Life. An archaeological study», in: *Studies in the history of religion*, Supplement IX to Numen, Leiden 1966.

–: «The Tree of Life and the Water of Life», in: *Religion und Religionen: FS Gustav Mensching*, Bonn 1967, S. 118–130.

Jensen, Adolf Ellegard: «Mythen und Kulte im Stadium der Anwendung», in: *Mythos und Kult bei den Naturvölkern* (Studien zur Kulturkunde, Bd. 10), Wiesbaden 1951.

Jochelscn, Waldemar: «The Yukaghir and the Yukaghirized Tungus», in: *Memoirs of the American Museum of Natural History* 9, New York 1926.

Johnston, Basil: *Und Manitu erschuf die Welt. Mythen und Visionen der Ojibwa*, Köln ³1984.

Jones, Peter: *History of the Ojebway Indians*, London 1858.

Jühling, Johannes: *Die Tiere in der deutschen Volksmedizin alter und neuer Zeit*, Mittweida 1900.

Kagarow, Evgenie Georgievich: «Der umgekehrte Schamanenbaum», in: *Archiv für Religionswissenschaft*, Bd. 27 (1929), S. 183–185.

Kalevala: *Finnisches Nationalepos*, deutsch von H. Paul, Helsingfors 1885–1886.

Kammeyer, Hans F.: «Lebensbaum und Baumkult der Völker», in: *Mitteilungen der Deutschen Dendrologischen Gesellschaft* 54, 1941.

Kees, Hermann: *Das ägyptische Totenbuch der 18.–20. Dynastie*, Berlin 1886.

–: *Religionsgeschichtliches Lesebuch*, Bd. 10: Ägypten, Tübingen 1928.

–: *Der Götterglaube im Alten Ägypten*, Leipzig 1941.

Keller, Otto: *Thiere des classischen Alterthums in culturgeschichtlicher Beziehung*, 2 Bde., Innsbruck 1887; Titel der 2. Auflage: *Die antike Tierwelt*, Innsbruck 1909–1913 (Hildesheim 1963).

Kellermann, Volkmar: «Quelle und Baum, Kessel und Horn in ihren glaubensmäßigen Beziehungen», in: *Germanien* 1939, S. 399–416.

Kern, Otto: «Baumkultus», in: *Paulys Realencyklopädie der classischen Altertumswissenschaft* V (Stuttgart 1897), S. 155–167.

Kerényi, Karl: «Die Göttin Natur», in: *Eranos Jahrbuch* XIV (1946), S. 39–86.

–: *Die Mythologie der Griechen*, 2 Bde., München 1966; 1. Band München ¹⁰1988, 2. Band München ⁹1987.

Kindaichi, Kyosuke: «The Concepts behind the Ainu Bear Festival», in: *Southwestern Journal of Anthropology*, Albuquerque 1949, 5/4, S. 345 ff.

Kippenberg, Hans Georg / Brigitte Luchesi (Hg.): *Magie. Die sozialwissen-*

schaftliche Kontroverse über das Verstehen fremden Denkens, Frankfurt 1978.

Klameth, Gustav: «Von der Sykomore der Hathor bis zur Wunderpalme des Pseudo-Matthäus und von der i-w-Pflanze bis zu den Blumenwundern der äthiopischen Marienhymnen», in: *FS P. Wilhelm Schmidt*, Bern 1954.

Kohn, Mareile: *Das Bärenzeremoniell in Nordamerika*, Hohenschäftlarn 1986.

Kolpaktchy, Grégoire: *Ägyptisches Totenbuch*, Weilheim 1955, [2]1970.

Krapf, Johann Ludwig: *Travels, Researches, and Missionary Labours during an Eighteen Years Residence in Eastern Africa*, London 1860.

Krickeberg, Walter: *Indianermärchen aus Nordamerika*, Jena 1924.

Küpper, Jürgen: *Der Baum in der Dichtung. Interpretation deutscher Baumgedichte und ihre Vorformen*, Bonn 1953 (Diss., Masch.).

Labbé, Paul: *Un bagne Russe, l'Isle de Sakhaline*, Paris 1903.

Lauchert, Friedrich: *Geschichte des Physiologus*, Straßburg 1889.

Largement, René: «L'arbre de vie dans la religion sumérienne», in: *Akten des Internationalen Orientalischen Kongresses*, München 1957.

Lauffer, Otto: «Geister im Baum», in: *FS für John Meier*, Berlin 1934.

–: «Kinderherkunft aus Bäumen», in: *Zeitschrift für Volkskunde* 44, 1934.

–: «Schicksalsbaum und Lebensbaum in deutschem Glauben und Brauch», in: *Zeitschrift für Volkskunde* 45, 1935.

Leeuw, Geradus van der: *Phänomenologie der Religion*, Tübingen [2]1956.

Lechler, George: «The Tree of Life in Indo-European and Islamic Cultures», in: *Ars Islamica* IV, Univ. of Michigan 1937, S. 369–416.

Lehner, Ernst / Lehner, Johanna: *Folklore and symbolics of flowers, plants and trees*, New York 1960.

Leifer, Walter: «Bärenverehrung im eurasisch-nordamerikanischen Raum», in: *Religion, Kultur und Gesellschaft*, Hg. A. Rupp, Bd. 19, Saarbrücken 1984, S. 105–152.

Lévi-Strauss, Claude: *Das Ende des Totemismus*, Frankfurt / Main 1965 (französischer Originaltitel: *Le Totémisme aujourd'hui*, Paris 1962).

Löwis of Menar, August: *Russische Märchen und Sagen*, Bd. 5, (Die Baltischen Provinzen), Berlin 1916.

Lommel, Hermann: «Baumsymbolik beim altindischen Opfer», in: *Symbolon* I (1960), S. 116–127.

Long, John K.: *Voyages and Travels of an Indian Interpreter and Trader*, 1791, Chicago 1922; deutsch: *Reisen eines amerikanischen Dolmetschers und Pelzhändlers*, Graz 1970.

Loret, Victor: *L'Egypte au temps du totémisme*, Paris 1905.

Lubac, Henri de: «L'arbre cosmique», in: *Mélanges E. Podechard*, Lyon 1945, S. 191–198.

Lumbantobing, Philip (oder Lumban oder Tobing): *The Structure of the Toba-Batak Belief in the High God*, Amsterdam 1956, Macassar 1963.

Lurker, Manfred: «Der Baum im Alten Orient. Ein Beitrag zur Symbolgeschichte», in: *Beiträge zur Geschichte, Kultur und Religion des Alten Orients. In memoriam Eckhard Unger*, Baden-Baden 1971.

Mac Intyre, Alasdair: «Läßt sich das Verstehen von Religion mit religiösem Glauben vereinbaren?», in: H. G. Kippenberg / B. Luchesi (Hg.), *Magie*, Frankfurt / Main 1978, S. 52–72.

McLennan, John Ferguson: «On the Worship of Animals and Plants», in: *Studies in Ancient History* (Hg. Eleonora McLennan / A. Plett), London 1896, S. 491–569; vorher publiziert in: *Fortnightly Review*, 1869 und 1870.

Malinowski, Bronislav: *Magic, Science and Religion*, Boston 1948.

Mannhardt, Wilhelm: *Der Baumkultus der Germanen und ihrer Nachbarstämme*, Berlin 1875.

–: *Wald- und Feldkulte der Germanen*, 2 Bde., o. O. 1904/05; Nachdruck Darmstadt 1963.

–: *Letto-preußische Götterlehre*, Riga 1936.

Margoliouth, David Samuel: *Mohammed and the Rise of Islam*, London und New York 1927 (repr.).

Meerwarth, Hermann / Soffel, Karl: *Lebensbilder aus der Tierwelt Europas*, Bd. 1, Leipzig ⁴1920.

Mercer, Samuel Alfred B.: *Etudes sur les origines de la religion de l'Egypte*, London 1929.

Merz, Richard: «Die numinose Mischgestalt. Methodenkritische Untersuchungen zu tiermenschlichen Erscheinungen Altägyptens, der Eiszeit und der Aranda in Australien», in: *Religionsgeschichtliche Versuche und Vorarbeiten*, Bd. 36, Berlin und New York 1978.

Mössinger, Friedrich: «Die Dorflinde als Weltbaum», in: *Germanien* 1938, S. 388–396.

Meyer, Elard Hugo: *Germanische Mythologie*, Berlin 1891.

Meyer, Johann Jakob: *Trilogie altindischer Mächte und Feste der Vegetation*, Bde. 1–3, Zürich und Leipzig 1937.

Meyer, Jutta: «Batakscher Toten- und Ahnenkult», in: Dieter Becker (Hg.), *Mit Worten kocht man keinen Reis. Beiträge aus den Batak-Kirchen auf Sumatra*, Erlangen 1987, S. 83–112.

Moftah, Ramses Riad: *Die heiligen Bäume im Alten Ägypten* (Diss., Masch.), Göttingen 1959.

–: «Die uralte Sykomore und andere Erscheinungen der Hathor», in: *Zeitschrift für ägyptische Sprache und Altertumskunde*, 92, Leipzig und Berlin 1965, S. 40–47.

Moltmann, Jürgen: *Gott in der Schöpfung. Ökologische Schöpfungslehre*, München 1985.

Mooney, James: «Myths of the Cherokees», in: *Reports of the US Bureau of Ethnology*, 19, Washington 1900.

Morenz, Siegfried: *Ägyptische Religion: RM* 8, Stuttgart 1960.

Mynarek, Hubertus: *Ökologische Religion. Ein neues Verständnis der Natur*, München ²1986.

Narr, Karl Josef: «Bärenzeremoniell und Schamanismus in der älteren Steinzeit Europas», in: *Saeculum* 10,3 (1959), S. 233–272.

Normier, Rudolf: «Zu Esche und Espe», in: *Sprache* 27 (1981), S. 22–29.

Ono, Sokyo: *Shinto. The Kami Way*, Tokyo ¹⁷1984 (1. Auflage 1962).

Orend, Misch: «Gestaltwandel des Lebensbaumes», in: *Germanen-Erbe* 4 (1939), S. 245–251.

Otto, Eberhard: *Ein Beitrag zur Geschichte der Stierkulte in Ägypten (Untersuchungen zur Geschichte und Altertumskunde Ägyptens*, herausgegeben von K. *Sethe*, und H. *Kees*, Band 13), Leipzig 1938, repr. Hildesheim 1964.

Otto, Rudolf: *Das Heilige. Über das Irrationale in der Idee des Göttlichen und sein Verhältnis zum Rationalen*. 1. Auflage 1917, 31–35. Aufl. München 1963.

Ovid, Naso Publius: *Metamorphosen*. Epos in 15 Büchern, lat. und deutsch, übersetzt von H. Breitenbach, Zürich 1958.

Panoff, Michel / Perrin, Michel: *Taschenwörterbuch der Ethnologie*, Berlin ²1982.

Paproth, Hans-Joachim: *Studien über das Bärenzeremoniell, Bärenjagdriten und Bärenfeste bei den tungusischen Völkern* (Diss.), Uppsala 1976.

Páques, Viviana: *L'arbre cosmique dans la pensée populaire et dans la vie quotidienne du nordouest africain*, Institut d'Ethnologie, Paris 1964.

Parker, Athur Caswell: «Certain Iroquois Tree Myths and Symbols», in: *American Anthropologist*, N. S. 14, 1912(Lancaster, Pa. 1913).

Parmenides: *Fragmente (Fragments*, griech. und engl., hrsg. von D. Gallop), Toronto 1984.

–: *De natura* (griech. und deutsch von H. Hölscher), Frankfurt / Main 1969.

Paulinus, Nolanus: *Vita Martini II; Epithalamium* (lat. und niederländisch), Bouma 1968.

281

Paulson, Ivar: «Schutzgeister und Gottheiten des Wildes in Nordeura-sien», in: *Stockholm Studies in Comparative Religion*, Bd. 2, 1961.

–: *Die Religionen der finnischen Völker: RM* 3, Stuttgart 1962.

–: *Die Religionen der nordasiatischen (sibirischen) Völker: RM* 3, Stutt-gart 1962.

Peel, D. Y.: «Was heißt ‹fremde Glaubenssysteme verstehen›?», in: H. G. Kippenberg / B. Luchesi (Hg.), *Magie*, Frankfurt 1978, S. 150–173.

Perrot, Nicolas: *Les représentations de l'arbre sacré sur les monuments de Mésopotamie et d'Elam*, Paris 1937.

Pertz, Georg Heinrich: *Monumenta Germaniae historica (Geschichts-schreiber der deutschen Vorzeit)*, München und Hannover o. J.

Pettazzoni, Raffaele: «Die Wahrheit des Mythos», in: *Paideuma* 4 (1950), S. 7 ff.

Peuckert, Will-Erich: *Die Sagen vom Berggeist Rübezahl*, Jena 1926.

Philpot, J. H. Mrs.: *The Sacred Tree or the Tree in Religion and Myth*, London 1897.

Physiologus, Der: herausgegeben von Otto Seel, Zürich 1960.

Physiologus, Der: herausgegeben von Ursula Treu, Berlin [3]1987.

Phythian, John Ernest: *Trees in Nature, Myth and Art*, London 1907.

Plinius, Secundus Gaius: *Historia naturalis. Naturgeschichte*. Deutsch von Ch. F. Lebrecht, Darmstadt 1968 (repr. von 1853).

Plutarchus Chaeronensis: *Vitae parallelae* (griech. u. franz.) Bd. 6, Paris 1971.

–: *De Iside et Osiride*, hg. von Th. Hopfner; Text, deutsche Übersetzung und Kommentar, 2 Bde., Prag 1940–1941.

–: *Romulus* (hg. v. O. Güthling), Leipzig 1921.

Polyaenus: *Kriegslisten*, deutsch von W. H. Blume, Stuttgart 1837–1855.

–: *Hundert Erzählungen*, deutsch von J. Melber, Bamberg [2]1937.

Preisendanz, Karl: *Papyri Graecae Magicae*, Leipzig 1928.

Przyluski, Jean: «Notes sur le culte des arbres au Tonkin», in: *Bulletin de l'École française d'Extrême-Orient* (BEFEO) IX, 4.

Quandt, Wilhelm (Hg.): *Orphei Hymni*, Berlin 1941, deutsch von Jos. O. Plassmann, München 1982.

Rätsch, Cristian / Ma'ax, Kayum: *Ein Kosmos im Regenwald, Mythen und Visionen der Lakandonen-Indianer*, Köln 1984.

Rahner, Hugo: «Die Weide als Symbol der Keuschheit in der Antike und im Christentum», in: *Zeitschrift für katholische Theologie* 56 (1932), S. 231–253.

Recheis, Käthe / Bydlinski, G.(Hg.): *Weißt du, daß Bäume reden? Weisheit der Indianer*, Wien, Freiburg, Basel [9]1984.

Rein, Johann Justus: *Japan*, Leipzig 1881–1886.

Reinach, Salomon: *Le Code du totémisme: Cultes, Mythes et Religions*, Paris 1905–1923; hier Bd. 1.

Reiß(s)ner, Erwin: *Der Baum des Lebens*, Berlin 1937.

Reno, Stephen J.: *The Sacred Tree as an Early Christian Literary Symbol*, Saarbrücken 1978.

Reyes y Florentino, J. de los: «Die religiösen Anschauungen der Ilocanen (Luzon)», in: *Mitt. der k. k. geographischen Gesellschaft in Wien* XXXI (1888).

Ringgren, Helmer: *Israelitische Religion: RM* 26, Stuttgart 1963.

–: «Die Religionen des Alten Orients», in: *Grundrisse zum Alten Testament* (ATD-Ergänzungsreihe, Sonderband), Göttingen 1979.

Rothleitner, R.: «Die Beziehungen der Menschen zur Pflanzen- und Baumwelt in Sage und Poesie», in: Heimat und Volkstum 14 (1936). S. 321–326, 337–341, 353–359, 369–372.

Rudolph, Ebermut: *Schulderlebnis und Entschuldung im Bereich säkularer Tiertötung. Religionsgeschichtliche Untersuchung*, Bern, Frankfurt / Main 1972 (Europäische Hochschulschriften, Reihe XXIII).

Schäfer, Heinrich: *Von ägyptischer Kunst. Eine Grundlage*, herausgegeben von Emma Brunner-Traut, Wiesbaden [3]1963.

Schärer, Hans: *Ngaju Religion. The Conception of God among a South Borneo People*, The Hague 1963.

Scharff, Alexander: «Geschichte Ägyptens von der Vorzeit bis zur Gründung Alexandrias», in: A. Scharff / Anton Moortgart: *Ägypten und Vorderasien im Altertum*, München 1950.

Scheffel, Heinz: *Vom Baum des Lebens*, Gelsenkirchen 1983.

Scheube, B.: «Der Bärenkultus und Bärenfeste der Ainos», in: *Mitteilungen der deutschen Gesellschaft b. S. und S. Ostasiens*, Yokohama, o. J., Heft XXII.

Schnieper, A. / Schnieper, Xaver: *Bäume, Mythos, Abbild, Sinnbild. Ein literarisches Bilderbuch*, München / Luzern 1981.

Schrader, Otto (Hg.): *Reallexikon der indogermanischen Altertumskunde*, Straßburg [2]1901.

Schrenck, Leopold von: *Reisen und Forschungen im Ainu-Lande*, St. Petersburg 1891.

Schultes, Josef: *Der Baum des Lebens*, Wien / München 1983.

Sethe, Kurt: *Die altägyptischen Pyramidentexte*, 1908–10 Darmstadt [2]1960.

–: *Urgeschichte und älteste Religion der Ägypter* (Abh. für die Kunde des Morgenlandes, 18. Bd., Nr. 4), Leipzig 1930.

Siebold, Heinrich Philipp von: *Ethnologische Studien über die Aino auf der Insel Yesso*, Berlin 1881.

Sittl, Carl: «Der Adler und die Weltkugel als Attribute des Zeus», in: *Jahrbuch für klassische Philologie*, Suppl. Bd. 14, Leipzig und Bonn 1913.

Söderblom, Nathan: *Der lebendige Gott im Zeugnis der Religionsgeschichte*, München 1942.

Speck, Frank G.: *Nascapi. The Savage Hunters of the Labrador Peninsula*, ²1977 (The Civilization of the American Indian, Ser. 10).

Spencer, Baldwin / Gillen, F.J.: *The Native Tribes of Central Australia*, London 1899.

–: *The Arunta. The Study of a Stone Age People*, 2 Bde., London 1927 (Nachdruck in *Anthropological Publications*, 1977).

Spieß, Karl von: «Zum Lebensbaum», in: *Deutsche Volkskunde* I, Leipzig und Berlin 1939.

–: »Der Baum als Tor zum Jenseits», in: Die hohe Straße 1 (1938), S. 209–218.

Stahl, Ernst: *Blitzgefährdung der verschiedenen Baumarten*, 1912.

Stallmann, E.: *Der Baum in der deutschen Volkssage*, Erlangen 1951 (Diss., Masch.).

Staudacher, Willibald: *Die Trennung von Himmel und Erde*, Tübingen 1942.

Sterly, Joachim: «Baumverehrung in Melanesien», in: *Baum-Zeitung* 3, 1969.

Steward, Julian Haynes: *Theory of Culture Change: The Methodology of Multilinear Evolution*, Urbana, Ill., 1955.

Strabo: *Geographica*, deutsch: *Erdbeschreibung*, übers. von D. H. Groskurd, 17 Bücher, Berlin 1831–34.

Strehlow, Carl: *Die Aranda- und Loritja-Stämme*, 2 Bde., Frankfurt / Main 1907–1908; Bd. 1: *Mythen, Sagen und Märchen des Aranda-Stammes in Zentral – Australien.*

–: *Mythen, Sagen und Märchen des Loritja-Stammes. Die totemistischen Vorstellungen und die Tjurunga der Aranda-Loritja* (Veröffentlichungen aus dem Städtischen Völker-Museum Frankfurt am Main, 1907–1920).

Strehlow, Theodor Georg Heinrich: «Aranda Grammar», in: *Oceania* 13 (1942/1943).

–: *Aranda Traditions*, Melbourne 1947.

Ström, Åke V.: *Germanische Religion: RM* 19,1, Stuttgart 1975.

Sudbrack, Josef: *Baum des Lebens – Baum des Kreuzes*, Würzburg 1984.

Sylvius, Aeneas: *Opera*, Basel 1571 (1575?).

Tacitus, Publius Cornelius: *Annales* (lat. und deutsch von C. Hoffmann), München 1954.

–: *Germaniae* («La Germanie», lat. und franz.), Paris 1967.

Thiel, Josef Franz: *Religionsethnologie. Grundbegriffe der Religionen schriftloser Völker*, Berlin 1984.

Thomas, Northcote Whitridge: Artikel «Animals», in: ERE 1, S. 483–535.

Tompkins, Peter / Bird, Christopher: *Das geheime Leben der Pflanzen*, Bern und München ²1974.

Trautmann, Werner: *Über den Tod hinaus. Neue Fakten und Denkmodelle zur Re-Inkarnation*, Olten 1983 (Düsseldorf 1989).

Ucko, Peter J.: *Anthropomorphic Figurines of Predynastic Egypt and Neolythic Crete*. (Royal Anthropological Institute, Occasional Paper, no. 24), London 1968.

Ungnad, Arthur: «Die Paradiesbäume», in: *Zeitschrift der Deutschen Morgenländischen Gesellschaft* 79 (1925), S. 111 ff.

Usener, Hermann: *Kleine Schriften* IV, Leipzig und Bonn 1913.

Vajda, Laszlo: *Untersuchungen zur Geschichte der Hirtenkulturen*, Wiesbaden 1968.

Vendīdād (Avesta): herausgegeb. und ins Engl. übers. von B. T. Anklesaria, Bombay 1949.

Viennot, Odette: «L'arbre dans l'iconographie bouddhique», in: *Bulletin des Musées de France* XI (1946), S. 54–57.

–: «Le culte de l'arbre dans l'Inde ancienne», in: *Annales du Musée Guimet, Bibliothèque d'Etude* LIX, Paris 1954.

de Vries, Jan: *Keltische Religion: RM* 18, Stuttgart 1961.

Wagler, Paul Reinhold: *Die Eiche in alter und neuer Zeit*, Bd. 2, Berlin 1891.

Wagner, Roy: Artikel «Totemism», in: *ER* 14, S. 573–576.

Walens, Stanley: Artikel «Animals», in: *ER* 1, S. 291–296.

Walk, Leopold: «Der Baum des Lebens», in: *Anthropos* 41–44 (1946–1949), S. 332–336.

Warneck, Johannes: *Die Religion der Batak*, Leipzig 1909.

Warren, William: «History of the Ojibwas», in: *Minnesota Historical Collections*, Saint Paul, Bd. 5, 1885.

Waters, Frank: *Das Buch der Hopi*, Düsseldorf und Köln 1980.

Weizsäcker, Carl-Friedrich von: *Die Einheit der Natur*, München 1971.

–: *Die Geschichte der Natur*, Zürich ⁷1970.

Weniger, Ludwig: *Altgriechischer Baumkultus*, Leipzig 1919.

–: *Altgermanischer Baumkultus, o. O.* 1919.

–: *Der heilige Ölbaum in Olympia*, Weimar 1895.

Widengren, Geo: «The King and the Tree of Life in Ancient Near Eastern Religion», in: *Uppsala Universitets Arsskrift*, Bd. IV, Uppsala 1951.

–: *Religionsphänomenologie*, Berlin 1969.

Wijngaert, L. van den: «Heilige Boomen», in: *Toer* 15, Antwerpen 1936.

Winter, A.C.(oder C.A.): «Birkenverehrung bei den Jakuten», in: *ARW* II (1899) S. 42–46.

Wlislocki, Heinrich: *Aus dem Volksleben der Magyaren*, München 1893.

Wolf, Johann Wilhelm: *Beiträge zur deutschen Mythologie*, Göttingen und Leipzig 1852.

Worms, Ernest A. / Petri, Helmut: *Australische Eingeborenen-Religionen: RM* 5, 2, Stuttgart 1968.

Wünsche, Karl August: «Die Sagen vom Lebensbaum und Lebenswasser. Altorientalische Mythen», in: *Ex Oriente Lux* 1, (Leipzig 1905), S. 15–45.

Wundt, Wilhelm: *Mythus und Religion* Leipzig [2]1914/15.

–: *Völkerpsychologie. Eine Untersuchung der Entwicklungsgesetze von Sprache, Mythus und Sitte*, Bd. 1, Leipzig [3]1920.

Zerries, Otto: «Entstehung oder Erwerb der Kulturpflanzen und Beginn des Bodenbauens im Mythos der Indianer Nordamerikas», in: *Paideuma* XV (1969), S. 93–99.

Zingerle, Ignaz von: *Sagen aus Tirol*, Innsbruck [2]1891.

Buffie Johnson

Die Große Mutter in ihren Tieren

Aus dem Amerikanischen von Brigitte Siegel
402 Seiten mit 50 Farb- und 332 Schwarzweißfotos,
Leinen

«Seit Erich Neumanns bekannte Werk *Die Große Mutter* ist keine derart umfassende Darstellung mehr zum Thema Göttin als die Schöpfung beherrschendes Prinzip erschienen. Die Materin und Schriftstellerin Buffie Johnson hat in jahrzehntelanger Arbeit überaus reiches Bildmaterial zusammengestellt und versucht, dem Symbolgehalt von dreizehn Tierarten nachzuspüren, die alle in Verbindung mit dem schöpferischen Prinzip des Weiblichen stehen. Ziel ihres Unternehmens ist es, die These zu untermauern, daß die Große Göttin die alles bestimmende zentrale Figur in Religion und Kunst darstellt. Und gerade Tiere könnten Macht und Größe des Heiligen am besten versinnbildlichen...

Dieses Werk darf als eine bedeutsame Leistung bezeichnet werden...»

Der Bund Bern

WALTER-VERLAG

Jacques Brosse

Mythologie der Bäume

Aus dem Französischen von Marta Jacober
Gebunden mit Schutzumschlag, 308 Seiten

In allen alten Religionen gab es Kulte, in deren Mittelpunkt den Göttern geweihte und als heilig betrachtete Bäume standen. Der kosmische Baum ist die Achse, auf die das Universum, das Natürliche und das Übernatürliche, das Materielle und das Metaphysische hingeordnet sind. Bäume waren die wichtigsten Vermittler zwischen den drei Welten – der Unterwelt, der Erdoberfläche und dem Himmel – denn in ihnen zeigte sich die Anwesenheit der Götter auf besonders deutliche Weise, und deshalb spielten sie auch bei den Orakeln eine wesentliche Rolle.

Jacques Brosse gibt eine fundierten Überblick über die Vorstellungen vom kosmischen Baum, die in den Mythen, Sagen und Legenden aller bekannten Kulturvölker ihren Niederschlag gefunden haben. Der Bogen spannt sich von der germanischen Weltenesche Yggdrasil bis zu den heiligen Eichenhainen Griechenlands und Italiens, vom alten Ägypten bis zum Zauberwald Brocéliande der Artussage, vom kabbalistischen Sephirotbaum bis zum Baum, der aus der Wurzel Jesse sprießt. Eine Weltordnung wird wiederentdeckt, die den Menschen mit der Natur vereint, das Profane mit dem Heiligen, das Alltägliche mit dem Göttlichen.

WALTER-VERLAG